法藏知津

七 編

杜潔祥 主編

第22冊

閩南入冥救親戲曲研究
——以泉腔、莆仙戲《目連救母》為例

李育真 著

花木蘭文化事業有限公司

國家圖書館出版品預行編目資料

閩南入冥救親戲曲研究——以泉腔、莆仙戲《目連救母》為
例／李育真 著 -- 初版 -- 新北市：花木蘭文化事業有限公司，
2021〔民110〕
目 2+180 面；19×26 公分
（法藏知津七編 第22冊）
ISBN 978-986-485-592-6（精裝）
1. 地方戲曲 2. 戲曲評論
733.08   107012696

ISBN-978-986-485-592-6

9 789864 855926

法藏知津七編
第二二冊   ISBN：978-986-485-592-6

閩南入冥救親戲曲研究
——以泉腔、莆仙戲《目連救母》為例

作　　者　李育真
主　　編　杜潔祥
副總編輯　楊嘉樂
編　　輯　許郁翎、張雅淋　美術編輯　陳逸婷
出　　版　花木蘭文化事業有限公司
發 行 人　高小娟
聯絡地址　235 新北市中和區中安街七二號十三樓
　　　　　電話：02-2923-1455 ／傳真：02-2923-1452
網　　址　http://www.huamulan.tw 信箱 service@huamulans.com
印　　刷　普羅文化出版廣告事業
初　　版　2021 年 3 月
定　　價　七編 29 冊（精裝）新台幣 86,000 元
　　　　　　　　　　　　　　　　　　　　版權所有・請勿翻印

閩南入冥救親戲曲研究
——以泉腔、莆仙戲《目連救母》為例

李育真　著

作者簡介

李育真，1982 年生，以生在台南為傲的下港小孩，無法適應北部的匆忙生活，選擇留在高雄偏遠的學校任教，把京都視為第二故鄉，被親友稱為「來台灣打工的日本人」，平常以攝影、旅行、陪伴狗狗為樂，用茶、香、和服、書本妝點日常生活，是為了療癒喪親之痛而努力完成這份書稿。

提　要

　　本論文論述《泉腔目連救母》與《莆仙戲目連救母》中所建構的三界場域—地獄、人間和天界，並解析存在於三界之中的冥吏、神佛與眾生的形象。這兩部戲曲所建構的三界場域相當完整，特別是地獄的形象莊嚴不容侵犯，兼之森冷可怖，具有警醒世人切莫為惡的功用，建立起三界中公正無私的最終審判場所。這兩部戲曲在舞台上塑造了眾多凡塵俗世間的人物，本論文還著重討論劇本中社會底層小人物的形象，展現小人物在現實生活嚴酷考驗下的無奈，並論述劇本中的「惡人惡狀」和以「劉氏」為代表的女性形象。本論文也介紹兩部戲曲中所描寫的天界神佛，如：佛祖、觀音、閻王、城隍、判官、小鬼……等，他們栩栩如生、形象鮮明，不論是佛教或道教，也不論大小官吏，在戲曲中，他們都是附屬於最高決策者之下的執法者，奉玉旨、閻王之令，巡狩天地，鑒察人間善惡，但求執法立即、公正。除此之外，本論文也以「戲中有祭，祭中有戲」的雙重視角，為閩南入冥救親戲曲建立一個概略的架構，並逐一檢視分析閩南入冥救親戲曲的外在形貌與內在意涵，更總結說明閩南入冥救親戲曲在華人社會中的諸多功用以及對於生命關懷的總體價值。

謝　辭

很難相信，我就這樣一路走到了這裡。過去的六年，是一段漫長而艱辛的人生旅途。

最早最早，我必須從一場喪禮開始說起。

在一場人生最悲痛的喪禮之中，我送走了我最摯愛的母親，當我的世界裡，少了那一雙會永遠注視著我的溫柔雙眼，我的人生頓時失去了所有動力與目標，而當我從恍如隔世的夢境裡逐漸清醒過來，我知道，我必須為自己找一個活下去的理由，於是，我用盡全力追尋夢想，一年過後，終於考上了心心念念的國立中央大學中文研究所。

感謝我的母親，她的猝然過世，留給我唯一的禮物就是讓我明白：「人生必須為自己而活，要在有限的時光裡，努力活得讓自己沒有遺憾」，於是，我的人生裡第一次擁有一雙無所畏懼、自由飛翔的翅膀。

感謝我的家人，在我這一段任性逐夢的過程裡，給我最大的支持與包容，從未以任何現實的理由，阻撓我朝向夢想前進的腳步。感謝狗狗安利，在我最痛苦的時候，舔去我臉上的淚水。

感謝我的指導教授—李國俊老師與師母，我永遠會記得，當我面臨開學，老師總會用玩笑的語氣告訴我，他願意接受我申請「無息助學貸款」，雖然我從未向他申請過，但是，這一份支持與信賴是我在學術研究路途上最大的鼓勵，我會永遠記得老師家裡辦的大小聚會，那一份溫暖是離鄉遠遊的學子心中最大的慰藉；我會永遠記得師母親自下廚的每一頓家常便飯，也會記得老師、師母對我生活的每一分憂心與關懷，在我內心最孤寂艱辛的日子裡，是他們真誠的照顧，帶領我走到現在。

感謝所有用心授課的老師，已過世的汪志勇、張夢機老師；啟發學生思想的孫玫老師；治學嚴謹的致文學長；引領我走入京戲殿堂的元皓老師；用生命情感從事戲曲創作與教學的王安祈老師；學養豐富的陳芳老師；講授佛學的萬金川老師；結合道教與文學李豐楙老師…，感謝這些老師們的辛勞，因為這些優秀的老師，用源源不絕的能量，澆灌著我們這些年輕學子稚嫩的夢想。

感謝所有熱愛戲曲的夥伴們：雅雲、思超、逸柔、玉琦、熒純、連志、佩怡、子玲、子津、瓊文、宛頤、照璵…〔對不起，族繁不及備載〕，因為有各位熱情的陪伴，給了我一段無比快樂的歲月，一起看戲、學戲、登台的日子，是我人生裡最美好的回憶之一。

感謝桂李，她待我如同親姐妹，無論發生什麼樣的事情，總是在我身邊，給予我最大的安慰與支持，感謝友誠、妞妞與 Q 比，他們與桂李所組成的幸福家庭，一直都為我帶來無限的溫暖與希望，讓我相信世間依然有攜手相伴、幸福存在的可能。

感謝高中導師─洪淑貞老師一路走來對我的支持；感謝大學學長─許輔宸對我的關照與疼愛；感謝中壢的林定基叔叔與黃碧忱阿姨一家在我求學生活上給予的諸多照顧；感謝郭子常叔叔與吳美珠阿姨對我的信任與鼓勵，感謝好姐妹─鄭雅心與李瑱瑩多年來無私的關懷與付出。

感謝學長張連強，在相識的五年來，對我的疼愛與包容，這段隻身求學、孤寂艱辛的人生旅程中，他以將近六百封的電子郵件和無數通的電話、簡訊，在我最脆弱的時候，給予我人生的建言與溫暖，幾度把我從失落絕望的懸崖邊拉回現實的世界。

感謝旗山農工的工作夥伴們：玉珍老師視我如親的關愛；凱文、秋萍給予我的病體最大的呵護照料；家政科四位美女老師─如淑、盈聿、美貴、雅雯與我最愛的三十九位孩子成為我最龐大有力的後盾；食品二、機二甲、電修二的孩子們陪我走過這最最辛苦的一年。

感謝神明與上天，因為有祂們的庇祐，才能讓我這個百無禁忌的小女子在喪葬、普渡的法會道場裡安然遊走。

感謝所有愛我的人與我愛的人，因為有你們，我的生命因此有了存在的價值與意義；感謝所有討厭我的人與我討厭的人，因為有你們，我才能激勵自己要活得更精采、更優秀。

感謝的話，永遠說不完，這一份論文是身爲一個女兒祭奠母親的深情之作，也是我對這六年的人生所下的最佳註解，我盡了最大的努力，只希望成爲母親心目中最值得驕傲的女兒，而我答應她，我會努力讓往後的每一天都過得比今天更幸福。

目
次

第一章 緒 論

　　本章爲全論文之緒論，陳述對於論文題目「閩南入冥救親戲曲研究——以泉腔、莆仙戲《目連救母》爲例」的研究梗概，內容包含：研究動機與目的、研究方法與文獻探討、研究架構與內容、研究範疇與侷限，呈現出全本論文的大致風貌，是實際進行研究之前的奠基工作。

第一節　研究動機與目的

　　何謂「入冥戲」？在此試圖下一個簡單而寬泛的定義：「順應情節所需，劇中人物（生人，即陽壽未盡之人）必須『進入冥府』的戲曲類型」，循此定義，「入冥戲」便可依照不同的入冥情節分爲：入冥救親、入冥理事、入冥伸冤、入冥探靈、夢中入冥、病中入冥…等多種類型。

　　人，生從何來？死又何歸？一直以來，都是人類心中的「大哉問」，實則，人對於死亡「無明的恐懼」，最大的原因並非來自於「死亡」的本身，而是來自於對死後世界的一無所知，爲了安撫人心中對死亡無以名狀的恐懼，各個宗教無不試圖解決「死歸何處」的問題，而爲了解決這個問題，所謂的「天堂」與「地獄」，便在人類與宗教的共同意識之中，應運而生，並以許多不同的型態與面貌，呈現於戲曲舞台上。因而，「入冥戲」是一個面向極其豐富多元的戲曲主題類型，透過劇中人物（生人）爲了種種原因進入「地獄」的「歷劫」過程，可以看見在各個地方劇種的舞台上，所呈現的陰間形象大異其趣，相對反應出各地不同的宗教與民俗背景，也展現了不同時代的文化氛圍。入冥戲，是一個值得探討的主題，而在中國大陸各個地區當中，又屬閩南文化

影響台灣甚深,故而在廣大的入冥戲範疇中選擇「閩南入冥救親戲曲」爲研究的主題,希望能透過對於閩南入冥救親戲曲的多方探討,深入挖掘許多存在於閩南漢族文化中,關於宗教、民俗、生死、魂魄…等問題,呈現戲曲的多元美學與深層意涵。

從秦漢時代開始,中國本土地獄觀的構建,依循俗世官僚體制爲基本原則,不斷擴大開展;及至佛教傳入中國以後,本土地獄觀又與佛教地獄理論相結合,形成後來架構龐大而完善的幽冥世界。由上述可知,其實,在佛教傳入中國以前,中國原本就有一套本土的地獄觀,從人死後歸於土,到地下的幽冥世界中有「地下主」、「主藏君」;乃至於後來出現了北方——以「泰山府君」爲幽冥教主和西南——以「酆都大帝」爲幽冥教主的兩大本土鬼獄信仰。〔註1〕在佛教傳入中國以後,地獄的素材更加豐富,而且時代越晚,地獄的架構越加完善,組織越加精緻細膩。在華文世界的人民心目中,所謂的「地獄」隨著時代演進不斷「擴編」,地獄的幽冥教主,則從單一的「閻羅王」走向聯合共治的「十王」;最後再形成「地藏王菩薩」統御「閻羅十王」的法制進程,特別是本土的地獄觀又與印度的地獄觀進一步結合,形成後世所熟知的「十殿閻王」統轄「十八層地獄」的說法。〔註2〕

從地獄的觀念逐漸成形以來,便對人民的社會生活產生了深遠的影響。不少文學作品對於「地獄」都有詳盡的描述:《西遊記》寫了唐王遊地獄;《說岳全傳》寫害死岳飛的奸臣秦檜在地獄受罪;《聊齋誌異》則描寫了酆都御史、閻羅王、鬼王、城隍、判官、刀山劍樹、陰陽界、望鄉臺…等讓人怵目驚心的地獄形象;民間善書《玉曆至寶鈔》透過對於地獄的書寫闡發因果報應、六道輪迴…等思想。〔註3〕其中,由佛教典籍中「目連入冥救母的故事」演化、豐富而成的目連戲,與地獄思想的聯繫更爲密切。然而,目連戲除了呈現出非常豐富的地獄形象之外,對於人間俗世與天界神佛也有相當細微的描寫,還能夠透過目連戲對於三界形象的演述,深入探究目連戲與一般民俗活動和喪葬儀

〔註1〕 余英時《中國思想傳統的現代詮釋》(台北:聯經出版社,1987)頁123～143。
　　　　江玉祥〈中國地獄「十殿」信仰的起源〉收入《古代西南絲綢之路研究》(成都:四川大學出版社,1995)頁161～186。
〔註2〕 蕭登福《漢魏六朝佛道兩教之天堂地獄說》(台北:學生書局,1989)頁65～121。
〔註3〕 胡天成〈豐都「鬼文化」及其對目連戲的影響〉收入《民俗曲藝》77期(台北:財團法人施合鄭民俗文化基金會,1992.5)頁202。

式的關係，是一個值得研究的主題。就戲曲的思想內容上而言，目連戲所包含
的宗教意識相當駁雜，並非單一的宗教理論所能完全涵括，郝譽翔言：

> 目連戲中的宗教，並非指儒、釋、道中任何一個，它乃是一個混雜
> 大傳統主流文化與小傳統原始巫術信仰的『混合宗教』形態，其中
> 涵括的宗教理念駁雜繁瑣而且模糊，缺乏像『組織性宗教』所擁有
> 的一套清晰完整的宗教理論體系。〔註4〕

目連戲中的思想，其實是儒、釋、道三教與民間傳統信仰交相融合之後
的產物，因此，目連戲不論就內容與所體現的宗教、民俗文化，都不免有矛
盾、抵觸；甚至相互違背之處，更充滿了現實、功利與世俗化的思想。再加
上，隨著目連入冥救母故事的不斷延伸流傳，在世界各處的華語區域落地生
根，汲取每個地方特殊的文化養分，因此，幾乎每個不同區域的目連戲，都
形成足以代表當地社會、語言、風俗、宗教特色的劇種，透過某一區域目連
戲曲的研究，可以擴大探討許多存在於人類社群的基本問題，甚至足以觸及
各個地方文化對於生命終極意義的理解與關懷。

從目連戲的源流與發展來看，我最先必須談到目連戲中的核心人物——
「目連」——全名叫「目犍連延」，他是古印度摩揭陀國都城王舍城人，是佛
教創始人釋迦牟尼的十大弟子之一，被稱爲「神通第一」。〔註5〕《經律異相》、
《佛本行經》、《大藏經》、《續大藏經》…等諸多佛經中都有記載關於目連的
故事。而「目連入冥救母」的故事乃出自於爲人所熟知的《佛說盂蘭盆經》，
是晉代僧人法顯所翻譯的，譯成漢文僅一千多字，故事架構也很簡單。而這
個故事在中國千年以來的流播中，被擴充得完善細緻，還被編成變文、寶卷、
戲曲，在華語世界之中，幾乎人盡皆知。〔註6〕陳芳英在〈有關目連的戲劇文
學〉中便指出：

> 雖然，目連救母是佛家的故事，但自《盂蘭盆經》流傳以來，歷經了
> 將近一千七百年的時間，它一面與我國傳統的倫理思想、民間信仰相
> 結合，一面又藉著變文、變相、寶卷、佛曲、俗曲、鼓詞、子弟書、

〔註4〕郝譽翔《民間目連戲中庶民文化之探討——以宗教、道德與小戲爲核心》（台
　　　北：文史哲出版社，1998.12），頁31。

〔註5〕CBETA 電子佛典 Big5 APP 版，大正新脩大藏經第二冊 NO.•125《增壹阿含
　　　經》，最近更新日期：2009/04/15。

〔註6〕凌翼雲〈目連戲——佛教文化與中國文化的融合〉收入《戲曲研究》37 期（北
　　　京：文化藝術出版社，1991.6）頁37。

雜劇、傳奇、崑弋皮黃、各種地方戲等文學形式，逐漸的孕育成長，繁衍孳乳，已由簡單的基型，演進為曲折複雜的面貌。〔註7〕

「目連救母」從原本一個單純的佛經的故事，融入多元的思想與文化，經由文學形式的不斷轉換，長期下來累積了豐富的養分，內容由簡入繁，形式則從簡單的講唱延伸到舞台演劇。「目連戲」更是中國成熟較早的戲曲類型之一，發展到了後期，在篇幅與體制上也相當宏大。朱恆夫在《目連戲研究》中云：「目連戲中的許多內容不是首次創作，而是從其他戲劇或其他文藝作品中『娶』過來的。『娶』的原則有兩點：其主題與目連戲一致，或其情節能安插到目連戲中裡來。」〔註8〕換言之，所謂的「目連戲」並非僅指單一的故事情節，而是由許多相關的故事情節串連而成，就目前各地發現的資料來看，民間的目連戲，大致包含以下內容：一是敘寫目連祖輩和他自身的故事；二是寫與目連本身故事的深層意涵相關的本戲或連台本戲；三是寫與目連本身故事中某些情節、人物相關的，具有強烈世俗性與地方色彩，並與目連故事穿插演出的本戲或折戲。因此，「目連戲」發展到晚期，它並非是某個單一劇目的稱謂，而是指以「目連入冥救母」為基本內容；包括與之有直接、間接聯繫的各個劇目的戲劇文化型態〔註9〕，據資料記載可知，目連戲通常可以連演數十日、甚至數月之久，流傳地區也遍佈整個中國。

以目連救母故事為主體所發展而成的目連戲，在北宋之前就已經發展成一個龐大的戲劇結構，當時的「目連雜劇」已經可以在農曆七月「盂蘭盆會」的場合連續演出數日而造成轟動。從此之後，目連戲在中國各地都持續保持盛演不衰的情況，到了明代萬曆年間，新安鄭之珍匯集許多目連戲的演出版本，編輯成一百零四折的《目連救母勸善戲文》，這個劇本吸收了地方戲曲的元素，集合小曲、雜耍和許多深具民間氣息的表演藝術於一身，將地獄的形象鮮明地展現於戲曲舞台之上，又突顯強化了善、忠、節、義、仁、孝的觀念，鞏固全劇的核心思想，在插科打諢的娛樂性質之外，加深了教育群眾的意涵，此劇本一出，後來其他的地方戲曲多半依循著這個劇情架構來演出，影響不可謂不大。

〔註7〕 陳芳英〈有關目連的戲劇文學〉收入《中國古典文學論文精選叢刊，戲劇類（二）》（台北：幼獅文化事業公司，1980.08）頁465。

〔註8〕 朱恆夫《目連戲研究》（南京：南京大學出版社，1993.05），頁197。

〔註9〕 胡天成〈豐都「鬼文化」及其對目連戲的影響〉刊於《民俗曲藝》第77期〔台北：財團法人施合鄭民俗文化基金會，1992.5〕，頁218～219。

　　本論文著意研究「閩南入冥救親戲曲」，便是將重點擺在「閩南目連戲」的探討，主要因爲閩南目連戲中蘊含多層次的文化意識，經過層層梳理與探究之後，許多隱藏於戲曲舞台與文本中的深蘊內涵，便能夠逐一呈現。一般常見關於道教與戲劇的研究，多半在探究戲劇所所反映的神祇故事、宗教意識與道德思想，而「法事戲」則提供我們另一種鮮明的典型，讓我們看到一個戲劇形式如何脫胎於宗教儀式，先是豐富儀式過程中的表演，再適時穿插一些科諢和小戲，融入其他劇種的表演方式，最後脫離了打城的儀式，形成舞台上完整的演出，而它的表演方式與演員也有逐步趨於專業化的傾向。另外，在法事戲部份，首先必須了解道教，道教是漢人傳統社會中，與人們生、老、病、死等過程，有著密切關係的宗教，根據性質不同，台灣的道教儀式可分爲道場、法場、拔度三大類型，其中的「拔度科儀」便是爲超度亡者所設的法事〔註10〕，其科儀的目的，無非是希望接引亡魂脫離苦海歸入仙班。李豐楙：「目蓮戲從閩南社會直到傳入台灣，在農業社會農村之中，成爲喪葬的特殊時間內的一種戲劇，在功德場的特殊空間內舉行，產生娛樂、教化及宗教儀式的意義，它是神聖性的儀式行爲，也是世俗化的民間觀劇聽曲。」〔註11〕

　　因此，在傳統的喪葬禮俗中，必然包含了「拔度」的科儀（「拔度」又稱「度幽科」），即民間俗稱的「作功果」、「作功德」、「作師公」，這些喪葬的科儀之中，其實蘊含了許多民間文學的瑰寶，除了諺語、俗曲…之外，更包含了具有特殊形式與意義的戲曲演出，爲了擴展研究的範圍與深度，本論文企圖在閩南入冥救親戲曲的研究中，將部份討論的觸角延伸至宗教儀式的範疇，李豐楙有言：「目蓮救母的神話及喪儀中的儀式性表演，就是佛教傳入後適應中國的孝道而創造的，它流傳之廣之遠顯示其爲儀式戲劇的一種典型。」〔註12〕透過對於法事戲與喪葬儀式、盂蘭盆會、薦亡拔度儀式的交互研究，希望能清楚探討台灣喪葬、薦亡超度儀式與目連戲之間的種種關係，以「戲中有祭，祭中有戲」的雙重視角，用不同的切入點來展現閩南入冥救親戲曲的豐富文化，並探討閩南入冥救親戲曲「祭、戲合一」的演出特性。

〔註10〕其內容詳見呂錘寬《台灣的道教儀式與音樂》（台北：學藝出版社，1994.01），頁1～2。

〔註11〕李豐楙〈台灣中南部道教拔度儀中目蓮戲、曲初探〉刊於《民俗曲藝》第77期〔台北：財團法人施合鄭民俗文化基金會，1992.5〕，頁129～130。

〔註12〕同上註，頁129。

第二節　研究方法與文獻探討

壹、研究方法

　　本論文所研究的內容涉及戲曲文本、戲曲演出、宗教學、民俗學、社會學、人類學方面的觀點與論述，需要以下列幾個方法進行研究：

　　一、文獻歸納：搜集參考前人的研究成果、檢索、整理、比較、分析、歸納…等，處理文獻資料的基本方法。

　　二、影音資料剖析：爲求了解閩南入冥戲曲的歷史與當前狀態，需利用大量的影音資料，透過對於影音資料的解析，方不至於有閉門造車的缺失。

　　三、田野調查：如舞台實際演出情況、演員心理、觀眾心理、儀式戲劇（此指：台灣喪葬、薦拔超度儀式中的「法事戲」）的實際情況…等，必須採取田野調查的方式，方能順利取得第一手的研究資料。

貳、文獻探討

　　不論在文學、社會學、宗教學、人類學、歷史學、民俗學等專業領域，對於生死、魂魄、鬼神等相關議題的專書、論文，不知凡幾，單篇的論文更是繁多，以下列出數本論文，以探討其相關議題：

　　一、地獄、鬼神、宗教相關文學作品研究

　　李燕惠：魏晉南北朝鬼神故事研究

　　沈宗憲：宋代的鬼與死後世界傳說

　　金志淵：《閱微草堂筆記》鬼神故事之研究

　　陳美玲：從古典小說的鬼觀察鬼信仰的心理與文化現象

　　陳敏瑄：唐代佛教果報地獄小說研究

　　劉岱旼：蒲松齡地獄思想研究

　　鄧代芬：《閱微草堂筆記》的陰間界域研究

　　賴雅靜：六朝志怪小說中的死後世界

　　二、地獄、鬼神、宗教相關戲曲作品研究

　　林智莉：明代宗教戲曲研究

　　宋容仁：元雜劇鬼魂戲研究

　　劉志偉：川目連演出之研究

三、兼論戲曲與儀式之研究

郝譽翔：民間目連戲中庶民文化之探討：以宗教、道德與小戲為核心

郝譽翔：儺：中國儀式戲劇之研究

陳信聰：幽冥得度：儀式的戲劇觀點——台南市東嶽殿打城法事分析

楊士賢：台灣釋教喪葬拔渡法事及其儀式戲劇研究——以花蓮縣閩南釋教系統之冥路法事為例

四、地獄、鬼神、民俗相關研究

林廷叡：唐代的幽冥世界觀：地獄十王信仰結構與流變的探討

陳瑤蒨：近代十王信仰之研究——以《玉曆寶鈔》為探討中心

陳碧苓：台灣鸞書的死後世界觀——以天堂遊記與地獄遊記為例

　　第一類關於地獄、鬼神、宗教相關文學作品研究，其著眼點多半在文學作品本身，或論陰間，或論鬼神，但是對於「入冥」的議題，多半點到為止，或僅為論文中的部分章節，沒有專門深入探討入冥文學的論文，因此，這一類的論文可以成為本論文寫作時的背景知識，以此為基礎，便能深入探討鬼神與人之間的聯結，引申出「生人入冥」的議題，並將探討的觸角從故事、傳說、小說作品延伸到「戲曲文學」上。第二類關於地獄、鬼神、宗教相關戲曲作品研究，雖然是與戲曲文學的相關論文，然而，其重點多半放在文本的分析探討，這樣的研究主題與本論文略有相關，可惜內容本身並沒有太多關於「入冥救親」的論述，但是入冥戲曲畢竟是歸屬於宗教戲曲的一脈，因此，這一類的論文能為本篇論文提供良好的研究方向，而且在架構上也可以成為本篇論文的良好範本。第三類兼論戲曲與儀式之研究，此類論文與本論文的關聯性較前兩類大，都從多方面的角度探討戲曲與宗教儀式的種種問題以及戲曲與宗教儀式之間的關連，其中郝譽翔的《民間目連戲中庶民文化之探討：以宗教、道德與小戲為核心》以「大傳統、小傳統」與「混合宗教」的觀念，深入探討目連戲的庶民性質，該論文田野調查的資料豐富，對於本論文的資料蒐集與視角切入，提供了相當程度的啟發。第四類關於地獄、鬼神、民俗相關研究，多以民間善書或古籍文本為研究資料，探討地獄的源流與發展、說明地獄的架構、功能與意義，此類論文雖然與戲曲、入冥的關聯性不大，卻是相當好的間接資料，讓研究者得以了解，透過善書的廣泛流傳，「地獄」在群眾心中到底是何樣貌？此類論文的研究資料，可以補足本論文在民俗學和民間文學方面的缺漏，讓本篇論文更加貼近群眾生活的真實樣貌，更能透過善書資料的援引與戲曲唱詞相互比對，真實呈現出「地獄形象」

在善書、講唱裡和戲曲舞台上的落差。另外，值得一提的是陳芳英《目蓮救母故事之演進及其有關文學之研究》（臺北市：臺灣大學出版委員會出版，臺灣大學文學院發行，1983）一書，以目連救母的佛教故事爲主軸，將與其相關的文學作品納入探討的範圍，對於本論文的研究有所助益。此外，《民俗曲藝》期刊中有多期是爲目連戲、儀式戲劇、福建戲劇、宗教儀式、鬼神信仰的專刊，搜羅各地專業學者的文章，爲極佳的參考資料。另有台北財團法人施合鄭民俗文化基金會出版發行的民俗曲藝叢書，其中包涵多種目連戲劇本與目連戲資料編目概略，爲本論文的研究提供豐富資料。其他如李豐楙、王嵩山、邱坤良、呂鍾寬…等各領域的專家學者，對於宗教、民俗、戲曲多有研究，其多年研究之成果，亦可爲本論文提供良好基石。

第三節　研究素材、侷限、架構與內容

壹、研究素材與侷限

　　本篇論文最主要的研究素材爲《泉腔目連救母》和《莆仙戲目連救母》，眾所周知，福建乃是戲劇大省，戲劇發展的歷史綿長悠久，也因爲其地理環境的因素，語言複雜、風俗各異，因此造就出非常多元的劇種，然而，葉明生在《民俗曲藝》第122、123合輯的〈前言〉之中卻指出：

> 福建地方戲劇之研究多偏重於劇種源流、沿革、劇目、音樂、表演藝術等方面，而對地方戲劇的發生環境、發展的社會條件以及其生存的人文背景等方面都缺乏深度的調查、分析與探討，只重其果而忽略其因，忽略了戲劇賴以發生的宗教、民俗、儀式等客觀的生成社會基礎條件，從而使這些成果或多或少降低其文化含量和影響了成果之質量。就事實而言，沒有哪一種戲劇品種能超脫歷史上既已存在的宗教、民俗和儀式活動的影響。無論是宋代閩南漳、泉二州之傀儡戲，還是被譽爲「南戲遺響」的莆仙戲、梨園戲，或是明代南傳的大腔戲、四平戲，或是本地民間土生土長的平講戲、福州戲、三角戲、高甲戲等等，所有這些劇種之衍生、發展都與民間祭祀之溫床、發酵分不開，都與民俗活動的載體作用有著密不可分的聯繫。〔註13〕

〔註13〕葉明生〈前言〉取自《民俗曲藝》第122、123合輯，（台北：財團法人施合鄭民俗文化基金會，2000.01）頁1。

　　戲曲的研究面向非常廣泛多元，但是都必須歸結到觀眾——也就是群眾——的實際生活當中，不論戲曲具有娛樂、教育、宗教儀式…等功能，還是必須與群眾的生活做聯結才能實際發揮其影響力，因此，本論文不僅從文本出發，還進一步探討文本內容與人民生活、思想之間的相互關係，站在「民俗」的角度，審視戲曲表演對於群眾的影響與在群眾日常生活中所扮演的角色。

　　本論文既名為「閩南入冥救親戲曲」，在此就必須針對「閩南」的概念加以說明，由陳世雄、曾永義所主編的《閩南戲劇》一書中，在全書緒論就提到所謂「閩南戲劇文化圈」的觀念，指出「閩南戲劇文化圈是一個在時間與空間兩個維度上展開的概念，在展開的過程中，有傳承，也有變異」〔註14〕，也就是說，我們不應該只是依照「地理位置」來理解「閩南」這個概念，而應該用活泛、延展、繼承、變異的「文化圈」來理解所謂的「閩南」，如此一來，才能確實討論閩南戲曲、民俗、宗教、文化與群眾生活相互交會融合的情況，然而，在《閩南戲劇》一書中更進一步說明「莆仙戲」得以被歸入「閩南戲劇文化圈」的理由：

> 除了上述的中心地帶和外圍地帶，我們還要強調的是，存在著一個戲劇文化圈與另一個戲劇文化圈的交界地帶，在這裡，發生著兩種戲劇文化的交融現象，我們稱之為閩南戲劇文化圈的邊區或稱邊緣地帶。一個最典型的例子是泉州市的泉港區，即原來的惠安縣北部。在這裡，我們觀察到閩南戲劇文化與莆仙戲劇文化互相交流、互相滲透的生動事例。泉港區是莆仙方言與與閩南方言的混合地帶，存在著一片交錯、模糊的「方言疆界」，許多居民既能聽懂莆仙話，又能聽懂閩南話；既看莆仙戲，又看歌仔戲、高甲戲。〔註15〕

　　福建省因為地形隔閡的關係，存在著許多不同的方言，也因為語言、音樂的差異而產生了許多不同的劇種，自然就分化出好幾個戲劇文化圈，各個戲劇文化圈也不免產生重疊交會的現象，在地理位置上，莆田、仙游也許無法稱之為「閩南地區」，卻在戲劇文化上透過交錯模糊的方言疆界彼此融會影響，泉港區便是一個生動鮮明的例證，文化圈與文化圈之間，透過某個方言疆界的「缺口」彼此挹注、交會、融合，甚至在生活、習俗與儀式信仰都有類似的現象，因此，若是以「閩南戲劇文化圈」為總體概念，在這個概念之

〔註14〕陳世雄、曾永義《閩南戲劇》（福建：福建人民出版社，2008.08）頁1。
〔註15〕同上註，頁5。

下自然就將許多莆仙戲劇與文化涵括其中，這樣的概念比起地理位置的區分更加切合人民實際的生活與感受，因此，筆者在此大膽將泉腔與莆仙戲《目連救母》依照「戲劇文化圈」的概念並陳於「閩南」的範圍之下，希望能透過兩部劇本的比對、探討，呈現出閩南傳統社會的真實樣貌，再者，大陸地區經過文化大革命之後，許多傳統文化已經產生某種程度的佚失與斷層，而這些習俗、信仰與儀式反而在許多華人生活的地區得以被保存下來，例如：台灣、澎湖、金門、馬祖和新加坡的華人社會中，就保留著許多閩南的風俗文化與傳統精神，這種文化脈絡的傳承延續，並不會因為地域和國別的不同而受到區隔；也不會因為政治因素而遭到否決、分化，若是能將所有包含戲劇、民俗、信仰、儀式的討論，通通以「文化圈」的概念來加以涵蓋，無疑是一個更為妥切的研究方法。

接下來，就針對本論文中所運用之泉腔與莆仙戲《目連救母》劇本的版本問題加以說明，從一九九一年七月開始，王秋桂教授就接受蔣經國國際學術交流基金會的補助，主持「中國地方戲與儀式之研究」計畫，分別在遼寧、山西、安徽、湖南、江西、江蘇、浙江、福建、廣東、廣西、四川、貴州、雲南等地進行考察，在數位國際學者（包含龍彼得教授）的交流合作之下取得豐碩的研究成果，之後，王秋桂教授就與《民俗曲藝》的發行人施仲諒商量，將當時的計畫成果列於「民俗曲藝叢書」，由施合鄭民俗文化基金會來出版〔註16〕，而《泉腔目連救母》與《莆仙戲目連救母》便是在這樣的情況下先後出版發行。

關於《泉腔目連救母》的劇本來源，其主要校訂人——龍彼得在《泉腔目連救母》導言中就有以下的說明：

> 一直到二十世紀中葉，在閩南經常可見到目連戲的演出，特別是在泉州市和泉州府。雖然此校訂本依據傀儡戲的抄本，同樣的劇本亦用於大戲。傀儡戲由五個演師操大傀儡演出；大戲則是由法事戲（或稱打城戲）班演出。⋯本校訂本據十一種抄本，以地支從子到戌標示。這些抄本目前藏於晉江市圖書館。它們都是殘本，其中幾種嚴重毀損。所幸彼此可以互補而整理出一個全本來。而且彼此重複之處往往有助於文本的確立。雖然抄本都沒有註明年代，可以推測係

〔註16〕 王秋桂〈民俗曲藝叢書序〉收錄於龍彼得、施炳華校訂《泉腔目連救母》（台北：財團法人施合鄭民俗文化基金會，2001.01）頁1。

抄於十九世紀末、二十世紀初。這些極可能是文化大革命後僅存的

泉腔目連戲抄本。〔註17〕

從上述可知，一直到文化大革命以前，在閩南民間還經常可以看到目連戲的
演出，而眼前這部《泉腔目連救母》雖然為「傀儡戲」的劇本，但是由真人
所演出的「大戲」也是使用同一部劇本，當時在泉州是以「法事戲」的型態
演出，這個版本是龍彼得參據十一個不同的殘本細心拼湊、校訂而成，可能
是經過文化大革命之後所整理出來最為完整、詳盡的版本。然而就筆者所見，
龍彼得先生所校訂的《泉腔目連救母》，並非唯一僅見的泉腔目連戲版本，實
際上，由「泉州地方戲曲研究社」所編輯的《泉州傳統戲曲叢書》〔註18〕中，
亦收錄了兩部由曾金錚所校訂的泉州傀儡戲《目連救母》劇本，但是《泉腔
目連救母》的校訂人龍彼得卻指出這兩部劇本具有相當程度的缺失：

> 泉州地方戲曲研究社在立竿見影的壓力下匆促出版了十五冊的泉州
> 傳統戲曲叢書。就此叢書中最長的劇本——《目連救母》而言，它
> 在 1999 年為主編徹底改訂，但這些改動使得校訂本的品質更為低
> 落，很多錯誤沒有改正，而我在前幾年中已改正的地方又重新以錯
> 誤的形式出現。〔註19〕

龍彼得甚至認為這兩個傀儡戲校訂本的出版，公然破壞了之前的協議，而傷
及龍彼得的個人信譽，所以才會在隨後將自己在計畫當時校訂的版本重新整
理，也一樣交由施合鄭民俗文化基金會在《民俗曲藝叢書》中出版。筆者比
較過三個劇本，發覺其內容相似度頗高，在相互參照、比較之下，最後選擇
了龍彼得所校訂的版本為主要的研究文本。

　　而關於《莆仙戲目連救母》的版本來源，其校訂人——劉禎在《莆仙戲
目連救母》的導言〈莆仙戲《目連救母》概述〉中，也做了以下說明：

> 目連戲是莆仙戲的重要劇目之一，保存了宋元南戲遺響，由於演出
> 興盛，明代萬曆年間已有多種目連戲選本在福建刊刻印刷，…這個
> 劇本共分三夜，每夜又分上、下本，每本一冊，共五冊（缺第三夜

〔註17〕 龍彼得、施炳華校訂《泉腔目連救母》（台北：財團法人施合鄭民俗文化基金
　　　　會，2001.01），頁1～5。

〔註18〕 泉州地方戲曲研究社《泉州傳統戲曲叢書》（北京：中國戲劇出版社，1999～
　　　　2000）

〔註19〕 龍彼得、施炳華校訂《泉腔目連救母》（台北：財團法人施合鄭民俗文化基金
　　　　會，2001.01），頁7。

上本）。封面書名《目連救母》，第一頁上本第一場前稱「目連聯台莆仙戲」，每本前有劇中人物表和場次目錄。第一頁上本十八場（目錄稱十五場），下本九場（目錄八場），第二夜上本九場（缺第一場），下本十場，第三夜下本十二場，三夜五本凡五十八場。…莆仙目連流傳、保存在新加坡等地的華僑中，與超度前人已故靈魂的法事融為一體，成為宗教儀禮的一部分。…莆仙本又大致可分為莆田與仙游兩個系統，莆田有萬福班和珍寶班的復抄本，仙游是老藝人鄭牡丹口述紀錄本，齣目上仙游本七十八齣比莆田本三十七齣多出一倍強，此本《目連救母》考慮到已不存在的第三夜上本，齣目場次內容很接近於仙游本。…這個劇本為中國藝術研究院戲曲研究所資料是所藏，是五十年代的復抄本。〔註20〕

　　本論文最終選擇《泉腔目連救母》和《莆仙戲目連救母》為主要文本對象，是因為就閩南入冥戲曲而言，這兩部作品的文本還算清晰完整，不像其他地方劇種的手抄本或演出本，往往存在著過於簡略、錯漏頗多的問題，這兩部劇本當中，除了《莆仙戲目連救母》在第三夜上本有部份缺漏之外，其他經過校訂的部分，都保留地相當完整，且龍彼得與劉禎兩位學者對於劇本中的語言與地方用語都有詳細的注解，對於內容原義的了解與研究幫助頗多。而且《泉腔目連救母》和《莆仙戲目連救母》這兩部劇本與泉州法事戲、薦亡超度、喪葬儀式的淵源頗深，除去戲曲本身的娛樂與教育功能之外，這兩部傳統戲曲實際深入到群眾的日常生活裡，與地方民俗緊密結合，是兩部在多方面向都值得深入探討的劇本。

　　然而，縱使這兩部劇本是相當值得研究的文本，在研究過程中卻也有相當程度的侷限性，首先，這兩部劇本的發源與實際演出據點都在福建省閩南文化區，若要實際了解其演出的狀況，除了交通問題和語言的些許隔閡之外，最大的困難點在於：經過文化大革命之後，加之臨海地區的經濟與現代化發展，福建閩南地區傳統民間風俗的保存已發生「斷層」的情況，許多的儀式行為已經不再完整，甚至產生了相當程度的變異，這無疑加深了研究上的困難度，在田調資料蒐集困難的情況之下，只好以台灣地區閩南人的傳統生活習俗、並透過莆仙同鄉會在新加坡舉辦法會的調查紀錄來加以補足，雖然無

〔註20〕 劉禎校訂《莆仙戲目連救母》（台北：財團法人施合鄭民俗文化基金會，1994.05），頁 1～9。

法盡善盡美，卻也勉強能夠解決第一手田調資料難以取得的問題，在不完美的情況之下，盡最大的努力，希望能夠在儀式不斷精簡的現代化社會中，紀錄保存些許傳統文化的精髓之美。

貳、論文架構

以下為本篇論文的章節架構：

第一章　緒論
　　第一節　研究動機與目的
　　第二節　研究方法與文獻探討
　　第三節　研究素材、侷限、架構與內容
第二章　閩南入冥救親戲曲的地獄形象
　　第一節　從人間世到幽冥界的重要場景
　　第二節　明鏡高懸的陰間司法審判所
　　第三節　幽冥界的刑律執行處——地獄
　　第四節　地獄的官僚制度——從獄官到閻王
　　第五節　審罰兼具的最終法庭——地獄
第三章　閩南入冥救親戲曲的人間形象
　　第一節　小人物的哀歌
　　第二節　惡人與惡狀折射出一般民眾的陰暗心理
　　第三節　劉氏所代表的女性形象
　　第四節　苦難眾生的修煉場——人間

第四章　閩南入冥救親戲曲的神佛形象
　　第一節　青天不可欺——眾神的鑒察功能
　　第二節　天界人間任來去——神佛的跨界情節
　　第三節　統攝天下的絕高之地——天界
第五章　閩南入冥救親戲曲祭、戲合一的演出意義
　　第一節　戲中有祭
　　第二節　祭中有戲
　　第三節　祭、戲合一的演出形式

第六章　結論
　　第一節　《泉腔目連救母》和《莆仙戲目連救母》舞臺上的三界形象
　　第二節　《泉腔目連救母》和《莆仙戲目連救母》與宗教儀式的融合
參考書目

參、論文內容

第一章　緒論

　　本章爲全論文的緒論，說明論文的研究動機、目的、方法、文獻、素材、侷限、架構與內容。

第二章　閩南入冥救親戲曲的地獄形象

　　本章將專述《泉腔目連救母》與《莆仙戲目連救母》中所建構的三界場域中的「地獄」，並解析存在於三界之中的閻王與鬼卒的形象，閩南入冥戲曲舞台上所建構的三界場域相當完整，特別是地獄的塑造，其形象莊嚴不容侵犯，兼之森冷可怖，具有警醒世人切莫爲惡的功用。冥界最令人感到毛骨悚然的無非是十八重地獄的刑罰，刀山劍樹、鐵床血湖、油鍋銅柱、鋸身割舌…等等，被押解來的鬼犯，身受種種刑戮，鮮血淋漓、哀鴻遍野，慘不忍睹，非常殘酷可怖，透過如此這般地獄形象的塑造，建立起天、地、人三界公正無私不徇情的最終審判場所，人對於陰間冥律的追索探求，相對也曲折地反映出陽間刑法的種種不公。

第三章　閩南入冥救親戲曲的人間形象

　　《泉腔目連救母》和《莆仙戲目連救母》在戲曲舞台上塑造了眾多凡塵俗世間的人物，本章著重在討論劇本中社會底層小人物的生活形象，展現小人物在現實生活的嚴酷考驗下的無奈，並且敘述劇本中的「惡人惡狀」和以劉氏爲代表的女性形象。

第四章　閩南入冥救親戲曲的神佛形象

　　《泉腔目連救母》與《莆仙戲目連救母》中描寫了一系列天界冥府的神仙鬼魅，如：佛祖、觀音、閻王、城隍、判官、小鬼…等，他們栩栩如生、形象鮮明。不論是佛教還是道教，也不論大小官吏或是門神、土地、灶神…等，在戲曲中，他們都是附屬於最高決策者之下的執法者，奉玉旨、閻王之令，巡狩天地，鑒察人間善惡，但求執法立即、公正、勿枉勿縱。三界之中，

無論任何一位神靈，所具備的形象多半是正面的，每人的階級、職權分明，幾乎都是人間官僚體制的理想化典型。

第五章　閩南入冥救親戲曲祭、戲合一的演出意義

以「戲中有祭，祭中有戲」的雙重視角，為閩南入冥救親戲曲建立一個概略的架構，並逐一檢視分析閩南入冥救親戲曲的外在形貌與內在意涵，更進一步總結說明閩南入冥救親戲曲在漢族社會中的諸多功用以及對於生命關懷的總體價值。

第六章　結論

本章為本論文的結論，總結先前數章的內容與論述。

第二章　閩南入冥救親戲曲的地獄形象

　　不論道教、佛教和基督教，在基本教義的宣達當中，無不為信徒建構出天界、人界和冥界這三個各異其趣的空間，這三種空間也成為各個宗教展現其理念的重要場域。生、死是人生大事，人對於死亡的無名恐懼往往來自對於「死後何歸」的未知，因此，「死亡後的世界」、「靈魂脫離肉身之後的歸所」成為宗教界安撫社會人心的過程中必然會碰觸的問題，在普遍的宗教認知裡，「天庭」與「地獄」這兩個特定的「死後歸所」成為宗教家給群眾的解答，而宗教家提供解答之後，附帶說明人死後「上天堂」與「下地獄」的「相關條件」便成為各個宗教向群眾宣達其基本教義的最佳教條。對於基層社會而言，善書、講經、說唱與戲曲中對於天界、冥界的闡述，既滿足了人對於死後世界的想像，也讓普羅大眾對宗教教義有了最初步的認識。長久以來，天、地、人三界場域的概念，幾乎成為全體華人社會對「肉體、靈魂存在空間」的基本認知，利用這種虛實交疊的三界場域，宗教家用以宣揚教義、衛道人士用以推廣禮教，而戲曲演出的舞台便成為基層百姓最佳的受教場所，戲曲舞台所塑造的三界場域裡，混合著佛、道、儒和許多原始信仰的理念，對於這些交融混雜的理念，平頭百姓們敞開心胸、欣然接受並納為日常生活的行事準則，進而形成一種群體思想。

　　在戲曲舞台上所重現的三界場域具有豐富的形象表徵與思想意涵，而「閩南入冥救親戲曲」在本章內容中，主要討論的文本為《泉腔目連救母》〔註1〕與《莆仙戲目連救母》〔註2〕，這兩個劇本中存在著大量對於地獄與天堂的闡

〔註 1〕　龍彼得、施炳華校訂《泉腔目連救母》（台北：財團法人施合鄭民俗文化基金會，2001.01）
〔註 2〕　劉禎校訂《莆仙戲目連救母》（台北：財團法人施合鄭民俗文化基金會，1994.05）

述，由於這一部分的問題涵蓋的層面過於廣泛，本論文中特將天、地、人三界分爲第二、三、四章，透過分析、解讀和比較，這三個章節將探討下列幾個問題：戲曲文本中地獄的形象與表徵；地獄中的官僚制度；地獄中的罪魂與惡鬼形象；在戲曲舞台上建構地獄的目的；人間世中小人物的苦難與哀歌；天庭的形象；天界中神佛角色所代表的意義；文本、舞台上呈現天、地、人三界場域有何特殊意涵。

第一節　從人間世到幽冥界的重要場景

　　明・張岱《陶庵夢憶》卷六〈目蓮戲〉中對於徽州藝人搬演目蓮戲有如下的敘述：

> 凡三日三夜，四圍女臺百什座，戲子獻技台上，如度索舞絚、翻桌翻梯、觔斗蜻蜓、蹬壇蹬臼、跳索跳圈、竄火竄劍之類，大非情理，凡天神地祇、牛頭馬面、鬼母喪門、夜叉羅刹、鋸磨鼎鑊、刀山寒冰、劍樹森羅、鐵城血澥，一似吳道子地獄變相，爲之費紙札者萬錢。人心慌慌，燈下面皆鬼色。〔註3〕

　　無論哪個劇種演出「目連戲」都會竭力描繪「地獄」森冷可佈的風貌，從外在的舞台布景、機關道具、人物扮相、身段做打到內蘊的唱詞、唸白，無不企圖在舞台上塑造出地獄的空間與氛圍。

　　地獄原是存在於眾生意念之中的空間，卻透過民間善書、說唱、講經、戲劇、圖像…等形式被具體化、形象化，滲入群眾的日常生活，並根植在生活中而成爲信仰，然而，值得思考的是：在「陽間」（活人的現實世界）反覆將「陰間」（亡魂的生活場域）、「地獄」（惡鬼受審受刑的空間）透過舞台具體呈現在群眾眼前的目的到底是什麼？舞台上的「陰間」、「地獄」對比於「陽間」的現實生活，則對於觀眾來說「陰間」、「地獄」存在的意義爲何？這些問題可從閩南入冥救親戲曲舞台上「陰間場景」的仔細探討獲得解答。

　　從《泉腔目連救母》和《莆仙戲目連救母》劇本中得知，人在死後或生魂脫體進入陰間，有一定的「路徑」和「場景」，而位於陰陽交界的主要場景便是「望鄉臺」。在許多觀光的景點中，我們都不難看見「望鄉臺」的存在，

〔註 3〕　明・張岱《陶庵夢憶・卷六目連戲》，《叢書集成初編》本，〔台北：中華書局，1985〕頁 47～48。

它的功用就類似於「望夫台」、「望夫崖」，是一個提供遊人登高遠望的高台，或是供遊子望鄉，或是供在家妻兒遠望夫婿歸來。而陰間爲何要設置「望鄉臺」呢？我們從民間廣爲流傳的善書《玉曆至寶鈔》中可以略窺一二。

　　從宋代流傳至今的《玉曆至寶鈔》相傳是「淡癡道人」受召親身入冥，在親見酆都大帝及地府諸位冥吏之後，將所見所聞著成此書，流傳後世，幾經傳抄改版，成爲自明清以來民間相當流行的一本善書，《玉曆至寶鈔》融合了佛、道兩教對於地獄的說法，此書一出使得十王統領十殿（筆者按：指一殿秦廣王、二殿楚江王、三殿宋帝王、四殿五官王、五殿閻羅王、六殿卞城王、七殿泰山王、八殿都市王、九殿平等王、十殿轉輪王）、掌管諸小地獄體制成爲定說〔註4〕，而《玉曆至寶鈔》中有一段關於「望鄉臺」的詳盡解說：

> 五殿閻羅天子曰：「…凡一切鬼犯，發至本殿者，已經諸獄受罪多年，即有在前四殿查核無甚大過，每各按期七日，解到本殿，亦查毫不作惡，屍至五七日，未有不腐者也。鬼犯皆說在世尚有未了善願，或稱修蓋寺院橋樑街路，開河淘井，或集善書章未成，或放生之數未滿，或父母尊親生養死葬之事未備，或受恩而未報答，種種等說，哀求准放還陽，無不誓願，必做好人。吾聞之曰：『汝等昔時作惡昭彰，神鬼知你，今船到江心補漏遲。可見陰司無怨鬼，陽間少怨人，真修德行之人，世間難得，今來本殿鬼犯，照過孽鏡，悉係惡類，毋許多言』牛頭馬面，押赴高台一望可也。」所設之台，名曰「望鄉臺」。面如弓背，朝東西南三向，灣直八十一里，後如弓絃，坐北，劍樹爲城，台高四十九丈，刀山爲坡，砌就六十三級。善良之人，此台不登；功過兩平，已發往生；只有惡鬼，望鄉甚近，男婦均各能見能聞，觀聽老少語言動靜。遺囑不遵，教令不行，凡事變換，逐漸改過；苦掙財物，搬運無存；男思再娶，婦想重婚；田產抽匿，分派難勻；向來帳目，清揭復涸；死欠活的，難少分文；活欠死的，奈缺據證；彼此胡賴，搪塞不遜，一概舛錯，盡推死人。三黨親戚，懷怨評論，兒女存私，朋友失信。略有幾個，想念前情，撫棺一哭，冷笑兩聲。更有惡報，男受官刑，婦生怪病，子被人虧，女被人淫，

〔註4〕關於《玉曆至寶鈔》一書的作者、年代、流傳、內容與價值的相關研究，請參見蕭登福《道佛十王地獄說》（台北：新文豐出版股份有限公司，1996.09），頁375～453。

業皆消散，房屋火焚，大小家事，倏忽罄盡。作惡相報，非獨陰魂。

凡鬼犯聞見之後，押入叫喚大地獄內，細查曾犯何惡，在發入十六

誅心小地獄受苦〔註5〕。

在《玉曆至寶鈔》中「望鄉臺」是設置在第五殿，因爲陰魂歷經前幾殿的地獄折磨，到此總不免爲自己喊冤、求情幾聲，說自己在陽間還有善果未成，紛紛希望可以請准還陽，而五殿閻羅爲了讓眾多陰魂心服口服，便在此殿設下「望鄉臺」，文中對望鄉臺的大小、形狀、方位做了基本的介紹，並聲明只有「惡鬼」才會登上此台，登台之後，陰魂可以見到自己在陽間的家人，而在世親人的言行歷歷在前，恍如親眼所見、親耳所聞。在陽間作惡之人，墮下地獄爲陰魂惡鬼，而其生前的所作所爲，一一展現出應有的報應，正所謂「可憐之人，必有可恨之處」，在地獄裡接受酷刑的陰魂，若非生前可恨，也不至於身後可憐，業報盡由人，無所抗辯。在《玉曆至寶鈔》中記錄「望鄉臺」的功用，與其說是爲了滿足陰魂的思鄉之情，倒不如說是爲了讓陰魂看到在他死後陽間的種種變化，以斷絕其還陽的念頭，心甘情願地繼續接受地獄的刑責、洗刷自己造下的罪孽。

但是，我們從《泉腔目連救母》與《莆仙戲目連救母》的劇本中，卻發現劇本中所敘述的「望鄉臺」不只功用與《玉曆至寶鈔》中的說明不一樣，連所設置的位置都大不相同。在《泉腔目連救母》第四十六齣〈上望鄉臺〉中，就有一段劉氏和鬼卒關於「望鄉臺」的對話：

（鬼卒白）纔自過了破錢山，前面就是望鄉臺。

（劉氏白）因乜叫做望鄉臺？

（鬼卒白）只所在陰陽隔界地面，過了奈何橋，就是陰司地面，望不見陽間所在。

（劉氏白）鬼使阿，阮有錢送你，乞阮上望鄉臺盼望家鄉，阮心願足矣，許時願願同你行。

（鬼卒白）既有錢卜送我，待我放你上台。

（劉氏下，劉氏又上台，看）

（劉氏白）樹葉綠綠草青青，遙望家鄉看不見。四邊並無人蹤影，

〔註5〕 内文參見〈標點《玉曆至寶鈔》全文及附圖〉詳見蕭登福《道佛十王地獄說》（台北：新文豐出版股份有限公司，1996.09），頁431～432。

那是鬼哭共神啼。舉目不見天共日，茫茫親像月光冥。雙眼流淚展
不開，鐵佛見我心也悲。

（劉氏唱）【北調】來到只，心驚疑，盡都是煙遮雲迷，看都不見。

（《泉腔目連救母》頁79）

劇本中很明確地指出望鄉臺位於「陰陽隔界地面」，而從劇本的前文來
看，劉氏在花園中咒誓應驗、遭受報應，魂魄被眾鬼拖走，經過「破錢山」（筆
者按：在劇本中陰間有三座山，分別爲金山、銀山、破錢山，以陰魂行善作
惡的等級來決定是走哪一座山的山路）之後，便可以看見望鄉臺〔註6〕，望鄉
臺還不算是「陰司地面」，陰魂必須走過了「奈何橋」（筆者按：在劇本中陰
間一樣有三座橋，分別爲金橋、銀橋、奈何橋，也同樣使以陰魂生前行善作
惡的等級來決定可以走哪一座橋）才算是到了陰司的管轄範圍。而在本段引
文中還可明顯看出：陰魂劉氏還必須用錢財賄賂鬼卒方能登上望鄉臺，以達
成她「盼望家鄉」的心願，但是，很可惜的是，即使劉氏登上了望鄉臺，舉
目望去，卻只見一片「煙遮雲迷」，根本無法看見陽間子孫、慰藉思鄉之情。

由此推問《泉腔目連救母》與《莆仙戲目連救母》兩劇中，到底什麼樣
的人（或者說什麼樣的陰魂）才能眞正在望鄉臺上看見陽世親友呢？而「望
鄉臺」設在「陰陽隔界地面」的眞正功用與目的爲何呢？這兩個問題則必須
從《莆仙戲目連救母》第二夜下本第十齣〈上望鄉臺〉與《泉腔目連救母》
第十齣〈請升天〉中方能找到答案：

書名	齣目	場景	人物	唱詞與唸白
《莆仙戲目連救母》	第二夜下本第十齣〈上望鄉臺〉	鬼卒引劉氏到陰司途中	鬼卒劉氏	（劉氏白）長官吓，前面一座高台，是叫什麼所在？ （鬼卒白）是望鄉臺。 （劉氏白）何為叫望鄉臺？ （鬼卒白）此台天造地設，使亡人登上，盼望家鄉，兒女可以看見，啼哭可以聽見，或僧道追薦，功果得以受用。 （劉氏白）既然如此，望長官引老身上台，看望瓦仔。 （鬼卒白）為善之人，登上此台，可以看見家鄉，汝乃為惡之人，怎能看得見呢？　（頁144）

〔註6〕　詳請參見龍彼得、施炳華校訂《泉腔目連救母》第四十一齣〈花園咒誓〉、第
　　　　四十二齣〈掠魂〉（台北：財團法人施合鄭民俗文化基金會，2001.01）頁72
　　　　～75。

| 《泉腔目連救母》 | 第十齣〈請升天〉 | 金童玉女引傅相升天途中 | 金童玉女傅相 | （傅相白）前面一座高台，正是乜台？
（金童玉女白）凡間之人一朝死後，骨肉未免牽掛，是以望鄉臺乃是天造地設，使亡人到此，登台而望見其家鄉。
（傅相白）我登台盼望家鄉，試觀有應否？原來是我妻子哭泣堂前，做齋追薦。
（金童白）公為善之人，望之則見。若是為惡之人，望分毫不見。 （頁22） |

　　從這兩段引文便可看出，在這《泉》、《莆》兩劇中，「望鄉臺」乃「天造地設」的產物，是為了提供「亡人登上，盼望家鄉」之用，才必須設置在陰司與陽界的交界處，以方便亡魂在此眺望陽間親友。而有趣的是：透過鬼卒押解罪魂劉氏直奔地獄與金童玉女接引善人傅相高升天庭，兩相對照之下，發覺「望鄉臺」必須「為善之人」才能「望之則見」，「為惡之人」便「望分毫不見」，望鄉臺的真正功用在於使為善之人看見、聽見陽世親友對亡者的哭泣想念之情，以及讓善者亡魂享用僧道「做齋追薦」的功果。

　　由此可知《泉》、《莆》二劇與民間流傳甚久的善書《玉曆至寶鈔》中的「望鄉臺」，其位置與功用正好兩相違背，《玉曆至寶鈔》中的望鄉臺是為了讓惡人知其惡果、甘心受刑彌補罪孽，《泉》、《莆》二劇中的望鄉臺則是為了讓善人享其善果、安心直升天庭。不論是善書或閩南入冥戲曲，二者最主要的目的無非是為了達到教化民心、勸人為善的功能，但是，卻在細節上展現出完全不同的兩種風貌，而這兩種說法在民間還能長期並行不悖，這是否能夠說明，自古以來，地獄的形象風貌的演進過程相當紛亂龐雜，地獄的形象從原始佛教到佛教中土化，又在中土化的過程中不斷受到道教與中國本土「地府」觀念的影響，在每個階段都有不同的元素被加入或剔除，造成地獄的形象風貌一直無法完全統一〔註7〕，因此廣大的群眾才能容許這些細節上的微妙差異，在群眾心目中，只要地獄本身存在的形象表徵能確實達到「勸善止惡」的主要功能便可。

　　當我們回歸到閩南入冥戲曲本文，在《莆仙戲目連救母》第二夜下本第十齣〈上望鄉臺〉更直接透過「望鄉臺」這個場景，將生前行善與為惡的亡魂做了非常強烈的對比：

〔註7〕　關於中國本土地獄觀的構建過程可參見蕭登福《漢魏六朝佛道兩教之天堂地獄說》（台北：學生書局，1989）頁65～121。亦可參見余英時〈中國古代死後世界觀的演變〉收入余英時《中國思想傳統的現代詮釋》（台北：聯經出版社，1987）頁123～143。

	人　物	唱詞、唸白
善	金童、玉女引善人	（金童、玉女唱）【一江風】同引善人上高台，放眼一望、一望，明明朗朗、朗朗，四處絕塵埃。（台內磬磬聲） （金童、玉女白）善人吓，汝兒子媳婦啼哭，有僧道追薦功果給汝。 （善人白）瓦仔，〔人那〕爹平生為善，到此逍遙自在，何須做功果給我。 （善人唱）【一江風】果然好勝景，一心無掛礙，這正是極樂世界、世界。 （145 頁）
惡	鬼卒引劉氏	（劉氏唱）【一江風】步難挨、難挨腳酸時無奈，強掙上高台。（登台，風起）忽然間、忽然間陰風吹霧，打我兩眼睛不開。 （劉氏白）我家鄉在哪裡？看都不見。 （鬼卒白）前面雲霧遮蔽的地方，就是汝家鄉，汝知道嗎？這雲霧不是天降，是汝自身降下來的。 （劉氏白）怎說是老身自己降的？ （鬼卒白）汝在生黑心欺瞞天地，所以天降黑霧，遮蔽汝家鄉。 （劉氏唱）【滾】羅卜瓦仔，汝立身行孝，我茫然望汝不見，摁是枉然了登高台、高台。 （頁 145）

　　《莆仙戲目連救母》第二夜下本第十齣〈上望鄉臺〉中，透過文本的敘述無非是想要對群眾表達「業報但由人」的觀念，一個人如果「平生為善」根本不必在意身後是否有「僧道追薦功果」，自然早登極樂世界，陽間子女也大可不用哭哭啼啼、傷心難捨。相對而言，如果生前為惡，登上望鄉臺，那遮蔽家鄉的黑霧，不是上天刻意降下來的，而是自己作惡還誤以為能欺瞞天地的「黑心」所形成的業報，業報既成，即使陽世子女立身行孝也無法彌補於萬一，故而劉氏也只能枉登高台、無限悔恨。

　　而望鄉臺的功用與位置，還彰顯了另一個主題：「無法回歸的過去」，今日罪魂已到冥間，無論生前行善或是為惡，到此一律「蓋棺論定」，因此，死後的「受苦」或「享樂」，端看你生前的種種作為，因此，在戲曲中望鄉臺的存在是想凸顯「生前所為」的重要性，也能夠藉此「教育」台下看戲的「人群」要及時行善、切莫為惡，也「安撫」在台下看戲的「鬼眾」要接受目前自己的處境、坦然面對所有的刑罰苦果。因此，在劇本與《玉曆至寶鈔》的兩相比較就可看出，戲曲本身透過強調為善與作惡之間的差異，讓陽世中的「人眾」看清在為善與作惡的後果，讓活著的人能有選擇的餘地，還有機會為自己「死後的待遇」做更多努力，與其死後再來悔不當初，還不如趁活著的時候多多行善事、積善果，由此可見，戲曲「教育群眾」的正面功能更加顯著。

第二節　明鏡高懸的陰間司法審判所

壹、從「冥律」談地獄的審判結構

在漢人的傳統社會裡，存在著三套不同的法治觀念，一套是國家明文規定的「法律」，一套是鄉里與地方望族中用以規範鄉人與家人言行的「私律」（或指「家規」），另一套則是每個人死後進入陰間都必須接受陰司檢驗、審判的「冥律」〔註8〕（筆者按：冥律另稱「陰律」）。既然有所謂的「冥律」，自然就免不了需要一個公開調查、審判的「法庭」，陰間的「十殿」就成爲「司法審判執行所」，而我們需要特別注意的是，在陰間除了有一套既定的審判流程之外，還兼具「施刑」的功能，是一個審、罰兼具的全方位審判執行所。

根據《玉曆至寶鈔》的記載，陰間「十王殿」的第一殿爲秦廣王，管轄人間生死壽夭的名冊，專門負責派遣鬼卒將壽命該終之人的魂魄勾攝入地獄，並在殿中設置「孽鏡台」（筆者按：別稱爲「業鏡」或「業鏡台」），照現亡魂生前的所作所爲，無論是非善惡，通通無所遁形，審判確定之後，分發各殿受刑。第二殿爲楚江王，掌管活大地獄與十六小地獄；第三殿爲宋帝王，掌管黑繩大地獄與十六小地獄；第四殿爲五官王，掌管合大地獄與十六小地獄；第五殿爲閻羅王（筆者按：另稱「森羅王」），掌管叫喚大地獄與十六小地獄；第六殿爲卞城王（筆者按：另稱卞成王），掌管大叫喚大地獄與十六小地獄；第七殿爲泰山王，掌管熱惱大地獄與十六小地獄；第八殿爲都市王，掌管大熱惱大地獄與十六小地獄；第九殿爲平等王（筆者按：另稱「平正王」），掌管阿鼻大地獄與十六小地獄，以上八殿共設有八個大地獄和一百二十八個小地獄（筆者按：除此之外還必須另加枉死城和血汙池，大小共一百三十八個地獄），分設在每一殿中不同的大小地獄所責司的「犯罪類型」各不相同，罪魂會依照他生前所犯刑責，在不同的地獄裡接受懲處。第十殿爲轉輪王，設有金橋、銀橋、玉橋、石橋、木橋、奈何橋等六座橋和轉劫所、醧忘台，專司將各殿受刑完畢的亡魂，分別核定該前往何處投胎轉生，投胎之亡魂必須經過醧忘台孟婆神處，飲下令人忘去前世的湯水，方可轉生〔註9〕。從《玉

〔註8〕鄒文海先生爲「冥律」做過簡單而明瞭的定義「所謂冥律，只地府或陰司所採用的法律」，參見鄒文海〈從冥律看我國的公道觀念〉，收入《鄒文海先生政治科學文集》（鄒文海先生六十華誕授業學生慶祝會印，1967）頁96。

〔註9〕詳細內容參見〈標點《玉曆至寶鈔》全文及附圖〉詳見蕭登福《道佛十王地獄說》（台北：新文豐出版股份有限公司，1996.09），頁431～432。

曆至寶鈔》的說明可以看出：在陰間真正具有「審判」功能的是第一殿，負責釐清「犯罪事實」，其餘二到九殿是刑罰的執行處，根據所核實的各項罪行實施相對應的懲處，第十殿則與亡魂的輪迴轉生有關。整體而言，具有非常明確的架構、職司和官僚系統，更將有冥界十殿十王「衙門化」的現象。因此，國內外許多學者會特別針對各朝各代「冥律」與「法律」之間的關係進行深入研究，甚至能從「中國法律史」的角度來觀察冥律對百姓普遍而深厚的影響〔註10〕。

民間善書《玉曆至寶鈔》針對地獄的詳細描寫，在群眾心中建立起地獄空間的鮮明印象，對於後世的影響相當深遠。除此之外，由呂柳仙先生以月琴伴奏所演唱的民間歌謠〈十殿閻君〉〔註11〕也在台灣民間社會廣為流傳，其內容著重在「十殿閻君」的描寫，勸世意味濃厚：

呂柳仙月琴〈十殿閻君〉	
總　論	本境城隍俗土地，做好做歹先知機，土地若知要繳旨，敢著交予善惡司。 有人做惡講做善，守善犯惡簿著揪，黑無雙差攢鐵鏈，掠來地獄受可憐。 黑白無常烏白面，暗查察司佮精神，判官小鬼行門陣，查斷陽間盡忠民。 十八地獄分善惡，勸恁毋通做惡毒，好心好行天送福，歹心終世著勞碌。 牛頭馬面二將軍，猶有日夜雙遊巡，凌霄寶殿問一困，東嶽善惡擱再分。 十殿閻君罰罪嚴，好心好行再加添，陰間定數袂走閃，好的無人敢犯嫌。 威靈顯赫酆都帝，馬面將軍手舉叉，善惡查察若詳細，要除歹心規千個。 威靈顯赫問清楚，做歹毒心罪難逃，灶君面前先劃號，掠來十殿見閻羅。
第一殿	頭殿閻君是秦廣，正的頭關的閻王，陰府地獄闊茫茫，直俗陽間不相同。 秦廣蹛佇頭殿內，頭殿一個孽鏡臺，在生陽間若做歹，這鏡去照逐項知。 後母苦毒前人囝，姦拐弄散人親情，死落陰間著叫疼，帳簿待佇頭一名。 擱來一款可憐代，一個查某人害死狗仔栽，因由一隻狗鑽入灶空內，煮食無共趕出來。 即只狗母有身五隻囝，無共趕出來火著燃，狗母毋願去告孽鏡，得卜判斷查某予恁大家聽。 五隻狗栽被伊害，閻君判斷來投胎，來投冤主腹肚內，若生囝狗母才去請花栽。 狗仔囝出世隨時死，冤冤相報來害伊，閻君判斷照情理，這個查某才擱落血池。
第二殿	二殿閻君是楚江，設起刑具除萬人，在生若有罪萬項，勸恁大家先毋通。 在生不孝序大人，掠來去二殿損跤筒，忤逆父母罪蓋重，著擱燒灰研末過塗礱。 不孝老父佮老母，掠到二殿罪難逃，定著應該萬刀剉，燒灰研末過疏籬。

〔註10〕詳細內容參見陳登武〈陰間判官——冥司與庶民犯罪〉收錄於陳登武《從人間世到幽冥界——唐代的法治、社會與國家》（台北：五南圖書出版股份有限公司，2006.03）頁285～291。

〔註11〕呂柳仙以月琴伴奏所演唱的〈十殿閻君〉在網路上已有數位化加上字幕與插圖的版本，詳情請參見：http://www.youtube.com/watch?v=KcKqOTxkrM0 網頁，朝陽科技大學張輝鑫也將其演唱的版本加以數位化重整，詳情請參見：http://lms.ctl.cyut.edu.tw/1997041/doc/112026 網頁。

第三殿	第三殿閻君是宋帝，馬面將軍手拿叉，善惡查察那詳細，要除歹心幾千個， 在生強佔人牽手，掠來去三殿打眼睛，還是惦治勒做剪柳，就攔剝皮骨頭髓再抽， 奸拐有尪人查某，掠到三殿鑽火圈，也著剖腹抽腸肚，落做四腿上炊磨。
第四殿	第四殿閻君是五官，枉死長城百丈高，內面枉死幹萬款，哀怨無塊哭申冤， 在生有人塊打鳥，不時鳥鎗背著著，掠到四殿抱銅柱，乎火燒到魃魃魃， 無天無良翦人賭，那無經法罪袂消，到四殿衣褲剝了了，也就刑罰龍蝦雕。
第五殿	第五殿閻君是森羅，勸恁歹心不通學，在生歹心萬刀銼，掠到五殿過輾白， 森羅住在五殿內，五殿一個望鄉臺，看到子孫流眼屎，血身朽爛袂攔來， 九升騙人作一斗，失人尺寸減秤頭，那無公道秤甲夠，掠去五殿損火包， 損到鼻血雙港流。
第六殿	六殿閻君遊卞城，鬼門關刑具通人驚，歹心那死就唉痛，好心金堂揚美名， 在生強佔人傢伙，掠到六殿下油鍋，那無經法罪袂過，應該就攔先剝皮， 無尪的查某騷客兄，小鬼鐵鏈鏈著走，來到六殿下油鍋，按呢刑具看恁驚不驚， 查甫無某騷夥記，親像這款後悔遲，掠到六殿受凌遲，抱在銅柱割口舌。
第七殿	第七殿閻君是泰山，泰山刑人真粗殘，好心來看驚到瘦，歹心來看心不安， 做人細小不受濟，欺善怕惡愛冤家，掠到衣褲脫替替，抱在銅柱過五叉， 一身血流甲血滴，胸前鐵叉四五支，站在刑具無舍施，狼牙野獸攔分屍， 在生尪某給拐散，媳婦不孝家公婆，下次那死嘸免看，來到七殿過刀山。
第八殿	八殿閻羅是平正，創作馬車真正經，歹心拖落馬車輾，閻君判斷求無情， 廟內尼姑偷生子，吃菜無清討客兄，閻君判斷若知影，過八殿的虎頭城， 有人好貪甲巧詐，唆使人冤家有爭差，弄人生死忽拱打，著過八殿虎頭鍘， 查甫查某愛學話，掠到八殿割嘴巴，害人生死蓋重罪，著攔槌白槌人匭。
第九殿	第九殿閻君是都市，注福注祿無差疑，好心的人快活死，歹心陰間受凌遲， 在生查某真肮燥，通姦害死伊親尪，通姦害夫罪蓋重，著攔脫衣脫褲抱煙筒， 有人專門放重利，捉到九殿伊著知，捉到九殿的所在，燒灰研末過米篩。
第十殿	十殿閻羅是轉魂，轉魂車台開紛紛，查甫查某歸大群，擁擁擠擠領關文， 轉魂車台六條空，頭條二條出世人，三條豬狗水牛港，四格鳥隻釣魚尪， 落來這款第五格，出世降做魚和蝦，第六這孔魂卡低，出世蚊蟲做土螺， 查甫查某歸大陣，推推擠擠來領憑，出世做人袂要緊，出世畜牲蓋可憐， 歹心不給它分世，一人甲分一領皮，出世做人得傢伙，出世畜牲撿餿穭， 在生若好拐人的尪，出世做娘來妍行，拿人的錢兼放港，出世雞母誘雞公， 在生治開卡仔間，轉魂出世做母還，有的謀財害人命，轉世乞丐萬代窮， 這款查某做淫婦，出世鴨母壁腳龜，乎伊有生無通孵，身邊不時有丈夫， 查甫那愛用查某人，轉魂出世做雞公，不時有雞母通戲弄，免錢暢勒歸世人。

　　呂柳仙〈十殿閻君〉是依照第一殿到第十殿的順序依次演唱，在演唱之初先以一段「總論」作為開頭，總論裡介紹了城隍、土地與竈君三位神祇，祂們具有「鑒察世間善惡」的職責，並將人在陽間所有的善惡之行一一條陳紀錄，最後歸檔於「善惡司」，善惡司中存在著一本專門紀錄人間善惡的「業簿」，若罪魂有交代不清或陳述不符事實的清況，立刻會拿業簿來核對其生前的言行記錄，象徵地獄的刑罰乃「據實審判」、「依罪處刑」，善惡分明、絕無

差池，絕不容犯惡之人隨口狡辯、輕易脫罪，此外，還連帶介紹了牛頭馬面、黑白無常、判官、小鬼等陰間官吏。據歌詞描述，地獄中第一殿為秦廣王所執掌，殿中擺放「業鏡」，能逐一照見罪魂的惡行，在第一殿的唱詞裡，舉出：後母虐待前妻遺留的小孩、行姦拐之事使人家破人亡與誤殺懷孕母狗等三項罪行。第二殿為楚江王所執掌，主要審理陽間子女「不孝父母」之罪。第三殿為宋帝王所執掌，懲戒介入他人婚姻的第三者以及竊取財物的扒手。第四殿為五官王所執掌，地獄中的「枉死城」也設置在此殿之中，其中還列舉了獵捕鳥類和開設賭場、耍老千所必須遭受的刑罰。第五殿為森羅王所執掌，第五殿中還附設了「望鄉臺」，主要審理商人偷斤減兩的詐欺行為。第六殿為卞城王所執掌，主要審理強佔他人家產，還有兩性之間的性騷擾與性侵等行為。第七殿由泰山王所執掌，審理忤逆公婆長輩、欺善怕惡、恃強凌弱之人。第八殿由平正王所執掌，主要審理佛門中人違背清規、奸貪狡詐、搬弄是非致人死傷、殺生害命之人。第九殿為都市王所執掌，審理謀害親夫和放高利貸等罪行。第十殿為轉魂王所執掌，負責魂魄轉世、六道輪迴之事。

　　若將《玉曆至寶鈔》與〈十殿閻君〉所述的內容加以比對，發現除了負責掌理第八殿與第九殿的閻君——平等王和都市王——明顯相互對調之外，其他各殿閻君只有「異名」之差，如：「閻」羅王和「森」羅王、平「等」王和平「正」王、轉「輪」王和轉「魂」王，嚴格說來並沒有太大的差異，同樣作為民間俗文學的一部分，善書與歌謠的廣泛流傳，確實有助於在群眾之間建立出地獄的形象，地獄、閻王與各類酷刑的形象越是鮮明，抑惡揚善的教化功能就越強大，然而，就善書與歌謠的文學表達形式之不同，歌謠敘述鋪陳的能力當然不及善書來的詳盡，但是就呂柳仙所演唱的〈十殿閻君〉來說，大致依循著《玉曆至寶鈔》由十殿閻君合力統理大小地獄的說法，雖然〈十殿閻君〉在各類罪行與刑罰方面並沒有深入的敘述，但是已經將一般升斗小民易犯的罪行過錯囊括其中，對於一般老百姓而言以具有相當的警醒和約束的力量，終歸到底，地獄書寫依然還是脫離不了「冥律」的範疇，透過陰間的公正審理和各種刑罰來達到抑制犯罪的教育目的，便是一般群眾對於地獄的普遍認知。

　　因此，在閩南入冥戲曲中，看到關於陰間地獄的描述也多半著眼於「審」的過程與「罰」的場景，將「冥律」對人民的影響，透過戲曲的演出為手段，反覆重現、一再強化。陰間的場景，以非常寫實的方法被呈現在戲曲舞台上，

恍如將亡魂死後遭受審判、處刑的整個流程活生生、血淋淋地展現在群眾面前，透過感官上的刺激達到一種近似於群體催眠的效果，目的就是為了告訴人民要常做善事、莫要為惡，人的一時為惡，即使能瞞過人間法庭，也瞞不過天地鬼神，在死後終將遭受陰間法庭的嚴厲審判。

　　進一步分析便可得知，《泉腔目連救母》與《莆仙戲目連救母》中的地獄形象相當一致，目的都在於形塑出一個莊嚴不容侵犯又森冷可怖的陰間司法審判所：

書　名	齣　目	唸白與唱詞
《泉腔目連救母》	第五齣〈三官奏〉	（帝過唱）聽說來因，奉勸世人好修行。天堂地獄二路，懲善罰惡，鑒察分明。為惡合該墜地獄，為善之人歸天庭。（合前）善惡有報應，方知陰府不徇情。　　　　（頁15）
	第四十七齣〈速報審〉	（速報司白）湛湛青天不可欺，未曾舉事我先知。善惡到頭終有報，那是來早共來遲。…我為官秉正，神斷無差，豈容你糊塗說話？　　　　（頁81）
	第五十四齣〈捉金奴，過孤棲徑，捉劉賈〉	（崔判唱）【出隊子】職司地獄，彰善罰惡無偏行。陰司事宜皆一理，分毫難欺不諒情。善惡到此，便見分明。（崔判白）乾坤察善惡，陰陽皆一理。日月天地眼，照見無差移。　　　　（頁122）
	第五十七齣〈審五人〉	（鄷都地獄官唱）【地錦襠】陰司法度實驚人，罪犯逆惡不放空。陽法易漏陰難逃，刀山舂磨共火烘。　　　　（頁126）
《莆仙戲目連救母》	第二夜下本第五齣〈城隍判罪〉	（城隍唱）山川處處有神明，糾察人間善與惡：勸世須存三寸法，當權不用一毫偏。　　　　（頁131）
	第三夜下本第二齣〈五殿會審〉	（四殿、五殿、六殿閻王白）十殿閻君不徇情，不要錢財只要人，陰司若論錢共鈔，貧者都亡富者存。　　　　（頁164）

　　由上述列表可知，《泉腔目連救母》與《莆仙戲目連救母》的唱詞與說白中，屢屢出現「懲善罰惡」、「鑒察分明」、「陰司不徇私情」…等言詞，一再宣揚所謂的「陰司」是一個絕對公正的法庭，將陽間百姓對於國家法律與衙門審判的質疑，如鑒察不公、受賄徇私、權貴勾結…等情況，透過閻王、城隍、判官、獄官、鬼卒…從上位到下屬，一次又一次，口徑完全一致的「政令宣達」，讓所有人相信「湛湛青天不可欺」、「舉頭三尺有神明」，不論陽間功與過，陰司地府見分明。特別是在《泉腔目連救母》一劇中，可以看見反覆強調陰司審判的「公正廉明」的企圖，而執法森嚴到甚至連對「自己人」都不會徇私，例如在《泉腔目連救母》第五十七齣〈審五人〉中，夜叉誤將善人「梨樹村的林士春」當做惡人「栗樹村的林士椿」抓回地府，在一番詳

實審問、弄清真相之後，執勤的夜叉遭受「酆都地獄官」嚴厲儆戒，當庭受打二十鐵棒。(《泉腔目連救母》頁 126)。

我們可以從劇本中看出他們打造「陰間法庭」的形象與企圖，甚至在《泉腔目連救母》第四十七齣〈速報審〉中，還非常明確地展現出陰間速報司「升堂審案」的流程：

> (牛頭、馬面上)(牛頭、馬面白) 勿道虛空無報應，舉頭三尺有神明。陽間作惡虧心事，到此難免受極刑。勿怪，不是別神，速報司爺面前牛頭、馬面。老爺升堂審犯，請了。
>
> (速報司上，唱)【慢】鎮守東岳，實有名聲，判斷善惡，無差分厘，理同一體。

(《泉腔目連救母》，頁 80～81)

就與一般衙門審案的基本流程一樣，先是「衙役」上場，準備開庭，接著正式宣佈「老爺升堂」，升堂之後便是說明案由、提審罪犯，審查過程中再透過「法官」與「罪犯」之間的「交叉辯論」交代罪魂生前的罪行，最後，再利用「業鏡」照見罪魂在陽間為惡的真相，利用鐵錚錚的證據突破罪魂的心防，讓罪魂俯首認罪、甘心受罰。這樣的審案流程、官吏架構與每個官吏的所司職務，可與陽間的司法衙門一一對照，彷彿陽間的法庭在陰間「完整重現」〔註12〕。為求審判公正和勿枉勿縱的精神，在《莆仙戲目連救母》第三夜下本第二齣〈五殿會審〉甚至出現了有如「三堂會審」的司法審判場面。在〈五殿會審〉裡，四殿閻王與六殿閻王「奉玉旨」到第五殿來與五殿閻君「同審惡犯」，以求做到「依法判決，不可徇情輕放惡犯」，才能顯示「陰司報應無差」，而五殿閻君也強調「凡陽間作惡之人，當以陰律重治，不可徇情」，接著便掛起了投到牌，令鬼卒押送罪魂到案，三名閻君一同會審了「傅天暄為富不仁」、「趙甲打罵父母」與「劉氏違誓開葷」等三個案件。在「傅天暄為富不仁」、「趙甲打罵父母」兩個案件裡，三位閻君立場一致、嚴懲罪犯，但在「劉氏違誓開葷」案件中，相較於五殿閻君的口徑強硬、判刑嚴厲，四殿與六殿閻君反而主張應該看在劉氏也曾「持齋佈施」且「夫為善」、「子行孝」的情面上免去其「鑊湯示眾」的刑罰，三位閻君，兩種立場，在四殿閻

〔註12〕關於陰陽之間法制、審判相互對照的研究，可參見陳登武《從人間世到幽冥界──唐代的法治、社會與國家》(台北：五南圖書出版股份有限公司，2006.03)一書。

君與六殿閻君的同聲求情之下，到最後五殿閻君終於諒情，這次的審判才有一個「情理兼具」的圓滿收場。這樣的一場「三堂會審」等於向世人宣告，地獄審判除了法理之外也兼顧人情，賞功罰過歷歷分明，絕對不會輕審誤判，這樣才能堪稱是一個絕對公正的法庭。

《泉腔目連救母》與《莆仙戲目連救母》透過戲曲的形式，將一個「陰間司法審判所」活生生在舞台上「展演」出來，更藉由建立一個天、地、人三界間公正無私、不徇私情、情理兼具的最終審判場所，把無形的陰間的「冥律」具體化、生動化，並得以透過戲曲傳播的方式，將「冥律」的影響擴及到鄉野群眾之間。因為民間善書與戲曲舞台的宣傳影響，在多數群眾的心裡，「冥律」與陰間法庭的公正審判，取代了「法律」與陽間衙門的不公不義，再透過戲曲演出不斷反覆進行「陰間政令宣導」，在國家的明文法條未能深達的草澤鄉野中，確實具有警醒百姓大眾切莫為惡以達到穩定社會、教化民心的功用。

貳、公正法庭的代表——業鏡

既然「冥律」具有警醒大眾的功能，為了符合人民的期待，陰間法庭自然有責任必須做到絕對的「公正無私」，以避免群眾對「冥律」的審判與執行產生質疑，因此「公開審判」和「鑒察公正」就是一個法庭所必須具備的基本條件。為了達成這樣的標準，「業鏡」（筆者按：另稱「孽鏡」或「業鏡台」）便應運而生。而「業鏡」的實際功能，其實經過了一些推演與改變。在《佛說十王經》中有一段關於「業鏡」的敘述：

> 破齋毀戒殺雞豬，業鏡照然報不虛；若造此經兼畫像，閻王判放罪銷除。
>
> 五七亡人息諍聲，罪人心恨未甘情；策髮仰頭看業鏡，悉知先世事分明。〔註13〕

根據《佛說十王經》的說法，「業鏡」的存在是為了昭顯陰魂在陽間「破齋毀戒殺雞豬」的種種罪行，更是閻王為了平息受審陰魂為「生前所做所為」的爭辯之聲所設置的「生前罪行顯示器」，如此看來，業鏡的存在，倒與上文所述《玉曆至寶鈔》中「望鄉臺」的功能相當類似，都是為了顯示罪魂生前

〔註13〕 蕭登福《道佛十王地獄說》（台北：新文豐出版股份有限公司，1996.09）中〈影附藏川兩種《十王經》〉頁324、319。

爲非作歹的種種作爲，解決「罪人心恨未甘情」的爭辯與怨恨，讓他們得以甘心受刑。而「業鏡」的功能，之所以從「生前罪行顯示器」逐步進階到彰顯陰間法庭「公正無私」的具體代表，則必須從「鏡」的在陽間的功用與象徵意義開始談起，陳登武在《從人間世道幽冥界──唐代法制、社會與國家》一書第七章的第七節〈「明鏡高懸」──冥府「業鏡」與審判〉中有以下敘述：

> 以鏡子做爲彰顯罪惡的工具，後來成爲法文化中具有高度象徵意涵的一個器物，甚或後來的衙門前出現「明鏡高懸」的印記，與「業鏡思想」的傳播有關係。…不過，從文人對鏡子的態度，當可發現「業鏡」也不是憑空創造出來的奇想。儒家思想中的「鏡」，並不具備神秘色彩，而僅僅限於映照物象的實用器物；或因此進一步推論「鏡」具備「殷鑒」、「借鏡」的作用；道家則從莊子以降，就賦予「鏡」神秘化、咒術化，乃至視爲神靈的思想。唐代道士曾經根據教理教義設計出許多道教銅鏡，最著名的是天照、地照、人照三見道教大鏡。…道教系統所製造的「人照寶鏡」，既能讓奸臣賊子懼；又具有照妖的功能。顯見道家所賦予鏡的意涵，和佛教十王經「業鏡」顯照凡人罪惡的意義已經非常接近。〔註14〕

鏡子的存在無非是讓人「看見眞實的自己」，在儒家的觀念裡，鏡子純粹是一個用來「正衣冠」的實用器具，經過了不斷的推演之後，「鏡」才從實際的功用引申出「殷鑑」與「借鏡」的象徵意義。但無論是實際或是象徵的意涵，「鏡」終歸都是爲了「照見眞相」，也因此，「鏡」成爲法律中代表絕對眞相、不容辯駁印記，在陰間這個判斷亡魂生前是非曲直的絕對法庭中，這個工具也就成爲彰顯陰間法庭絕對公正無私、不容偏頗徇私的最佳證明。「鏡」的功用從有形到無形、從陽間到陰間，其實都是爲了讓隱藏的眞相無所遁形。

在各類地獄書寫的典籍中，對於所謂的「業鏡」的敘述其實有著微妙的差異，在唐朝藏川所述的《佛說地藏菩薩發心因緣十王經》裡有一段關於「業鏡」的詳細紀錄，其中包含了「業鏡」所在的位置、名稱、方位、功用和用法都有記載。

《佛說地藏菩薩發心因緣十王經》裡「第五閻魔王國‧地藏菩薩」敘述在閻魔王國中：

〔註14〕陳登武《從人間世到幽冥界──唐代的法治、社會與國家》（台北：五南圖書出版股份有限公司，2006.03）頁362～363。

次有二院：一名光明王院，二名善名稱院。光明王院，於中殿裡有
大鏡台，懸光明王鏡，名淨頗梨鏡。昔依無遮因，感一大王鏡。閻
魔法王向此王鏡，鑑自心事，三世諸法，情非情，事皆悉照然。復
圍八方，每方懸業鏡，一切眾生共業增上鏡。時閻魔王、同生神、
簿，與人頭，見亡人策髮，右繞，令見；即於鏡中現前生所做善福
惡業，一切諸業各現形像由如對人見面眼耳。爾時同生神從座而起，
合掌向佛說是偈言：「我閻浮如見，今現與業鏡，毫末無差別，質影
同一相。」爾時亡人驚悸逼心，頌曰：「前知有業鏡，敢不造罪業，
見鏡如削身，何此知男女。」〔註15〕

「地獄」的觀念從印度傳到中國之後，就不斷「中土化」，融入了佛教、
道教與民間信仰，到了唐代之後，藏川所敘的《佛說地藏菩薩發心因緣十王
經》（一般簡稱《佛說十王經》或《十王經》）又將掌控地獄的諸多王者的說
法加以簡化，而逐漸形成現今流傳地獄由「十王」共主的「地獄十王說」，在
唐宋以後，地獄十王的觀念深深影響著漢人，左右了人民關於薦亡拔度的習
俗與信仰〔註16〕。

在《佛說地藏菩薩發心因緣十王經》裡，我們得知在第五殿閻魔王國的
「光明王院」中，一共存在著九面鏡子，其中一面光明王院的中殿，稱為「光
明干鏡」，是供閻魔法王「鑑自心事」所用，與中國文人以「鏡」為「戒鑑」
的功用很相似，都是用來清楚觀照內心的思緒情事，避免己身行事偏頗。另
外八面鏡子懸掛在圍繞光明王院周圍的八個方位上，這八面鏡子便是「業
鏡」。在第五殿「閻魔王國」裡除了閻魔法王，還有眾生的同生神──左右雙
童，左神記惡、右神記善，另外在左右檀荼幢上還安有可以照見人間的「人
頭形人」，當亡人被押解上殿之後，從右方開始繞行八面業鏡，業鏡便會將亡
魂生前的善福惡業全部顯現出來，再配合左右雙童所記之事，加上「人頭」
照見亡魂在人間的情景，三方面配合起來，將一個亡魂生前所做所為全部向
閻魔法王一一匯整報告，當真相昭然若揭、不容抗辯，亡魂只得「驚悸逼心」、
俯首認罪。《佛說地藏菩薩發心因緣十王經》中說明「業鏡」並非只有一面，
當亡魂一一繞行完畢之後，還得配合左右雙童手中的「業簿」以及第四殿中

〔註15〕 蕭登福《道佛十王地獄說》（台北：新文豐出版股份有限公司，1996.09）中〈影
　　　　附藏川兩種《十王經》〉頁317、318。
〔註16〕 同上註，頁239～242。

的「業秤」，才能斷定一個亡魂的罪行與刑責，其舉證與執法的過程可說是層層推演、滴水不漏，務必攻破亡魂心防，促使其俯首認罪，達成勿枉勿縱的目的，以彰顯地獄法庭「絕非輕判」的公正嚴明。

而關於「業鏡」的記載，到了《玉曆至寶鈔》中又有了進一步的修改演化：

> 一殿秦廣王，專司人間壽夭生死冊籍，統管幽冥吉凶，鬼判殿居大海沃燋石外，正西黃泉黑路。凡善人壽終之日，是有接引往生。凡勾到，功過兩半之男婦，送交第十殿發放。仍投人世。或男轉爲女，或女轉爲男。依業緣分別受報。凡惡多善少者，使入殿右高臺，名爲「孽鏡臺」。臺高一丈，鏡大十圍，向東懸掛，上橫七字，曰：「孽鏡臺前無好人」。押赴多惡之魂，自見在世之心之險，死赴地獄之險，那時方知萬兩黃金帶不來，一生惟有孽隨身。入臺照過之後，批解第二殿，用刑發獄受苦。〔註17〕

《玉曆至寶鈔》與《佛說地藏菩薩發心因緣十王經》同樣都是由十王共主、統治地獄（但十王的名諱、身分與所掌管的地獄之規模已經有所不同），但在兩相比較之下，可知「業鏡」已另稱爲「孽鏡」，擺放的位置則由第五殿閻魔王國的「光明王院」變爲第一殿秦廣王殿中的右側，在數量上則從八面簡化成一面，但是「業鏡」卻演化成「臺高一丈，鏡大十圍，向東懸掛」，它不只是一面鏡子，還附帶設有一丈高臺，業鏡變得更具規模也更爲雄偉、懾人。在功能上而言，《玉曆至寶鈔》則明確說出唯有「惡多善少」的人才會進入地獄接受審判，也才需要登上孽鏡臺，因此，還特別在孽鏡臺上懸一橫匾，昭示「孽鏡臺前無好人」，而上了孽鏡臺的罪魂，看見自己生前的罪惡清楚展現在眼前，不禁開始回想過往自己的所作所爲，再與今時今日的處境兩相對照，方知「自作孽，不可活」，至孽鏡臺前，要悔過，怕是遲了。孽鏡臺的存在與功用，在《玉曆至寶鈔》而言，與其說，是在闡明地獄罪魂的悔過之心；還不如說，是爲了警醒猶然在世的活人——世上的財富、名望、地位…死後通通無法帶走，唯有一生的功德、罪惡會永留紀錄、不容辯駁，而身後的享樂、受罪都由「依然在世」的人，在每一個行事的當下自己做決定，說到底，

〔註17〕詳細內容參見〈標點《玉曆至寶鈔》全文及附圖〉詳見蕭登福《道佛十王地獄說》（台北：新文豐出版股份有限公司，1996.09），頁427。

活著的人的每一個心思意念才最重要。孽鏡臺，與其說，是亡魂的照孽鏡；倒不如說，是生人心中應該勤於拂拭一片明鏡，必須時時拿來提醒自己。所以，人生於世，不能只看眼前的一時的成敗輸贏，真正的功過，必須要「蓋棺之後」才由陰間法庭來認定，這樣的思想，既是警醒功成名就的人，莫要為了追求終將虛空的事物，做下違天之事；也是在撫慰命運多舛的人，如果立身處世能不愧屋漏，天地終有還人清白公正的一天，這是上天行事的法則，也是陰間法庭存在的重要目的。

以下，以表格列出《泉腔目連救母》與《莆仙戲目連救母》中關於「業鏡」的敘述：

書　名	齣　目	唸白與唱詞
《泉腔目連救母》	第七齣〈接玉旨〉	（文判、業鏡上） （文判、業鏡白）生前為善可便宜，作惡陰司受凌遲。 （閻王上） （閻王唱）【出隊子】陰府獨掌，賞善罰惡無縱容。天人鬼神盡欽仰，地府臣僚都惶恐。浩浩乾坤，威風顯揚。 （閻王白）獨掌地府事非輕，善惡昭彰報應明。殿前業鏡難瞞昧，百般刑罰不徇情。　　　　　（頁17）
	第二十八齣〈審三人〉	（枉死城官唱）【西地錦】執掌枉死地獄城，鬼犯聞風心膽驚。莫說陰司無報應，業鏡展開便分明。　　（頁47）
	第三十八齣〈查簿遣鬼〉	（閻王白）陽法易漏，陰網難逃。善惡報應，無差分毫。吾乃閻羅天子，位居五殿，統理三才，生死惟吾掌握，是非原係人為。入者入，出者出，出入據吾明鏡。生者生，死者死，生死任吾施行。早間玉帝發下詔書，說是王舍城傅相之妻劉世真，故違天曹，違誓開葷，瞞昧神明。又據土地司命表奏，金奴共伊設計，刣狗齋僧。又將豬羊狗骨，埋在後花園。有此褻瀆罪不容輕。玉帝下詔，委吾齋勘（筆者按：應做「查勘」）端的誓詞，勿得輕縱。 （崔判、業鏡各跪） （閻王白）崔判簿上查過，業鏡照過。劉世真平生作事如何？ （各起，查，照，又上，跪，白）啟閻君，查勘明白。劉氏青提起惡心，違誓開葷昧神明。殺生害命欺佛界，骨骸搬去埋花陰。刣狗齋僧去布施，褻瀆污穢罪非輕，陽間壽數正當滿，合墮地獄苦萬重。 （閻王白）有此惡婦，罪不容輕。傳旨，就令天聾地啞鬼，開了鬼門關，喚無常鬼上森羅殿來。令你同獐頭、鹿耳鬼並五方等鬼，帶一角公文，直去王舍城城隍處投下。投下明白，後令地方捉拿劉世真，經過十八地獄磨難，方知善惡有報。　　　　（頁68）

	第七十二齣〈打森羅〉	（劉氏唱）【桂枝香】俯伏神君，叩訴原因。念奴婢持齋為善，生前施金佈施。那因前殿不肯諒情，掠奴婢拘禁。伏閻君垂憐乞哀矜，高臺明鏡超度身。 （閻王白）崔判簿上查過，業鏡照過，劉世真平生作事如何？（崔判、業鏡入，又上，照，跪） （崔判白）啟閻君，只婦人立誓持齋永不開，一朝筵席巧安排。骨骸埋在花園裡，土地還聞立誓來。道是開葷埋骨事，重重地獄受磨〔台刂〕。（王前斥） （閻王過唱）【前調】對天盟誓，神司登記。如何言行便相違，不思惡猶在耳。稽伊素履殺生害命，罪過不輕微。 （合唱）業鏡前鑒察無差移，褻瀆神明瞞昧來。（頁182）
	第七十二齣〈打森羅〉	（傅羅卜唱）【北駐雲飛】訴起原因，不覺汪汪血淚淋。羅卜本是佛家弟子，錫杖袈裟佛師相贈，嗏，只為母墜落幽冥，苦楚實難禁。挑經挑母，投拜世尊煉真性，伏望慈悲方便心。 （閻王過唱）聽伊詞氣，端的參禪弟子問真機。 （閻王白）崔判、業鏡來（崔判、業鏡跑上） （閻王白）崔判簿上查過，業鏡照過，傅羅卜平生作事如何？ （崔判跪，白）查勘明白，閻君聽啟。 （崔判唱）平生孝行多善果，神司二處都登記。 （閻王白）請起。 （閻王唱）嗏，可憐惡母出佳兒，袂得通相見。天曹擬定，罪惡難改移，遊遍地獄萬般凌遲。（頁184）
	第七十三齣〈代母繞枷〉	（劉氏唱）【四邊靜】是我當初可不是，做事不存天。故違了誓願，開葷昧神祇。 （合唱）業鏡臺前，鑒察分厘。馬行險處收繮惡，船到江中補漏遲。（頁185）
《莆仙戲目連救母》	第三夜下本第二齣〈五殿會審〉	（五殿閻王唱）天曹授職顯威靈，地府神僚莫不欽。善惡到頭終有報，業鏡台上照分明。… （鬼卒押眾犯上） （鬼卒白）一起為富不仁傅天暄。 （四殿閻王、五殿閻王、六殿閻王白）傅天暄上來。 〔口行〕傅天暄！汝為富不仁，違禁取利，害人破家蕩產。輕秤出，重秤入；小斗放出，大斗收入。威如虎狼，心如蛇蠍，當得何罪？ （傅天暄白）大王吓，小人實無此情。 （傅天暄唱）【怨】索利素公平，不曾使輕重、大小斗秤。 （四殿閻王、五殿閻王、六殿閻王白）鬼卒，將傅天暄押去業鏡台前照驗。 （四殿閻王、五殿閻王、六殿閻王白）【怨】業鏡照分明，果然為富不仁。 （四殿閻王、六殿閻王白）請問閻君，該從何處理？ （五殿閻君白）應受鐵碓之苦。 （四殿閻王、六殿閻王白）是。鬼卒，傅天暄押往受鐵碓凌遲之苦。（頁161）

| 第三夜下本第二齣
〈五殿會審〉 | （劉氏唱）善可作又吹毛、吹毛，惡莫為反曲庇，這正是善惡報應、顛倒無憑。非老身自稱揚、自掩飾、掩飾，物不平則鳴，今只望業鏡照分明。
（劉氏白）妾聞聖經云：聖人不許遂過，許人改過。
（劉氏唱）今只望業鏡高懸照我心、我心，照肝膽赦妾罪，隨夫與子去，改過自新。…
（劉氏唱）夫主天堂不見時，親兒地府會無期。教妾修行何用處？業鏡臺前照心悲。（頁163） |

就《泉》劇第七齣〈接玉旨〉中，可以得知，在戲曲舞台上「業鏡」並非只是擺放在舞台上的一個道具，而是由演員扮演的「活業鏡」，他擺脫了道具只能靜靜陳設的限制與呆板，反而成為舞臺上宣示因果報應無差移的活體代言人，隨後出場的閻王也說明自己掌管地府大小事，審案、判決的過程千頭萬緒，為了讓「善惡昭彰報應明」，靠的就是「殿前業鏡難瞞昧」，所以，「業鏡」靠著出場時簡單的科白，在觀眾的心中留下比「道具」更為鮮明的印象，也是在心理上提醒諸多觀眾，在真正的地獄裡，「業鏡」也許不會能言善道，但是卻能將人一生的功過清清楚楚呈現在閻王與眾人面前。而第二十八齣〈審三人〉中，雖然業鏡並沒有出場，但是依然透過枉死城獄官崔志之口，道出業鏡的功用，再一次強化觀眾心目中業鏡在地獄中代表「光明正大」、「無所偏移」的印象。

到了《泉》劇第三十八齣〈查簿遣鬼〉中，「業鏡」的「使用方法」倒是與《玉曆至寶鈔》中的描寫，有著微妙的差異，一般而言，我們認知的「業鏡」是為了讓罪魂觀照自己生前的所作所為，讓他們對自己的罪行無可辯駁，但是〈查簿遣鬼〉中，劉氏並未「亡故」，尚未成為「罪魂」，乃因「玉帝下詔」、「土地司命表奏」，而閻王必須「奉命查勘」，乃請崔判查閱「業簿」，並讓「業鏡」呈現劉世真這位「生人」在世的所作所為，也就是說，業鏡的功能不僅是「死後追述」，還能夠「即時轉播」，而閻王觀業鏡後，再核對崔判的稟告，便立刻下令索拿劉氏，雖然據崔判稟報，劉氏乃「陽間壽數當滿」，且閻王索拿劉氏也一切依循「正當流程」——先知會城隍、後下令地方緝拿人犯，但是，在此齣劇情當中，「業鏡」不僅具有讓罪犯伏首認罪的功能，還成為配合地獄施行「即時報應」的工具之一。因此，閻王在此齣出場的「自報家門」便表示「生死惟吾掌握，是非原係人為。入者入，出者出，出入據吾明鏡。生者生，死者死，生死任吾施行。」無論是亡魂審訊完了要解出此殿，或是尚未審訊要拖亡魂入地獄，都是根據「業鏡」所顯示的「畫面」來

做為憑據。業鏡的「功能」為了配合戲劇的劇情需要而逐步擴張，在《泉腔目連救母》中，劇情發展到了後來，「業鏡」不止能顯現罪魂生前的惡行惡狀，還能顯示出善人的善行，在《泉腔目連救母》第七十二齣〈打森羅〉裡，當目連一路追著母親的魂魄直闖進森羅殿的時候，閻羅王為了「確認身分」也請來崔判官查過業簿，並請來業鏡照過傅羅卜的魂魄，閻王更細細查問了傅羅卜「平生作事如何」？業鏡與崔判還進一步答道：「平生孝行多善果，神司二處都登記」，因此，從善書到戲曲舞台，業鏡的功能不僅不再侷限，反而逐步拓展，甚至可以說，業鏡在戲曲舞台上獲得了進一步的活化，它不只是單一顯示惡人生前罪行、促使罪魂伏罪的功能，更加上照見生魂、即時報應，甚至能辨識身分、顯示善行。戲曲舞台上的業鏡不再是道具，而成為有台詞、科介的角色，且不斷活化拓展，反覆出場昭示自己的「功用」，強化了觀眾對於「業鏡」的印象，目的在於協助宣達「地獄無偏私」的公正立場。

　　相較於《泉腔目連救母》，業鏡的角色在《莆仙戲目連救母》中，就顯得單調許多，而且就劇本看來，業鏡僅在這一齣中才出現，位置明顯是擺放在「地獄第五殿」，功能也與善書所載沒有太大的差異，且在《莆仙戲目連救母》中，業鏡似乎不是角色、也沒有科介台詞，只有閻王與劉氏反覆在唱詞與唸白中提到「業鏡」，強調業鏡「照分明」、「照我心」的基本功能，乍看之下雖然較為平淡，但是也反覆強調業鏡「顯惡」的能力，加強地獄法庭的公正性與不容罪魂辯駁的鐵法無私。當我們仔細閱讀劇本便可得知，不論業鏡是道具或是角色，所有關於「業鏡」的介紹詞其實非常類似，這種一再重複的宣導，可以加強觀眾對業鏡與其功能的印象，也在告訴觀眾，陽世間的法庭也許藏污納垢，具有貪污、酷刑、偏頗…的缺點，但是，這一切的缺失，在地獄中都不可能發生，因為有「業鏡」的存在，「鏡」代表的是絕對的真相與公正，在《泉腔目連救母》與《莆仙戲目連救母》中，業鏡便是一個惡人無法逃避而善人萬分祈求的光明象徵。

　　天下蒼生百姓，長期在律令的壓制下生活，卻又眼睜睜看著在上位者玩弄權術、耍盡特權、錢財賄賂，最終導致司法不公，富者判生、貧者判死，群眾的生命微渺如螻蟻，世間任由為惡者橫行作亂，這種長期的壓抑，會在善良的群眾心理形成一種共同的意識，或者是一種共同的期盼，期盼人在死後，歸入冥界，能有一個法庭絕對公正、清白無私，給所有人一個公平正義的審判，告訴天下百姓，善與惡，有一個絕對的基準，而且「陽法易漏陰難

逃」，為惡之人，你縱然逃得了一時、也逃不了一世；瞞得過人眼、最終還是瞞不過天眼。「是非分明，善惡有報」是一個存在於普羅大眾心中，很大卻又很微渺的願望，透過民間善書與戲曲舞台，這個願望被發揚、推崇、實現，類似的劇情之所以能夠屢遭改編、廣為流傳、唱誦不衰，正因為完全符合台下觀眾的預期心理的緣故。

參、地獄中所見的各種罪行

在人間充斥著各式各樣的犯罪與惡行，雖然，陽間有陽間的法律，但是在那些偏遠、封閉的鄉野，依然存在著許多「法律條文」所不能及的角落，因此，為了避免人民肆無忌憚地施作惡行，家族私法、公共道德與宗教約束力就更顯重要。就宗教方面來說，「冥律」一直是遏止犯罪行為重要環節，透過地獄的法律、審判，很多的罪行被昭示、懲處，以達到嚇阻犯罪之效。說穿了，在戲曲舞台上搬演地獄情節，其實就是在鄉野之間進行一種另類的「司法教育」，因此我們可以發現，在民間善書與戲曲劇本之中，所條列出來在地獄受懲的犯罪行為，其實都在相當的程度上反映出當時的社會犯罪情形，彷彿陽間流行什麼類型的犯罪，地獄審判就會出現相應的審判與懲處，這種就人事而談冥律的方式，對與觀賞戲曲的群眾百姓而言，特別具有教育的意義與功效。

民間流傳最廣的善書《玉曆至寶鈔》就充分反映出北宋以來民間的各類犯罪與惡行：

各　殿	罪　名
一殿 秦廣王	1. 輕生 2. 僧道得錢，代人拜誦經懺，遺失字句頁卷
二殿 楚江王	1. 拐騙少男少女 2. 欺佔他人財物 3. 損壞人耳目手足 4. 下不明醫藥取利 5. 不放贖壯年婢女 6. 凡議姻親，貪圖財勢，誤人終身者
三殿 宋帝王	1. 不思君德 2. 脧位享祿、不堅臣節 3. 士庶見利忘義 4. 夫不義、妻不順 5. 繼為子嗣，及得財產，有負歸宗歸支

	6. 奴僕負家主
	7. 書役兵隸負本官管長
	8. 夥伴負財東業主
	9. 犯罪越獄
	10. 軍流逃遁
	11. 講究風水、阻止殯葬
	12. 造墳掘見棺槨，不及罷墾換穴，有損骨殖
	13. 偷漏錢糧
	14. 遺失宗親墳塚
	15. 誘人犯法
	16. 教唆興訟
	17. 寫作匿名揭帖、退婚字據
	18. 捏造契議書札
	19. 收回錢債券據、添改帳目
四殿 五官王	1. 漏稅
	2. 抗糧
	3. 用重秤
	4. 合假藥
	5. 賣著水米
	6. 用假銀
	7. 欠數錢
	8. 賣油粉紬綾及刮漿布疋衣褲
	9. 路遇蹩廢老幼，不即讓行
	10. 暗佔肩販便宜
	11. 受託寄帶家書，不速交付
	12. 竊取街路砌就磚石及晚夜燈內油濁
	13. 窮不安分守己，富不憐老恤貧
	14. 如有告貸，先已允借，至期空覆，致令誤事
	15. 見人有病，家藏藥食，吝不付給
	16. 良方密不傳授
	17. 煎過藥渣或碎碗料器等物，潑置街路
	18. 無故養驢馬諸獸，尿糞妨礙行人
	19. 無故荒蕪田地、
	20. 損壞他人牆壁
	21. 咒詛魘魅
	22. 造言驚嚇
五殿 閻羅王	1. 不敬鬼神猜疑有無因果報應
	2. 殺害生命
	3. 善願未完諸惡先行
	4. 近邪悖謬習術妄想長生
	5. 欺善怕惡恨他人不速死

	6. 計較移禍
	7. 男子行強圖謀姦淫婦女喪貞引誘曲從貪戀有無謀害
	8. 損人利己
	9. 慳吝勿顧生死緩急
	10. 偷盜昧賴
	11. 忘恩報怨
	12. 好鬥賭勝牽連延累
	13. 騙誘惑眾
	14. 狠毒教唆已未能害
	15. 嫉善妒賢
	16. 執迷不改誹謗
	17. 借名往廟拈香，論談人非
	18. 燒毀勸善書章
	19. 拜拜食葷、作佛事不齋戒
	20. 厭惡人唸佛誦咒
	21. 誹謗釋道
	22. 識字人不肯將報應勸世等文，念誦婦幼人等聽知
	23. 刨掘他人墳塚，填平滅跡
	24. 縱火延燒山林，疏防家丁，失火延燒居鄰
	25. 攀弓射箭放彈
	26. 誘逼疾病瘦弱人賭力
	27. 隔牆拋擲磚瓦傷人
	28. 河盪藥魚，放鳥銃，做造絲網、黏竿、蹈籠，鹽鹵灑草地
	29. 死貓毒蛇等物不深埋，害人掘起，犯土喪命
	30. 冬凍春寒，墾掘地土，折墙更竈
	31. 私僭官銜，勢佔民地
	32. 填井塞溝
六殿 卞城王	1. 世人怨天尤地，憎惡風雷冷熱晴雨
	2. 對北溺便涕泣
	3. 偷竊神佛裝塑法身內藏，刮取神聖佛金
	4. 妄呼神諱
	5. 不敬惜字紙經書
	6. 寺塔庵觀前後，潑積穢物
	7. 供奉神像，廚竈不潔
	8. 不戒食牛犬肉
	9. 藏貯悖謬淫書
	10. 熮塗勸善書章器皿
	11. 雕刻太極圖日月七星及和合二聖、王母壽星、各上仙佛形象、繡織卍字花樣，在於一切衣服器用
	12. 僭服龍鳳衣裙
	13. 作踐五穀，囤米望昂者

七殿 泰山王	1. 煉食紅鉛、陰棗、人胞 2. 酗酒悖亂 3. 浪費無度 4. 搶奪略誘略賣 5. 盜取棺內衣飾，取死屍骨殖爲藥 6. 離散他人至戚 7. 將養媳賣與他人爲婢妾 8. 任妻溺女，悶死私孩 9. 朋賭分財掉帛 10. 師長教導不嚴，誤人子弟 11. 不顧輕重上下，拷打門徒婢僕致令暗傷得病 12. 魚肉鄉里 13. 裝醉違悖尊長 14. 枉口嚼舌，尖酸搬鬥，變生事端者
八殿 都市王	世人若不知孝，親存不養，親歿不葬，使父母翁姑有驚懼愁悶煩惱等心者
九殿 平等王	1. 放火焚燒房屋 2. 製蟲毒 3. 吸臍氣 4. 揉〔月度〕胎（筆者按：即「墮胎」） 5. 耗童精 6. 畫春宮，作淫書 7. 合煉悶香、迷啞、墮孕等藥

從列表可見，當時民間社會盛行的犯罪約莫可以歸類爲以下幾種類型：

一、不孝父母與翁姑

二、不敬天地神明、誹謗釋道

三、殺害生命、殘害嬰孩或食用人肉

四、不忠不義

五、妨人利己、危害鄉里、違背善良風俗

六、不遵守生活公共道德與職業道德

七、搬弄口舌是非致令衝突

八、逃稅犯法、拐騙詐欺他人財物…等經濟型犯罪

九、與「性」相關之犯罪、妨害風化

十、煉製邪丹僞藥害人

十一、輕生

　　歸納以上這些惡行，大則觸犯法律，小則違背善良風俗；有的是很明顯的犯罪行爲，在陽間便有相應的法律可以施加懲處，有的只是損害公共道德與生活規範，雖然稱不上「犯罪」，卻會給家族鄰里帶來諸多困擾，或是對善良風俗有所妨害，像此類的「惡行」在陽間只能靠家族與鄉里群眾的力量共同抵制，但是，在地獄裡卻清楚載明了這些惡行所必須遭受的刑罰，由此可見，「冥律」所涵蓋的類型範圍，比世間的法律條文更爲詳盡細緻，也更加符合鄉野民間的生活情態，自然也就能在群眾之間形成有力的約束作用，達到穩定社會的功效。

　　《玉曆至寶鈔》從北宋開始在民間廣爲流傳，直至今日，雖然犯罪手法會隨著時代日新月異，但是犯罪的本質與類型並沒有太大的改變，而地獄始終都扮演著天地之間「最終審判所」的角色。在《玉曆至寶鈔》中將惡行分類得相當細緻詳盡，我們也可以清楚得知各殿冥王所負責審理、懲處的犯罪類型，但是，這樣廣爲流傳的犯罪分類與地獄型態並沒有被《泉腔目連救母》與《莆仙戲目連救母》所沿用，在戲曲舞台上關於犯罪審理與地獄懲處，則有另一套模式，以下分別列出《泉腔目連救母》與《莆仙戲目連救母》兩齣戲劇中所涉及的犯罪類型與判決懲處：

《泉腔目連救母》

齣　目	地　點	裁決者	罪　犯	罪　行	判決懲處
第二十八齣〈審三人〉	枉死城	枉死城官——崔志	張楊秦福	專使光棍、假道士，拐換傅羅卜正官銀重一百兩。在陽間不去營生，專習詐僞爲非，欺神瞞鬼。	押入糞池地獄刑罰，柉（筆者按：「柉」即「餓」的意思）食屎，口乾食尿。
			許豹	不孝毆父	押去刀山劍樹刑，罰七日七冥
第五十七齣〈審五人〉	刀山劍樹地獄	酆都地獄官——李華德	金奴	背主教唆劉氏開葷、刣狗齋僧	打一百鐵棒，發去九世爲牛、六世爲娼
			劉賈	教唆劉氏開葷，教唆劉氏拆齋僧館、燒會緣橋	打一百鐵棒，發去本鄉出世做驢
			林士椿	盜宰耕牛百餘隻，損壞六畜	打一百鐵棒，去刀山劍樹刑罰七日七夜，發爲六畜輪迴永不超生

第七十四齣〈觀音雪獄〉	地獄五殿	觀音	趙甲	不孝父母	扯落血湖地獄
			石只	不孝公姑	扯落血湖地獄
			奚在真	竊盜偷雞	扯落血湖地獄

《莆仙戲目連救母》

齣 目	地 點	裁決者	罪 犯	罪 行	判 決
第二夜下本第五齣〈城隍判罪〉	王舍城城隍處	王舍城城隍	林刁	恣意鼠竊逞賊性	押入酆都重重拷打
			劉四真	違誓開葷、殺牲害命	
			劉假金奴	估騙搬唆開葷	
第三夜下本第一齣〈一殿審解〉	地獄第一殿	第一殿閻王——秦廣蕭明王	孫丙	謀財害命	拷打,上長枷解往五殿發落
			李丁香	因奸謀殺親夫	
第三夜下本第二出〈五殿會審〉	地獄第五殿	第四、五、六殿閻王	傅天暄	為富不仁,違禁取利,害人破家蕩產。輕秤出,重秤入。小斗放出,大斗收入。威如虎狼,心如蛇蠍	鐵碓凌遲
			趙甲	忤逆不孝,打罵父母	油鍋之苦

　　從上列的兩個表格,我們可以看出以下幾個現象:

　　一、審判裁決者不侷限於各殿冥王:在《泉腔目連救母》當中,地獄的審判者並非侷限於各殿冥王,包括了枉死城官、酆都地獄官,甚至是奉天帝之命前來雪獄的觀音菩薩都成了地獄中的裁決者。在戲曲舞台上,閻君雖是地獄嚴明公正的代表人物,但是許多的判官、地獄官也成為冥律的宣揚者,裁決者的角色安排豐富多變,彷彿在地獄中,人人都可以成為絕對公正的裁決者,即使是前來雪獄、心懷慈悲的觀音菩薩,也不免要依律判決,甚至將罪魂扯落血湖地獄執法受刑,這也代表了在地獄中一切是依律行事,而非因人設事,只要有罪惡,人人皆可判決執刑,絕無遺漏。相較之下,《莆仙戲目連救母》就與善書《玉曆至寶鈔》中的記載較為相似,各處城隍在亡魂「報到」之後,先就亡魂本身做善、惡的「基本分類」,進入地獄之後,一殿閻王是最主要的審判處,再依據每人的罪行判定該送往何殿發落執刑。有趣的是,在地獄第五殿裡則出現了所謂「會審」的情況,四殿與五殿閻王齊聚在地獄五殿中,與第五殿閻羅王一同商議審判,這當然也是強調地獄公正嚴明的方式,但是不同的閻君也相對展現出不同的立場,在〈五殿會審〉中,相較於

五殿閻羅王的「嚴刑」，第四、六殿的閻王就站在「恤刑」的角度，希望五殿閻羅王能寬宥劉氏、從輕發落。在戲曲舞台上地獄的判決形式豐富多變，是因應不同的劇情需求而有不同的安排，但是「公正無私」的基本立場不變，對觀眾的教育意涵也沒有差移。

二、審判地點不侷限於冥王殿：一般認為，審判罪魂應該是在冥王殿的正殿舉行，但是在劇本中我們不難發現審判的地點除了正殿之外，還擴及枉死城、城隍處、地獄執刑處，在戲曲舞台上，除了「審判行為」是一個重點之外，透過審判的施行，還可以將枉死城、城隍與地獄的場景呈現在觀眾眼前，也就是說，所有的觀眾是隨著每一個罪魂的腳步「巡遊地府」，如此一來，地府的諸多場景也會深刻烙印在觀眾的記憶中，加強地獄形象的真實性，讓所有觀眾都透過這種「身歷其境」的體驗，深化他們對於地獄的畏怖之感，更能有效達到嚇阻犯罪的目的。

三、罪行與受懲項目的對應較為籠統：《玉曆至寶鈔》中，對於犯罪與所受地獄刑責的分類相當細緻詳盡，哪一位冥王負責審理哪一種類型的犯罪；哪一殿掌管哪一種地獄；哪一種罪行必須受哪一個地獄酷刑，基本上都對應得相當清楚，對比之下，在戲曲舞台上，罪行與刑罰的對應就較為籠統。例如《泉腔目連救母》第七十四齣〈觀音雪獄〉中，將犯下不孝父母翁姑與竊盜偷雞的罪魂，一概扯落血湖地獄去受刑，而同樣犯下「不孝」之罪的許豹與趙甲、石只，一個是在刀山劍樹地獄受刑，另外兩個則被扠落血湖地獄，若再與《莆仙戲目連救母》的劇本作比較，同樣一個角色——趙甲，同樣犯下「不孝」之罪，《莆》劇中的趙甲則是被判須受「油鍋之苦」的酷刑。這是一種細微的差異，《玉曆至寶鈔》中每一殿的地獄與刑責，都是為某種類型的「犯罪」所設計的，審查的時候會依據罪魂生前的罪過，發配到相對應的地獄中去受刑，也就是說，一個罪魂不見得在每一殿的地獄都必須領受酷刑，但是，在戲曲舞台上，劉氏是一殿解過一殿，幾乎在每一個地獄都有受到刑罰，這除了有帶領觀眾遍遊地獄的目的之外，還具有反覆「懺罪」的意義。

四、《泉腔目連救母》中的犯罪類型較為狹隘：《泉》劇所談到的犯罪類型，基本上只圍繞著劉氏下地獄與目連入冥救親的劇情在發展，涵蓋的範圍較為狹小，劇中人物所犯之罪也著重在「開葷」、「欺天昧神」、「不孝」等行為，宣揚敬天與孝道的立意較為鮮明，而《莆仙戲目連救母》中就敘述了較多種類的惡行，比較著重在人間惡行到了地獄之後的「罪」與「罰」。

　　五、《莆仙戲目連救母》中的地獄型態與《玉曆至寶鈔》較爲相近：雖然這樣的比較，不見得具有學術上的意義，但是可以很明確地看出，在同樣一個主題之下，《莆仙戲目連救母》與《泉腔目連救母》中的地獄型態確實有所不同，在戲曲舞台之上，兩種地獄與審判型態並行不悖，並沒有孰優孰劣的問題，只是兩齣戲的宣揚重點不盡相同。《泉腔目連救母》的儀式意義與宗教意涵較爲明顯，強調犯罪的後果，引導出「如何懺罪」的宗教議題；《莆仙戲目連救母》的教育意涵較爲突出，從生前的種種惡行到死後的審判與懲處，強調「自作孽，不可活」的觀念，告訴群眾百姓「人在做，天在看」，身後有餘要懂得收手，凡事不能太過，否則，地獄無門，等到酷刑當前，想回頭怕是難了。

　　陳登武在〈陰司判官──冥司與庶民犯罪〉中曾指出：

> 不論是《玉準輪科輯要》、《玉定科例誅輯要》、《太上感應篇註解證案彙編》或《玉曆鈔傳》，總之，明清以來的所有「善書」，都是建立在死後審判的觀念上，都要面對『十殿閻王』的審判和『十八層地獄』的酷刑。…從法治發展的角度來看，地獄擴編竟意外反映出魏晉南北朝至唐宋期間官僚結構之轉變；而且陰間冥律也保留豐富的法律材料，甚至會適時將俗世律令的精神融入冥律之中；同時對庶民法律觀念造成深刻影響。〔註18〕

　　法律與冥律、陽間法庭與陰間地獄，息息相關，一個是透過官僚的判決與法律、刑責來抑止人民犯罪行爲，另一個則是從教育的角度來「預防」犯罪行爲的產生，從近代最有名的生人入冥、扶鸞著作而成的善書──《地獄遊記》〔註19〕中，可知罪魂墮入地獄的罪行，也隨著時代的演進有了相當大的轉變，地獄，可稱得上是一個「與時俱進」的最終審判所。時間流逝，人事換轉，地獄中可見的罪行直接呈現出當代社會的犯罪景觀，刀械演變成槍枝，大規模的經濟犯罪與智慧犯罪也取代了傳統社會中的偷拐搶騙，人性中

〔註18〕　參見陳登武《從人間世到幽冥界──唐代的法治、社會與國家》（台北：五南圖書出版股份有限公司，2006.03），頁288～290。

〔註19〕　台中聖賢堂扶鸞著作《地獄遊記》〔台中：財團法人台灣省台中聖賢堂聖賢雜誌社，2001.03再版〕，此殊爲台中聖賢堂揚善生扶鸞著作，在廟中主神濟公活佛的帶領之下，楊生遍遊冥府，紀錄各種罪行在地獄中審判與服刑的過程，猶如現代版的《玉曆至寶鈔》，從發行以來，流傳全台，在各大廟宇的善書櫃中，均可免費索取。

「惡」的本質沒有改變，只是延伸出種類更多、規模更大、傷害更重的犯行，地藏王菩薩曾經發下宏願：「地獄不空，誓不成佛」，但是，只要有人，慾望與貪婪就從未止息，惡的意念未曾消減，地獄就會永遠存在，地獄是人間眾惡的匯合體，宣揚冥律、教育群眾、嚇阻犯罪，也就成爲地獄存在積極、最正面的意義。

第三節　幽冥界的刑律執行處──地獄

壹、滑油山與孤棲徑

　　地獄，是一個兼具審、罰功用的最終法庭。審判，是爲了讓罪魂明確了解自己生前的過錯；刑罰，則是消弭罪孽的過程。審，強調公正無私；罰，強調甘心悔罪。前一段說明了地獄中的審判過程，接著，就談到地獄中刑罰的執行過程。在戲曲舞台上，人死亡之後，會遭到地獄派遣來的鬼卒所拘提，先至各都城隍處報到，城隍會就亡靈本身做一個基本的善惡判定，若因生前惡行而被判爲罪魂者，才會正式被押解到地獄，進入陰間法庭更爲細緻的審判過程。在鬼卒押解罪魂到第一殿冥王處接受審判之前，會先踏入所謂的「陰間地界」，而既是「罪魂」，這條黃泉路必定充滿磨障、艱困難行。其中，對罪魂而言，這條黃泉路上，最具代表性的「難關」，便是「滑油山」與「孤棲徑」。

　　在《泉腔目連救母》與《莆仙戲目連救母》中都有〈過滑油山〉的情節：

書目／齣目	演出角色	說白與唱詞
《泉腔目連救母》第四十八齣〈過滑油山〉	鬼卒、劉世眞	（劉世真白）鬼使，你拖我卜值去？ （鬼卒白）拖你過滑油山。 （劉世真白）因乜叫做滑油山？ （鬼卒白）陽間之人心地不明，用潤油點火供佛。佛不監納，將油夕傾下此山，即號爲滑油山。爲善之人，引從金橋經過，升天快樂。爲惡之人，拖過滑油山，昏迷跋倒，受諸般磨障。 （劉世真唱）【相思引】來到滑油山嶺，路徑崎斜實惡行。一步行來一步砌，障般艱難苦痛，袂得顧性命。卜過只山又都滑澤，思量起來越自心驚。早知善惡有只報，生前豈可不服聖？一路行來無人相隨伴，真情今卜訴乞誰聽？枉我只處叫天天都不應，叫地地不聞。… （《泉腔目連救母》，頁82〜83）

| 《莆仙戲目連救母》第二夜下本第九齣〈過滑油山〉 | 鬼卒、劉氏 | （鬼卒代劉氏上）
（劉氏白）長官吓，這是什麼所在？路會這麼樣滑呢？
（鬼卒白）這是滑油山，世上人等，作惡多端，將清油獨自食，濁油提往佛前點燈，油傾滿此山，故名滑油山。
（劉氏白）老身若回陽世，濁油獨自食，清油點在佛前。
（鬼卒白）汝但知佛前之燈要光明，還不知心頭之火由是黑暗吓。
（劉氏白）可奈此山難過。
（鬼卒白）難過難過，何不當初不做。
（劉氏白）長官吓，老身衰憊，望長官放老身慢慢行吓。嗙嗙。
（鬼卒白）夆子吓，放伊慢慢行。
（劉氏唱）【四朝元】滑油山高、山高。怕得人心膽破，腳踏來無實地，奴一身頻顛簸，真是無奈何！悔我開筆成大錯，濫殺牲是我造罪過，怎知陰司有果報。（夾白）唉！路險地滑，一步一跌，把我手足都殘破。…
（《莆仙戲目連救母》，頁142、143） |

　　以角色上而言，只有負責押解的鬼卒與劉氏共兩人，偌大的戲台上，只有兩位演員，飾演罪魂的劉氏必須以各種身段來表現出滑油山的艱困難行，時而前行、時而後退，仆倒、翻身、搶背，邊唱邊舞，是相當考驗演員身段、作功與體力的一段戲。就文字上來說，在這一段劇本中，說明了冥界「滑油山」的由來：陽間人士為貪求口腹之欲而取清油來食用，反將濁油、污油拿來佛前點燈，佛陀不願接納這樣缺乏真心誠意的供奉，而將這些濁油傾倒在此山中，油滿此山，路滑難行，藉此懲罰陰間罪魂，而稱之為「滑油山」。就滑油山的存在而言，兼具三重意義，一則為告誡世人，禮佛但求虔誠，貴在內心對於佛陀菩薩的「敬重」，若有敬佛之心，必將最好的物品供奉佛前，那種看重口腹之欲甚於敬佛之心的行為，表面上雖是禮佛，實際上卻是巇佛，所以，這樣的油品佛陀不會鑒納，向世人強調禮敬天地神佛的重要性；二則提出了「心火」的概念，人生於世，欲念不斷，或為福壽、或為財富、或為權勢…，汲汲營營、貪求不絕，人生於世，心中欲火越是旺熾，腳下所行之路就越是黑暗陰險，那進貢佛前的濁油，便是欲念過深、心地黑暗的象徵，佛前一盞明燈，明燈，能照亮善男信女的臉，卻不見得能照亮世間所有的黑暗，胸懷欲念之心所供的濁油，滅卻了佛前燈火的亮度，也滅卻了心中善念的亮度；三則滑油山的存在對世間普羅大眾具有警醒的意義，世間人不敬神佛的濁油匯集成山，若世間人未曾存有不敬之心，就不會有滑油山，推而言之，世間人的惡行惡念匯集成地獄，若世間人未曾存有惡行惡念，地獄就沒

有存在的必要，滑油山，是不敬天地神佛的心念所形成的投射，成爲世間所有爲惡之人下了冥府之後必走的艱險道路，也印證了「自作孽，不可活」的道理。在《泉腔目連救母》中將「滑油山」與「金橋」結合在一起，加深了「行善」與「爲惡」之間的對比，則教化世人的意義更爲鮮明，善人走在陰間路上，自有黃金鋪路，惡人就只能在佈滿濁油的道路上顛簸難行，爲善、爲惡只在一念之間，當心念一轉，所行之路一旦分歧，就只能步向截然不同的結局，而無論結局是苦是樂，都只能自己擔負。

除了上述的「滑油山」之外，另一個讓人讀來心驚膽顫的場景便是「孤棲徑」，在《泉腔目連救母》第五十四齣〈捉金奴，過孤棲徑，捉劉賈〉的劇本中，對於孤棲徑有非常生動寫實的描繪：

（鬼卒白）過了奈何橋、枉死城、鬼門關，來到只處，就是孤棲徑。只因陽間爲惡，持勢周作，不識陰司法度。既入鬼門關，着過只孤棲徑。見許亂石峰岩，利如刀斧，污泥臭爛，滑成琉璃。

（劉青提白）路有若闊，有若遠？

（鬼卒白）只有三尺零闊，遠有三百餘里。又有幾株樹，乃是古怪之青松，宿個盡是惡鳥，啄人眼睛。一路都是蓬鬆茅草，草下藏是毒蛇、惡蝎，盡是討命冤鬼。但是惡人只路來，不用人跟隨。望進前就是黑風洞，寒威凜凜。退後去鬼門關，重重鎖閉。左路去白沙河，毒水溶溶。右路去寒冰池，波濤洶洶。但是只路來，並無半個善人。前面噭聲，都是惡鬼。你緊行，袂當得障般苦楚。卜慢行，袂受得只樣崎嶇。看許叫屈個鳥，啄人目睭。又兼討命冤鬼，搶剝亡人口糧。上天無路，插翼袂飛，入地無門，就那有學法也難逃。我按只海慈航上去。莫說今旦受孤棲，悔你當初可快活。

（鬼上船，下）

（劉青提白）看鬼使從海慈航而去，放覓阮一身，在此孤棲徑上受苦，（啼哭介）看只孤棲徑，路在波濤中經過，水天相連，茫茫巨浪千疊，好親像雷響一般，噴起滔天，驚得阮魂飛魄散。當不得風利如刀，受不得身寒如鐵，倂受得只樣孤棲？第一來，恨阮背子開葷。二來，恨阮瞞天詛咒。三來，恨阮掠齋僧館毀除。今旦乜話通說？

（劉青提唱）【北調】風風吹來，波濤鬧聲沸。浪浪濤天高千丈。驚得我心戰慄，腳惡行。苦，苦得我身疲力倦。（鬼上，剝衣介，下）打，打都是冤債鬼來相尋。（餓鬼上，搶口糧，下）搶，搶口糧乜般惡鬼掠人攔。（惡鳥上，啄，下）鳥，鳥啄得我血流汪洋。（蛇上，咬，下）蛇害人命掠人拖。（跋倒介）跋，跋得我塗內捆，爬都不起。天，天，到今旦落得我目滓淚漣漣。渺渺路徑都行遍，苦海林中苦萬千。

（《泉腔目連救母》，頁 114～115）

在《莆仙戲目連救母》中，並沒有對於「孤棲徑」的描繪，但由於《莆》劇的第三夜上本乃屬於全本俱缺的情況，所以，究竟是亡逸闕漏了，還是劇中本來就沒有關於孤棲徑的描寫，現在並無法探知，然而，在《佛說十王經》、《玉曆至寶鈔》和《地獄遊記》也沒有關於孤棲徑的相關敘述。但是，在鄭之珍的《新編目連救母勸善戲文》中倒是有一段關於「孤恓埂」的描寫：

（劉氏白）弟兄纔會面，同入鬼門關。豈料須臾別，依然身又單。長官，今來到此，是甚所在？

（鬼使白）是孤恓埂了

（劉氏白）如何叫做孤恓埂？

（鬼使白）祇因惡漢徒貪陽世歡娛，恃才妄作，那識陰司法度，稱物平施。是以既入鬼門關，又要過此孤恓梗。見則見亂石巉巉，個一個利如刀斧、污泥爛爛，寸一寸滑似膏油，闊祇三尺有奇，長計三百餘里。有幾根古古怪怪之蒼松，上棲惡鳥，更一路蓬蓬鬆鬆之芧草，下產毒蛇。這惡鳥盡是叫屈聲，那毒蛇都是取命鬼。但有惡人過此，不須鬼使跟隨，望前走，烏風洞寒威凜凜；若退後，鬼門關鎖鑰重重，向右行，白灰河毒水溶溶，若往左，苦海上坡濤洶洶。陷在此地，全無半個善人，試問他們都是一團惡鬼，急走去當不得這等崎嶇，縱緩行熬不得恁般苦楚。況那叫屈鳥嘲瞎了惡人的眼睛，又兼取命鬼搶奪了冤尤的口食。上天無路。縱教插翅也難飛；入地無門，就是學法也難脫。我今往慈航上去，你自到烏風洞來。劉氏，劉氏，休嗟今日受孤恓，須悔當時貪快樂。

（劉氏白）喏，長官上舡去了，何不帶我同行。

（内叫白）咳，咳，慈航上那容你去？孤恓埂上是你受苦的所在。
〔註20〕

從上述兩段引文可知，雖然名稱不盡相同，但是「孤棲徑」與「孤恓埂」所指的應該是同一條路徑，它的位置介於鬼門關與黑風洞（烏風洞）之間，寬度僅有三尺，但路長卻有三百餘里，旁有白沙河（白灰河）與寒冰池（苦海），途中盡是爛泥、亂石、怪鳥、毒蛇，罪魂只得一人行走，鬼差會從慈航上駕船離開。兩份文獻，除了名詞略有差異之外，其餘的敘述均大同小異。

而關於罪魂在「孤棲徑」孤身所受的刑罰，從劇本中的敘述可以得知，這是在冥府中強調「個人造業個人擔」的一條小徑，因此這條陰慘無比的惡路，連押解罪魂的鬼卒都不會隨行在側，人在陽世間，生是一個人來，死也是一個人走，在人生的道路上，為善為惡都在於自己的心，自己的選擇、自己的作為，會導致什麼樣的惡果、有什麼樣的惡業，也都只能自己承擔，如同劇本所言：「惶恐灘頭說惶恐，孤棲徑上受孤棲」，這種「孤棲」是對一個在世間逆天行惡的罪魂最終極的懲罰——代表這一生行惡的結果，將沒有任何人能代替你領受這些罪刑。這條路上，退是重重閉鎖的鬼門關，象徵退無可退，在被迫孤單前行的情況下，前是黑風洞、左是白沙河、右是寒冰池，尖石怪林、毒蝎惡鳥，這所有的艱難險境都是內心惡念的映照，生前諸多惡行，害得無辜的他人在孤立無援的情況下忍受痛苦，如今到了孤棲徑上，一點一滴都必須自己體嚐——也必定是孤身體嚐，所以，必當要讓罪魂體嚐這樣的孤棲，才能讓他在這一條路上清楚反省自己的所作所為，這條孤棲徑是自己一步一步踏上去的，每一步的泥濘、恐懼、疼痛、寒冷、孤寂…都包含著對自己生前所作所為的無比悔恨，而悔恨正是懺罪的開始。

滑油山與孤棲徑，是罪魂在地獄受審、行刑的「前導作業」，透過這一路上的艱苦難行，可以讓罪魂感受到地獄的殘酷可怕，在罪魂尚未真正受審之前，就能先引發他們的悔恨與「懺罪」的念頭，懺罪是地獄存在最主要的意義，罪魂要先能感到悔恨，才能甘心受審，受審的目的則是為了讓罪魂認清自己的犯罪事實，明白自己錯在哪裡，最後透過種種酷刑的洗禮，一點一點減輕自身的罪孽，當罪孽減輕，懺罪的心念也會更加確實，每一個罪魂都是透過這樣的流程淨化自己、改造內心，而重新獲得投胎的機會。每一分自己

〔註20〕 明・鄭之珍撰《新編目連救母勸善戲文》《安徽古籍叢書》本第二十三輯，朱萬曙校點，俞為民審訂，〔安徽：黃山書社，2005.12〕頁334～335。

造下的罪孽，都必須靠自身來洗淨，滑油山與孤棲徑只是懺罪的開始而已，悔過的路還非常長遠，透過這樣寫實的敘述，可以讓群眾認知到罪惡的可怕，一個心念換轉之間，終會導致何等嚴重的後果，戲曲舞台上的地獄，最終仍以「教育群眾」為主要的目的。

貳、戲曲舞台上的地獄受刑場景

在罪魂行經滑油山、孤棲徑、枉死城與鬼門關之後，才會正式進入前面所詳述的「地獄審判」階段，通過陰間官僚的詳實審判後，罪魂會依照其所犯下的罪行發配到各個大小地獄去受刑，在《玉曆至寶鈔》記載，冥府共有八個大地獄、一百二十八個小地獄，再加上枉死城和血汙池（筆者按：俗稱「血湖」），大大小小共有一百三十八個地獄，而近世流傳的《地獄遊記》中，光是楊生入冥遊歷的地獄依次就有：枉死城、糞尿泥小地獄、飢餓小地獄、舞池獄、寒冰小地獄、挖眼小地獄、銅鐵刮臉小地獄、倒吊小地獄、灌藥小地獄、沸湯澆手小地獄、刺嘴小地獄、斷筋剔骨小地獄、毒蜂小地獄、誅心小地獄、割腎鼠咬小地獄、車訓小地獄、鉗嘴含鍼小地獄、刺網蝗鑽小地獄、熱惱大地獄、烙手指小地獄、抽腸小地獄、頂石蹲身小地獄、油釜滾烹小地獄、拔舌穿腮小地獄、車崩小地獄、斷肢小地獄、熱油濺身小地獄、紫赤毒蛇鑽孔小地獄、阿鼻大地獄、血汙池等，大小共三十個地獄，其中除了一些傳統常見的地獄之外，還附有「新設地獄」以防「陽人日新月異所犯之罪」，且幾乎每一個地獄都是「因罪設獄」，例如：擅製偽藥害人者會被判入「灌藥小地獄」；因沉迷聲色舞池而罔顧家庭者會被判入「舞池獄」；為謀求金錢權勢而用盡心力害人者會被判入「熱惱大地獄」；擅逞口舌搬弄是非致令衝突者會被判入「刺嘴小地獄」…等，每一種罪行都有相對應的刑罰，端看罪魂本身所犯的罪行與危害的程度，來判定他須到哪幾個地獄受刑和受刑時間的長短。由此可見，地獄，不僅是公正無私的陰間審判所，更是幽冥界的刑律執行處，但是，地獄存在的最終目的並不僅止於使惡人受到應有的審判，而是在於透過這樣的「嚴審嚴判」達到遏阻陽世之人犯罪的「預防」效果，在鄉野之間，教育未曾全面普及之時，戲曲舞台便是加強這種宣導效果的最佳場域，因此，在戲曲舞台上，除了必須彰顯「最終審判」的絕對公正之外，也會將罪魂受刑的慘況在群眾面前一一展演出來，以達到「宣導犯罪預防」的最佳效果，下列便以表格方式，呈現出劇本裡在諸地獄中鬼卒施刑與劉氏受刑的情況：

《泉腔目連救母》

齣　目	人　物	唱詞、唸白
第六十七齣 〈舂碓地獄〉	鬼（小鬼夜叉）	（鬼過唱）【剔銀燈】踏起舂碓平平舂，你身合受刑。閒葷食肉，褻瀆昧神明。舂到伊死，死了又再舂。你今不知疼，我今實艱辛。 （鬼白）死了，用甘露水化起伊活來。 （頁 168、169）
第六十八齣 〈火烘地獄〉	鬼（小鬼夜叉） 劉氏	（鬼過唱）【玉交枝】食肉快活，敢違誓開葷掠神瞞。地獄法度不放寬，今旦迎眾乞人看。炊到死，死又爛，魂魄渺渺盡分散。…… （劉氏唱）【慢】一身刑罰無時休，今旦有誰通解救？【一封書】受艱苦，恨誰人？愛卜走踅又無空。放火燒，用火烘，一身凌遲不放鬆。誰人知阮只苦痛，天地責罰罪過重。（頁 171、173）
第六十九齣 〈刀剉地獄〉	劉氏 鬼（小鬼夜叉）	（劉氏唱）【怨】陰司刑罰有幾遭，火烘了又刀剉。今旦乞阮知改過，再後不敢心作惡。【夜夜月】那恨阮做事可不是，今旦受苦反悔遲。勸人勿學我劉氏。 （鬼合唱）不合生前不信神天 （鬼過唱）你做人所行可顛倒，全不思忖一去到，馬行險處收韁惡。 （鬼合唱）今旦掠來，萬刀碎挫。（頁 174、175）
第七十齣 〈鐵磨地獄〉	劉氏 鬼（小鬼夜叉）	（劉氏唱）【慢】受刑數次實惡逃，刀剉過了又着磨。三魂渺渺歸何處？七魄茫茫驚都無。 （鬼掠劉氏上，落磨，劉氏啼） （劉氏唱）【四邊靜】舂炊剉了又來磨，性命實惡保。無處通解圍，無路通去逃。 （鬼合唱）任伊刑罰，橫身一倒。思量值處訴，思量值處苦？ （鬼過唱）是你生前做可錯，今旦掠來磨，兩人對頭埃，兩人對頭磨。 （鬼合唱）汗流那滴，口乾喉燥。磨到你身死，後去不敢心做惡。…… （劉氏坐，說天，鬼、豬上） （劉氏白）今卜入糞池地獄。饑食屎，口渴飲尿。 （劉氏唱）【撲燈蛾】苦痛障受虧，雙目啼喃〔口雷〕。陰司障刑罰，入糞池受施為。 （鬼過唱）食糞食血准做戒，不敢瞞神掠心虧。 （劉氏唱）到只處今卜恨誰？恨阮當初無主為。（頁 177、178）

　　在《泉腔目連救母》中的地獄施刑，與善書《玉曆至寶鈔》和《地獄遊記》中所述最大的不同點在於：善書中通常是「因罪設刑」——每一種罪行

都有其相對應的刑責，至多是會因應罪魂本身的罪行輕重，來斟酌其受刑時間的長短，很少會像劇本中出現「一罪多罰」且讓罪魂反覆為了同一罪行不斷受到各地獄多種刑責的情況。這是一個有趣的問題，因為在這樣的問題探討中，我們可以明顯感受到善書與戲曲劇本間的差異，雖然，善書與戲曲一樣具有教育群眾的功能，但是，戲曲舞台畢竟不同於善書，善書中可以詳盡紀錄各個地獄中的刑責，也會對於所懲處的相應罪行加以解釋說明，在善書裡地獄的分類相當細緻，以達到一罪有一罰、罪罰相應的程度。但是在戲曲舞台上，要展演出地獄的種種情狀，就必須面對下列幾個困難：首先，是劇本的情節有限，無論多複雜的一齣戲，都沒有辦法將世人的諸多罪行盡數涵蓋其中，更何況每一齣戲都有它的中心思想和主要情節，沒有多餘的心力在枝微末節處下筆著墨，要探討人性複雜黑暗的惡行，實在力有未逮，只能就劇中的中心情節與想要宣導的理念，反覆敘述強調。再則，一齣戲的演出時間有限，縱然如目連戲這樣的連本大戲，也沒有辦法將各個地獄的情狀都一一演過、詳加敘述，只能就幾個群眾常見的地獄加以演繹，當然沒有辦法如同善書那樣分類精緻、對應詳細。最後，一台戲的演出終究有人力成本的考量，不能動用太多演員，無法羅列每個地獄的各項罪名、各種惡人，自然無法將一百多個大小地獄盡數演過。因為上述的幾個因素，便形成了善書與劇本中地獄審判與施刑情狀之不同，就《泉腔目連救母》為例，也僅列出幾個世人常見的地獄，在罪狀方面也就只是揪住劉氏開葷、背誓昧天、不敬僧佛的罪名，反覆陳述，使劉氏不斷受到各種刑罰，就劇本的中心思想而言，仍在於強調天地神佛的偉大，宣導吃齋、敬天的宗教理念，對於其他惡行著墨自然不多，而在遏止犯罪的教育功能上，則是透過劉氏遍受幾個地獄的刑責來詳加敘述地獄施刑的情狀，讓為惡之人產生警醒之心，並沒有對於世人的諸多惡行與罪狀多所提及，如此一來，在戲曲的舞台上只需透過少數的演員和幾個齣目，就能將地獄中幾重要場景濃縮之後呈現於觀眾眼前，這個「精華版」的地獄雖不如「原版」的地獄那樣壯觀，卻稱得上「麻雀雖小，五臟俱全」，且該有的教育功能也一概不缺。

　　在這幾段關於地獄施刑的劇本中，除了可以明確看出善書與劇本的敘事手法不同之外，還有一些細節可供探討，例如《泉腔目連救母》第六十七齣〈春碓地獄〉中提到所謂的「甘露水」，可讓受刑而「死」的罪魂再重新「活轉過來」，這裡涉及了地獄中的「魂魄觀」，按理來說，一個活人既成了「罪

魂」，便是紮紮實實死過了一次，那麼，死過的魂魄還會再死嗎？死過的魂魄會感覺到疼痛嗎？當然，如果魂魄沒有痛感也不會因受刑而痛苦致死，那麼種種地獄的施刑便失去了意義，地獄的存在也相對失去了意義，由此可見，在中國漢族的傳統觀念中，魂魄確實具有痛感也會再次死亡，只是魂魄的死亡與肉體的死亡在意義上並不相同，肉體死亡了，魂魄會長存，還能再次輪迴，所以，地獄的施刑確實會讓魂魄感覺到痛苦萬分，而劇中所謂「甘露水」的功用，便在於再次凝結消散的魂魄，使其魂體再現，以承受下一次的地獄施刑，如此說來，地獄中能讓魂體活轉的魂魄觀，其實也是在告訴世間為惡之人，莫要以為死了便是「一了百了」，一旦成了罪魂，就必當要為自己的所作所為付出代價，也莫要以為魂體一次受刑致死便可結束，而是會反覆活轉、反覆受刑，直至罪孽償還終盡方可罷休，對一批又一批受刑的罪魂而言，地獄便像是一個不見天日、永無止盡的受刑所，以便永遠警醒世人切莫為惡。

參、劉氏所代表的餓鬼和餓鬼形象

在戲曲舞台的地獄場景中，我們除了可以看到罪魂受刑的淒苦景象之外，還有另一個非常鮮明的形象，那便是在地獄中沉淪難起的「餓鬼」。王馗在《鬼節超渡與勸善目連》中曾指出：「在天堂地獄、人鬼轉生的佛教緣起觀念中，所謂的『鬼』，即指六道中具有恐怖形象的一類眾生，通常指亡者的精魂，大乘佛教理解的六道之一——餓鬼道，所包含的就是為諸天驅使而常陷於饑渴之苦的有情眾生。」[註21]，根據王馗的說法，人死之後受到自身業力牽引而墮入地獄的罪魂，便會成為「餓鬼」的狀態，而在戲曲舞台上，針對地獄中的「餓鬼」形象，《泉腔目連救母》第七十一齣〈糞池地獄〉中有較為詳實的描繪：

（劉氏白）一恂腹饑。

（目連白）待子來去討飯。（目連下，又上）

（目連白）母親，飯在只。待子討菜湯。

（目連下）（餓鬼上，搶飯，下）（目連上）

（目連白）母親，菜湯只仔。（劉氏說無飯亥）（目連問）

（劉氏白）被餓鬼搶去。

〔註21〕 王馗《鬼節超渡與勸善目連》〔台北：國家出版社，2010.02〕頁 154。

（目連白）待子再來去討（又捧飯上）（劉氏説無著）

（劉氏白）子你在處，惡鬼不敢來。你去後，伊又來搶去。

（目連化，目連下）〔註22〕（鬼上搶，自意，説蟲，鬼下）（目連上）

（目連白）母親，箸在只。餓鬼有來無？

（劉氏亥蟲）（目連叫劉氏食）（劉氏食）

（劉氏白）吞都袂得落去。

（目連白）弊，從來陰司餓鬼，渴喉如絲線一般，以此我母。待子用甘露水共你開喉。

（目連化）

（目連白）今會食得落去嘮。（劉氏食）

（劉氏唱）【皂羅袍】陽間富貴無比，今來陰司受苦滋味。雙眼昏暗，咽喉如線絲，鐵佛見我心也悲。

（《泉腔目連救母》，頁 180、181）

　　「餓鬼」，梵文音譯為「薛荔多」，又有其他多種別稱，雖然在佛教的經典中對於餓鬼也有許多不同的說法與定義，但是所展現出來的具體形象多半是彷彿永遠無法獲得滿足般貧乏飢饉卻貪婪多欲。依據《正法念處經・餓鬼品第四之一》的說法：「一切餓鬼皆為慳貪嫉妒因緣。生於彼處。以種種心。造種種業。行種種行。種種住處。種種飢渴。自燒其身」，可以知道，一個人之所以會墮入餓鬼道成為餓鬼，是因為一個人太過執著於貪欲，甚而嫉妒他人擁有的一切，這樣的心念，會引發種種惡行、造下惡業的果實。人過分貪求以至於「求不盡」，都來自對於慾望無法滿足的飢渴之心，在執著追求的過

〔註22〕 在《莆仙戲目連救母》第三夜下本第三齣〈佛賜烏飯〉中有以下劇情：
　　（張祐大、李純元唱）【步步嬌】勸兄寬心勿憂慮、憂慮，我佛有話致，姐陷阿鼻地獄內，賜有烏飯、烏飯，乞姐充飢，四月初八日，相逢在此時、此時。
　　（目連白）我佛為何賜烏飯給我母親吃呢？
　　（張祐大、李純元白）我佛吩咐，阿鼻地獄餓鬼甚多，白飯會被鬼搶去吃，烏飯鬼認為鐵屑，就不敢搶，用法水洗過，雖不好看，卻很好吃。（《莆仙戲目連救母》，頁 165）
　　從上述對話與唱詞可知，在地獄之中，餓鬼搶食的情況十分普遍，雖然在《泉腔目連救母》中並未特別提及「烏飯」一詞與其作用，但從劇本科介的紀錄中可知：目連在冀池地獄中為了怕其他餓鬼搶食母親的白飯，特別施法將白飯化為「烏飯」之類的東西，讓其他惡鬼誤以為是「蟲」，而不敢搶食。

程中那種飢渴、焦灼的情緒，就如熊熊的烈火，無法撲滅止息，最終反燒其身。這種慳貪嫉妒，對應投射出來，就成為今日常見的餓鬼形象：肚大而貪食，未料喉細如絲，欲食卻難食，終日飢渴難耐，而隨著時日長久，則會越發痛苦。

在《正法念處經‧餓鬼品第四之一》中，還將餓鬼細分為三十六種類型：鑊身餓鬼、針口餓鬼、食吐鬼、食糞鬼、無食鬼、食氣鬼、食法鬼、食水鬼、希望鬼、食唾鬼、食髮鬼、食血鬼、食肉鬼、食香鬼、疾行鬼、伺便鬼、地下鬼、靈通鬼、熾燃鬼、伺嬰兒便鬼、欲色鬼、住海渚鬼、使執杖鬼、食小兒鬼、食人精氣鬼、羅剎鬼、火爐燒食鬼、住不淨巷陌鬼、食風鬼、食火炭鬼、食毒鬼、曠野鬼、住塚間食熱炭土鬼、樹中住鬼、住四交道鬼、殺身餓鬼〔註23〕，其中「針口餓鬼」的形象為肚大喉細，口如針孔，遇飲食不能下嚥，於是飢火中燒，痛苦不堪，與《泉腔目連救母》中劉氏的餓鬼形象頗為類似，劇本中形容劉氏咽喉如同絲線一般，無法吞嚥，還必須借助目連所化來的「甘露水」才能「開喉」吞食，而其餘的餓鬼，縱然也同樣是口不能食，但是由於飢火在腹內狂燒，仍舊會依循本能搶奪食物，必須藉由目連施法將白飯化做「蟲」的外貌，才能避免其他餓鬼的搶食，得以讓劉氏安心吃飯。而除了針口餓鬼之外，《泉腔目連救母》中還提及過另外一種類型的餓鬼：

（劉氏白）今卜入糞池地獄。饑食屎，口渴飲尿。

（劉氏唱）【撲燈蛾】苦痛障受虧，雙目啼喃嗹。陰司障刑罰，入糞池受施為。

（鬼過唱）食糞食血准做戒，不敢瞞神掠心虧。

（劉氏唱）到只處今卜恨誰？恨阮當初無主為。

（《泉腔目連救母》頁178）

這一種在糞池地獄裡受刑的餓鬼，與《正法念處經‧餓鬼品第四之一》種所提到的食糞鬼、食血鬼相似，身處糞池地獄在飢餓難當之時並無食物可吃，張開大口也只能吞下糞便、尿液與婦人月信、生產所排出的污血，以此充飢，痛苦不堪。在《泉腔目連救母》一劇中出現的餓鬼種類雖然不像《正法念處經‧餓鬼品第四之一》所描繪的那麼多，但是具體鮮明，也符合普遍大眾所認知「餓鬼」的形象。

〔註23〕CBETA 電子佛典 Big5 APP 版，大正新脩大藏經第十七冊 NO.‧721《正法念處經》，最近更新日期：2009/04/15。

在《泉腔目連救母》中，劉氏面臨糞池地獄的刑責時只說：「食糞食血准做戒，不敢瞞神掠心虧。到只處今卜恨誰？恨阮當初無主為」，劉氏解釋自己到糞池地獄受苦、成為餓鬼，是因為自己當初沒有把持好原本持齋為善的心性，反而受誘開葷、瞞天欺神，然而，當我們仔細審視劉氏生前的種種行為，早年的她隨著夫君、兒子持齋修行，也曾廣為佈施、行善積德，不至於到達為了個人貪慾而汲汲營營、焦灼難耐的程度，充其量不過是把持未定、受人蠱惑，即使到了後來，一步錯、步步錯，所犯的惡行逐漸擴大，但是，劉氏的本心並不壞，即使是花園咒誓、瞞神欺天，也不過是為了在目連（傅羅卜）面前維持一個慈母的良好形象，但是，這樣的劉氏，墮入地獄、反覆受刑，最終成為食糞、針口餓鬼，其處境也著實令人憐憫。然而，戲曲的舞台上詮釋出「餓鬼」的形象，其重點在於：藉由突顯「餓鬼」的悽慘、可怖與可憐，更能加深群眾對於地獄的恐懼，並利用這種恐懼之心，宣導「吃齋」、「敬天禮神」、「積善」、「切莫為惡」的觀念，與其說是為了宣揚佛教教義，還不如說是教育群眾、嚇阻犯罪以達到穩定社會人心的功效。

第四節　地獄的官僚制度——從獄官到閻王

壹、眾獄官與閻王

以十殿閻王共同治理的地獄，主要的任務便是審判所有的罪魂，除了要一一確立各自的罪名、判定刑責的輕重之外，還要將罪魂發配到各大小地獄中受刑，茲事體大，為求勿枉勿縱，每個環節都不容有失，自然工作事項會相當龐雜瑣碎，由上到下，需要非常多的人力——從閻王、判官幕僚、執行逮捕的鬼吏、負責刑訊的獄官、押解看管罪魂的鬼卒——層層管理、環環相扣，如同一個結構嚴密的官僚組織，各自都有各自負責的工作項目，缺一不可，而且更難能可貴的是，所有官吏幾乎都有相同的理念與目標，公正而清廉，人人都在協助宣揚地獄法庭的嚴明無私，以告誡所有生人、亡靈「切莫為惡」的重要性，堪稱是一個信念一致又堅強完美的工作團隊，相較於陽世間官僚體系貪污腐敗或昏聵無能的情況層出不窮，像冥界裡這樣幾近完美司法行政團隊，在陽世間幾乎無法實現，因此，我們能說：地獄官僚組織乃是陽世官僚組織的「理想化型態」。

　　從諸多地獄文獻中可知，地獄中的官僚結構細緻複雜，移到了戲曲舞台上，當然不可能詮釋得盡善盡美，就劇本而論，雖然無法詳盡介紹所有鬼卒獄吏，但是，只要列表分析《泉腔目連救母》劇本中幾位地獄獄官的「自報家門」，還是可以從中窺見他們的身分職掌與角色形象：

《泉腔目連救母》

齣　目	人　物	出場的唱詞與唸白
第五十七齣〈審五人〉	刀山劍樹地獄官	（獄官唱）【西地錦】執掌酆都地獄官，堪誇富貴榮華。為善積德升天界，作惡押去上刀山。 （獄官坐白）陰司法度事非輕，刀山劍樹不諒情。行惡鬼犯台下過，拷勘論罪受重刑。下官李華德，執掌刀山劍樹地獄，論罪輕重。若有鬼犯三惡者，押去刀山三日，劍樹五日。十惡者，刑罰一月日。（頁123）
第六十五齣〈訴血湖〉	三殿地獄官	（獄官唱）【西地錦】莫道作惡無人見，須知頭上有青天。陽世不修陰難掩，暗室虧心神眼如電。 （獄官白）刑名斯民命所關，執掌司獄事最難。莫道官小糊塗做，空惹時人笑小官。下官莫可知，乃是三殿宋帝王管下獄官。原在陽間廣行方便，今來陰府執掌血湖、鐵床、火烘、水浸，一樣天威。奉勸世人休作惡，須知水火不諒情。（頁164）
第六十七齣〈舂碓地獄〉	舂碓地獄官	（獄官唱）【西地錦】陰司法度人驚畏，掌管地獄是舂碓，為善受用轉後世，為惡身尸盡粉碎。 （獄官白）奉勸世人須念善，不可橫為昧老天。陽世恃強每欺人，陰司刑罰終難免。下官柳德厚，執掌舂碓地獄。陽間為善之人，即時超度。為惡之人，立即刑罰。然後解往前殿，不敢偏私。（頁167）
第六十八齣〈火烘地獄〉	火烘地獄官	（獄官唱）【西地錦】陰司地獄非無情，世人自作犯罪行。天曹默察依律擬，善惡到此自分明。 （獄官白）執掌司獄管火烘，為人作惡〔人再〕哖通，刑罰不加善人身，為惡刑罰不放空。下官向世賢，執掌火烘地獄。善人到此，即當超度。惡人到此，立刻刑罰，再無偏私。（頁170）
第六十九齣〈刀剉地獄〉	刀剉地獄官	（獄官唱）【出隊子】身授獄官，臺前罪惡千萬般。差人掠來一筆判，諸般刑罰不放寬。天曹擬定，誰敢相瞞？ （獄官白）執掌司獄事最難，惡人到此心膽寒。地獄空虛堪為實，凡世作事不可姦。下官韋好善，執掌刀剉地獄。善惡之人，一筆剖判，更無偏私，不敢違天曹法度。（頁173）
第七十齣〈鐵磨地獄〉	鐵磨地獄官	（獄官唱）【西地錦】陰司法度得人驚，有錢惡買人性命。善人到此便超度，惡人難脫死為定。 （獄官白）陽間法度雖嚴密，姦盜詐偽能脫得。陰府疏網難瞞昧，惡人到此受極職。下官蓋忠誠，掌管鐵磨獄官，善人到此，即當超度。惡人到此，立即刑罰。奉勸世人堪為善，幽冥地獄無私偏。（頁176）

　　在劇本裡，當然也有群眾熟知的「牛頭、馬面」、「黑、白無常」、「崔判」…等，在閻王身旁協理地獄事務的捕差衙役，這些面貌凶惡、令人聞風喪膽的「鬼官」，或多或少都有被「神職化」的趨向，對熟悉這些善書、戲曲的百姓而言，他們並不單純只是陰間的夜叉羅剎，而具有執行陰司法度的權責，被視為伸張公理正義的象徵，是一群讓世間群眾感到十分敬畏的「鬼官」。在民間就有「八家將」、「官將首」、「天師鍾馗」…等，是以扮演這些「陰間執法人員」為主的民俗藝陣，在這個「扮鬼」（或者說「扮神」）的過程中，必須遵從一些規矩與禁忌，以示陽間百姓對他們的崇敬與畏懼之心。除此之外，在劇本的陰間場景中，自然到處充斥著許多「無名」的鬼吏鬼卒，而介於有名的鬼官與無名的鬼卒之間，還存在著一些有名有姓、位階中等、卻較不為人所知的官吏，在《泉腔目連救母》中，幾位「酆都地獄官」便可算在這個階級，他們的名諱分別是：李華德、莫可知、柳德厚、向世賢、韋好善、蓋忠誠，光是從他們的名諱，就可以窺見民間善書與戲曲文化中直爽幽默的一面，從雙關的角度來看，「莫可知」可指人間無常、世事禍福「莫可知」；「柳德厚」可指人世一遭最好可以「留德厚」，多留下一些厚德恩澤；「向世賢」可指期望「世」人多多朝「向」「賢」德方面進取努力；「韋好善」可指期望群眾多「為」「好」事、「善」事；「蓋忠誠」可指期勉世人常存「忠誠」之心，這些諧音與諧義雙關的姓名，在在都展現出教育群眾、期勉人心向上向善的意圖。而在他們出場的「自報家門」中，也可以看見他們一個個都是遵循陰間法度、效忠陰間共主的忠義之「鬼」，雖然官階不高，但是執掌地獄裡的殺伐生死，權責不可謂不大，然而，他們都還是一致主張「善人到此，即當超度。惡人到此，立即刑罰。奉勸世人堪為善，幽冥地獄無私偏。」，態度嚴正勤謹，幾乎可以成為陽世間所有官吏的典範。

　　說到底，陽世與陰間的官僚結構可說是互為表裡，隨著各朝各代的推移，地獄的官僚組織也會隨著時代略作修改，陽世與陰間官僚雖然行政、治民的工作本質大致相同，但是就整體看來，一樣是官員，給百姓群眾的觀感卻大不相同，就陽世的官員來說，略為勤政又知法守法、居官清廉者，無不被當地百姓視為「青天大老爺」，感恩戴德，但是，人民卻普遍相信陰間執法公正無私，所有的惡人、惡行到了地獄之後，都會遭受應有的報應，陽間與陰間，相互映照，陽間所欠缺的一切，都由陰間補足，當人民對於陽間的司法與執法欠缺信心的時候，陰間官吏的理想典型在普羅大眾的心中也會越加穩固。

人，活著，總需要一點信念，很多陽世間無法伸張的公理，也只能一概託付給陰間司法與執法的官吏了。這也許是生民百姓的一種阿 Q 心態，但是地獄之所以生成，也是千千萬萬人民的共同信念所致，這些大大小小的陰間鬼官，雖形象凶惡可佈，但皆是天下有情眾生的信念所託才有的產物，比起陽間官吏當然更爲可敬可愛。

貳、在地獄中閻王與觀音、佛祖的角色對比──談地獄中的「嚴判」與「恤刑」

前文就曾經敘述過，佛教自印度傳入中國，在唐代之後，藏川所敘的《佛說地藏菩薩發心因緣十王經》（一般簡稱《佛說十王經》或《十王經》）將佛經中有諸多王者掌控地獄的說法加以簡化，而逐漸形成現今流傳地獄由「十王」共主的「地獄十王說」，到了北宋年間《玉曆至寶鈔》一出，更使得十王統領十殿、掌管諸小地獄體制成爲固定說法。在《玉曆至寶鈔》中將十殿閻王定名爲：一殿秦廣王、二殿楚江王、三殿宋帝王、四殿五官王、五殿閻羅王、六殿卞城王、七殿泰山王、八殿都市王、九殿平等王、十殿轉輪王，而本段中所指的「閻羅王」，便是專指「五殿閻羅王」而言。

閻羅王，梵語 Yama-raja，在中國翻譯佛經中有諸多音譯名，常見的如：焰摩、燄摩、閻羅、焰羅…等，其譯義爲「平等」之意，是在漢魏六朝以後，從印度傳入中國的幽冥教主，閻羅王堪稱是陰間的審判長，也是統領幽冥界所有鬼眾的鬼王。在陳登武《從人間世到幽冥界──唐代的法治、社會與國家》中有一段關於閻羅王的敘述：

> 漢魏六朝以來，佛經裡的地獄是個充滿驚悚恐怖，充斥各種無窮酷刑的幽暗世界，是個沒有希望、沒有出路的場域。閻羅王是個永遠沒有人情，不可親近的審判主，它像個永不妥協的酷吏，令人望而生畏。[註24]

在這一段文章的論述當中，閻羅王被形容爲「永不妥協的酷吏」。就眞實的情況而言，地獄不只存在於群眾的共同意念之中，在現實陽世裡也存在著「人間地獄」──指陽間刑求犯人的諸多酷刑，綜觀陽間刑獄：腐刑、劓刑、炮烙、脊杖…都還算是常見的刑求方式，更甚者如人彘之刑，可讓活人生不

〔註24〕陳登武《從人間世到幽冥界──唐代的法治、社會與國家》（台北：五南圖書出版股份有限公司，2006.03），頁339。

如死，而在極刑方面，斬首、車裂、腰斬、凌遲…等，樁樁件件的人間酷刑比起書中描寫的地獄，可謂有過之而無不及，而居中審理案件、動用刑責的官員，往往冷血無情，利用刑求來達到訊問案情、懲戒罪犯的目的，這種官員過分逼求、動輒用刑，甚至枉顧人命，便會被人視為「酷吏」。在陰陽刑獄的對照之下，將閻王視為「酷吏」，說來不甚恰當，畢竟，陽間酷吏在施以重刑、屈打成招的情況之下，不免造成冤獄，以致司法不公，然而這樣的情況在陰間地獄裡並不存在，陰間講求絕對公正、勿枉勿縱，而閻羅王在執法過程中必須堅持冷面無私、不肯輕易妥協的立場，畢竟，五殿閻羅王是象徵陰間法度的絕高代表人物，他威嚴、森冷的形象便是地獄法制的形象，必須全然「依法行事」不容有失。在《泉腔目連救母》第七十二齣〈打森羅〉中有一段五殿閻羅王上場的「自報家門」，清楚呈現出在戲曲舞台上閻羅王的角色形象：

> （化紙）（四足鬼、牛頭、馬面、文武判上）
>
> （文武判白）閻王殿前午門開，牛頭獄卒兩邊排。三更拿人三更到，更不饒人四更來。不是別神，閻君殿前崔判、業鏡。閻君要登森羅殿，整威儀伺候。
>
> （閻君上）
>
> （閻君唱）【西地錦】天上至尊是玉皇，人間最貴是君王。天上人間皆一理，地府閻王獨主張。
>
> （閻王白）人間私語，天聞若雷。為善福蔭，作惡禍隨。〔註25〕吾乃閻羅天子，職掌中央，如土貫五行之表。位居五殿，即信誠四德之中。東西南北盡皈依，天下神鬼皆統屬。生死由我掌握，出入任吾施行。善者無微不錄，惡事些小難逃。正是閻王注定三更死，更不饒人到四更。
>
> （《泉腔目連救母》頁182）

　　在五殿閻羅王出場之前，四足鬼、牛頭、馬面、文判、武判會先以「閻王儀仗」的身分登場，象徵閻羅王莊嚴的形象與尊貴的身分，而五殿閻羅王

〔註25〕龍彼得、施炳華校訂《泉腔目連救母》中，本句有缺，據楊度本補進「天聞若雷。為善福蔭，作惡禍隨」等句。〈泉州傀儡戲藝師楊度抄本·目連救母〉《泉州傳統戲曲叢書·第十一卷》

一登場，他的唱詞與說白就能顯示出他「地獄共主」的身分，雖然地獄共有十王，但是位居五殿的閻羅王明顯是「閻羅天子，職掌中央」，統領陰間鬼神、掌握人間生死。閻王擁有鑒察善惡、執掌生死之權，身分貴重，形象公正無偏，他代表著天、地、人三界間的「絕對正義」，也因此他堅持自己的執法立場，面對任何人情關說、財物賄賂皆不為所動，執著捍衛他所信服的公正真理。這樣的一個凌駕於陰間眾鬼神之上王者，鐵面無私、公正執法、捍衛冥律、徹底執行賞善罰惡便是他的主要任務。

然而，在陰間的審判之中，過分嚴厲可能會「矯枉過正」而導致「滯獄」的情況，有違仁慈之心與公正之情，因此，戲曲舞台上的地獄，也會出現「恤刑」或「雪獄」的情節。在《泉腔目連救母》與《莆仙戲目連救母》的比較之下，雖然五殿閻君森冷無情的形象一致不變，但就整體的地獄審判情節而論，《莆》劇有呈現出「恤刑」的情況，而《泉》劇則偏重於「嚴判」的立場。《莆仙戲目連救母》第三夜下本第二齣〈五殿會審〉中，有下列一段劇情：

> （五殿閻羅王白）鬼卒，將劉氏打了背花。（打畢）上了長枷。
>
> （五殿閻羅王唱）就起解去六殿、六殿，彰公法，盡私恩，讓汝母子，少罄衷情。
>
> （五殿閻羅王白）鬼卒，將劉氏押下鑊湯示眾。
>
> （四王、六王白）住了，劉氏也曾持齋佈施，免伊受鑊湯之苦也罷。
>
> （五殿閻羅王白）功能補過，過不能補功，還是湯鑊示眾。
>
> （四王、六王白）擔待伊夫為善、子行孝，免了這個刑法吧！
>
> （五殿閻羅王白）既然諸位星君勸解，免伊鑊湯之苦。鬼卒，劉氏上了長枷，押往阿鼻地獄而去。

（《莆仙戲目連救母》，頁 164）

在地獄中也有如同陽間法庭「會審」的場面，依理來說，各殿閻君審理各殿地獄的罪犯刑責，已是業務繁重，何以出現四殿、六殿閻君到五殿閻君處，跨越各自權限、一同會審犯人的情景？其實就陽間法庭而論，「會審」的場面，對受審的百姓而言，具有多人審理、多方角度也就多幾分「公正」的意義，展現出人民對司法公正、避免冤獄的期待，然而，在劇中一向公正嚴明的陰司法庭上，出現了「會審」的場景，與其說是為了強調陰司法度的公正性，還不如說是為了展現地獄中「寬嚴相濟」的精神，從劇本看來，四殿、

六殿閻君扮白臉、五殿閻君扮黑臉，一則以嚴，講求「個人造業個人擔」；一則以寬，講求「法理之外亦重人情」，展現出地獄中「恤刑」的仁政風範。一般說來，「恤刑」是爲了避免「滯獄」，雖然地獄中有業鏡、業簿，加上各殿閻君不受賄賂、秉公執法的嚴明態度，造成「冤獄」的機率其實非常低微，只是在判刑的過程中，不免有些輕重、寬嚴的落差，爲了避免地獄中人滿爲患、也爲了體恤所有受刑人的痛苦，在符合天理人情的狀況下，也有閻君希望能爲罪魂略略減輕一些刑責，以避免罪魂爲了刑責過重而滯留在地獄的時間過長，反而使地獄成爲怨恨聚集之地，反而會有損地獄「公正無私」的美譽。因此，雖說陰司法度不容徇私，但是在面臨情與法的兩難之時，還是有衡量的空間和商討的餘地。在《泉腔目連救母》第七十四齣〈觀音雪獄〉中就有一段觀音與閻羅王關於「情」與「法」的拉鋸：

> （觀音唱）【錦衣香】論天心好人爲善，母不肖賴有子賢。褻瀆神明罪深重，兒修善果可解前愆。我奉玉旨來雪獄，情若可矜，宜從寬免。（合唱）吾當權廣行方便，推恩法外，豈有私偏？

> （閻羅王過唱）論天曹王法無偏，律有正條豈可更變？是伊生前自作孽，今來陰府該遭刑憲。重重地獄磨難未遍，若卜輕縱，賣了天曹法典。

> （觀音合唱）吾當權廣行方便，推恩法外，豈有私偏？

> （傅羅卜過唱）叩慈悲昊天罔極，叩閻羅施恩布德。天羅地網脫太嚴密，佛能消災神能解厄。

> （劉氏過唱）是我生前罪惡難消，今來陰府，甘受牢獄。

> （傅羅卜唱）譬做我母自做自當，母子相看做俉捨得。

> （觀音合唱）吾當權廣行方便，推恩法外，豈有私偏？

（《泉腔目連救母》，頁 190）

　　觀音有觀音的悲天憫人之情，閻王有閻王的不容侵犯之法，在面臨目連救母的大孝，與劉世眞爲惡的罪孽，劉世眞該赦？該罰？著實令人爲難，地獄中，觀音、閻王、目連、劉氏，四個人，各自都有各自的立場與說辭，誰是？誰非？最終，只好請來玉皇大帝做最後的定奪，在掂量過情、理、法，權衡了得失之後，玉帝下旨——觀音雪獄、目連全家升天團聚，這是透過至高無上的玉帝、站在客觀的角度所下的判決，如此一來，所有人的立場都能

夠被理解、兼顧，而戲台下守候、觀戲的群眾，在隨著目連遭遇了重重考驗，也跟著劉氏經歷了層層地獄刑責之後，終於等到了一個圓滿的結局。一齣戲之所以廣為流傳，最終仍脫離不了觀眾的「心理期待」，地獄裡的嚴刑峻法是針對為惡之人所提出的警告，至於對大多數的那些純良、至孝與為善之人，還是會希望看到閻君恤刑、觀音雪獄、好人升天、地獄淨空的大團圓結局。

第五節　審罰兼具的最終法庭——地獄

　　地獄，存在於群眾的共同意念之中，必須要普羅大眾的心裡「真正相信」有地獄，地獄才有存在的價值。教育群眾、勸善止惡、傳達教義…都是地獄的附加功能，畢竟，很多事情在現世當中，無法獲得一個符合群眾心理期待的結局，只好透過一個無形的世界，給群眾一點「圓滿的交代」，例如：為惡之人雖在陽間能僥倖逃過法網，但是天網恢恢，在陰間地獄裡，業鏡無惡不顯、業簿無惡不記，人在陽世，不論為善為惡，都不容許被誇大或抵賴，這是人間缺乏的絕對公正，因此，世人將地獄視為最終審判之地，期望人間未明的公理能在地獄裡獲得伸張，正因為人世間有太多不平，而人心善惡難斷，所以在善書與戲曲的舞臺上，一個公平、正義、光明、不徇私情的最終法庭被鮮明地呈現出來，向廣大的觀眾訴說著：所有在陽間無法獲得伸張的公理正義，就盡數託付給那個信念中的「最終法庭」了。然而，反過來說，這樣的陰間形象，相對也顯示出人們「消極的現世觀」，正因為對陽間司法的極度不信任，所以，台下觀戲的群眾，才會如此翹首盼望一個在陽間根本不存在的最終法庭；才會引頸期待在世間無法伸張的公理正義能獲得昭雪。

　　然而，正因為明白群眾對於地獄的心理期待，聰明的傳教者，便懂得利用地獄來傳遞教義；而聰明的治國者，也會懂得利用地獄來統馭人民，王馗在《鬼節超渡與勸善目連》中曾經提出這樣的說法：

> 正所謂「人莫不以天之高遠、鬼神幽隱而有忽心，然天雖高，所鑒甚邇，鬼神雖幽，所臨則顯」的昭彰報應之道。統治者的內心隱憂說出了用神人相表裏進行對現實生活與精神世界的雙重統治政策，其愚民的效果顯然是鮮明的，但也不能步說是飽含智慧的。明有禮樂、幽有鬼神，既是傳統也是統治術，通過畏懼、恐嚇的嚴屬方式，警策人心，借助有形的禮法世界與無形的鬼神世界，將人的現實行

為與精神觀念，一齊收攏在統治者的控制之中。…但「禮不下庶人」
的傳統，也暗示出標準的禮儀在民間社會出現了空白。深諳宗教心
理的統治者也更能在民眾的迷信中，把約束社會的治世理想填充進
來，通過鬼神觀念，把維繫綱常倫理的觀念，灌輸到民眾的心靈中。
〔註26〕

　　統治者當然想要靠著禮樂來統治、教育人民，但「禮不下庶人」是一個
統治者必須認清的現實，當教育無法全面普及的情況下，其實，不下於庶人
的何止禮樂，很多朝廷的條文律法也一樣難為庶人所知，地獄與鬼神之說如
此普遍而盛行，官方、民間都一概重視，又何嘗不是統治者藉由宗教統馭人
民的一種心術，而善書、戲曲舞台，在很多時候也不過是宣揚政令法條、教
育群眾的一種媒介而已。在《墨子‧明鬼下》裡也有一段非常精闢的言論：

　　民之為淫暴寇亂盜賊，以兵刃毒藥水火，退無罪人乎道路率徑，奪
人車馬衣裘以自利者，並作，由此始。是以天下亂，此其故。何以
然也？則皆以疑惑鬼神之有與無之別，不明乎鬼神之能賞賢而罰暴
也。今若使天下之人，皆若信鬼神之能賞賢罰暴也，則夫天下豈亂
哉？〔註27〕

　　對一個統治者而言，鬼神是不是真的能「賞善罰惡」，並不重要，重要的
是要讓天下人都「相信」鬼神能夠賞善罰惡。天下不亂、社會安定，是天下
所有人心中的期盼，在這種共同信念中所創造出來的地獄，便具有約束人心
的效果，而我們也不難發現，地獄中的冥律與現實中的法律其實相去不遠、
地獄中的閻王殿與現實中的衙門大堂其實非常類似、地獄中的審判流程與官
僚結構也無一不與現實世界息息相關，人間世與幽冥界，其實互為表裡、一
體兩面，而目連戲的舞台，其實也是止惡勸善使天下安定的教育講台。除此
之外，不斷將地獄場景搬上戲曲舞台上，是為了使「死後世界」的形象，在
群眾心中更加鮮明穩固，如此強化地獄在百姓心中的印象，其實具有雙重意
義：在日常時期，必須明確使群眾了解鬼界與人界有所區隔，陰陽殊途，地
獄其實是一個確實存在卻無形的空間，生人不可隨意跨越；在非常時期（指
祭典或喪葬期間，在舉辦拔度儀式的時期），卻反而能使鬼、神、地獄等無形
的意念融入人間，當人與鬼存在於同一空間時，所有的儀式才能發揮功用，

〔註26〕 王馗《鬼節超渡與勸善目連》〔台北：國家出版社，2010.02〕頁190～191。
〔註27〕 清‧孫詒讓撰《墨子閒詁》〔台北：中華書局，2001〕頁138。

而當儀式結束、所有亡靈盡數獲得超渡之後，留下來給陽世眾生的便是一個「乾淨」、「平靜」、「安寧」的生活空間。

在目連戲中，戲曲舞台其實具有「溝通陰陽」的功能，相對也使得戲劇不單單只是戲劇，而同時具備了非常多元且重要的意涵。

第三章　閩南入冥救親戲曲的人間形象

從《泉腔目連救母》與《莆仙戲目連救母》中不難發現，劇本中「人間世」所涵蓋的範圍，多半是以「中下階級」的為主體的「基層社會」，對這些人來說，世間多災多苦，磨難不斷，戲曲既成為大眾紓解日常生活壓力的娛樂也是灌輸思想最方便的媒介，正因為如此，劇本所描繪的多半都是日常生活中的「小人物」，這些擁有「小奸小惡」、「小德小善」的普羅大眾，正是國家朝廷與宗教界著力教育、拉攏的對象，而站在群眾心理的角度來看，教育的本身必須起於「同理心」，也就是說，盡可能讓劇中的人物、情節與群眾的生活緊緊結合、息息相關，讓觀眾透過觀戲的經驗，同理、省思自己的生活與心態，審視自己的所做所為，最終形成一種共同的「精神約束力」，達到規範群眾言行的效果。閩南入冥救親戲曲塑造出地獄、人間、天界這三個不同的場域，對廣大的目連戲觀眾而言，上一章所描繪的地獄，是一個嚴明公正的司法審判所；本章所描繪的人間，便是一個充滿苦難的修煉場，人，在陽世間「修煉」，因為修持得不好，才會一世又一世在基層的社會裡打滾輪迴，受盡現實生活的萬般考驗、嚐遍身而為人的種種艱辛，這個戲曲舞台上的「人間世」，充斥著佛教的輪迴思想與果報觀念，既是在勸慰這些社會底層的眾生要在今生努力積德，同時也在為這些人發出哀苦嘆息的悲鳴之聲。

本章將從閩南入冥救親戲曲中的「人間世」，著重探討下列幾個問題：底層社會人物的哀歌、一般群眾的幽暗心理與劉氏代表的女性形象。

第一節 小人物的哀歌

　　所謂的社會，就像一個巨大的金字塔，金字塔頂端的少數人，擁有大多數的資源和財富，而在金字塔底層的多數人，往往必須為了爭奪少數的資源而費盡千辛萬苦，雖然，在佛家的眼中，眾生皆是平等，不論為貧為富，都是在六道中不斷掙扎輪迴的苦眾，但是，就現實生活的情況而論，貧富的差距落在眼前，有些人是殷實富貴的家庭可以無憂無慮、享樂安逸，有些人則是為了衣食溫飽而辛苦奔波，在《泉腔目連救母》與《莆仙戲目連救母》中，這個「人間世」裡，除了傳相一家算得上是「中產階級」之外，其餘在劇中出現的角色，多半是在社會最底層痛苦掙扎的小人物，劇中只要是出現「佈施」的場景，便可以看見這些被統稱為「十類孤貧」〔註1〕的角色人物出現在舞台上：

《莆仙戲目連救母》

齣　　目	人　物	唱詞、唸白
第一夜上本第四齣〈掛榜佈施〉	窮士	（窮士唱）【夜月】腹又飢、又飢，身上衣裳單，頭暈目暗生神散，當初不合貪酒戀煙花，家庭破盡，居只無自何（筆者按：即「沒辦法」之意）拖。　　　　　　　　　　　　（頁22）
	老媽	（老媽唱）年老無依、無依，無女無兼兒，沿街去叫化，叫化無了時。聽聞傳外大佈施，佈施我老人歡喜、歡喜。（頁22）
	少婦	（婦人白）丈夫自幼啞口，妻少紅顏手足瘋。只為衣食難擺布，沿街叫化守貧窮。 （婦人唱）【孝順歌】丈夫啞妾又瘋，無男無女家罄空，提起千行淚，說來心酸疼，多少恓惶，萬望長者救濟貧窮，免受凍餒，恩德萬古不忘。　　　　　　　（頁24）
第一夜上本第五齣〈四真問道〉	老媽	（老媽唱）孤貧苦，年老無主、無主，中年喪夫，求化沿途、沿途，無女無兒、無兒，思量即討啼，兩眼昏迷，世界不知，上不見青天，下不見大地，夜間睡破室，日間淚中途，自古道孤貧百歲不死，受盡磨耐、磨耐。閩安人、安人持齋佈施，功德無量，佈施我老人、老人。願汝曆子子孫孫簪纓濟美、濟美。　　　　　　　　　　　　（頁28）
	孝婦	（孝婦唱）【更子】陳家女李家妻、家妻，為良人身早逝，太姑年老貧如水洗，不期一病身歸泉世，奴單身、單身無親戚，又無大細。萬望安人哀矜周濟，澤及孤嫠，名與造塔齊。　　　　　　　　　　（頁28～29）

〔註1〕 在劉禎校訂《莆仙戲目連救母》第一夜上本第四齣〈掛榜佈施〉（台北：財團法人施合鄭民俗文化基金會，1994.05）頁21中指出這「十類孤貧」乃佛陀命九位羅漢幻化而成，前來試探傳相是否誠心向善，若果真善心就會將傳相引入西天。

| 第二夜上本第八齣〈重掛長幡〉 | 煙花女占梅 | （占梅唱）【金錢花】自怨生命不是、不是，陷在煙花院裏、院裏，秦樓風月非奴意，潛脫身，來到此，免得含垢與忍恥、忍恥。…
（占梅唱）【駐雲飛】…酸淚雙流、雙流，說出待人、待人自含羞。本是良家女，誤落乾婆手。…是奴前世無好修行，今做牆花路柳，願削髮為尼，清規長自守，免得被人作踐呼馬牛、馬牛。　　　　　　　　　　　　　　　　　（頁108～109） |
| | 孤子 | （孤子唱）【孝順歌】念小人家寒貧，不幸雙親喪幽冥，棺衾無所措，情願來賣身。　　　　　　　　　　　　（頁108） |

《泉腔目連救母》

齣　　目	人　物	唱詞、唸白
第三齣〈會緣橋〉	孝婦	（孝婦唱）【青牌令】只為我親姑，命歸黃泉路，夫主過世棺木無看怙，誰知今旦做〔人再〕擺布？ （孝婦白）口實黃連總不甜，苦在心頭誰知機？念阮，陳家女、李氏妻。夫主早年身故。婆婆年老，怙阮奉養，又遇年冬饑荒，不疑婆婆身死，並無棺木、衣服。六親冰散，見說會緣橋傳長者賑濟孤貧，不免進前哀求。　　　　　（頁10）
	乞丐吳小四	（吳小四白）腹中饑，身上寒。面青黃，骨巉岩。腳手破（筆者按：應做「跛」）。…當初不合風流，終日嫖蕩飲酒，家緣破敗剝骨，但得出外哀求。… （吳小四唱）【寡北】我當初，也是富貴人仔兒。只因貪花戀酒，即掠只家緣棄。　　　　　　　　　（頁7）
	乞丐何有聲	（何有聲白）耳又聾，眼昏花。但得前街後巷大聲吼叫哩嗹花。…從幼父母過世，厝內無好兄弟。田園厝宅佔了，掠我趕出鄉里，總是前世作惡，今生罰我青冥。算來只樣身命，天阿，願天乞我早死。　　　　　　　　（頁7）
	老夫少婦	（婦人唱）【孝順歌】丈夫阿（筆者按：應為：「啞」之意），妾又瘋，無男無女家又空。說起目淚滴，思量乜苦痛。背出門來乜樣驚恐，見說長者賑濟貧難。（合唱）但得進前哀求，賑濟饑寒共餓凍。 （傅相白）只一位漢子年老，婦女人少年，怎是乜親？ （婦人白）丈夫自細生來啞，妾身紅顏自小瘋。衣服日食難擺布，念詞唱歌度貧窮。　　　　　（頁11）
	瘋丐	（瘋丐唱）【金錢花】瘋腳落地實惡行，雙手雙腳都不定，見說長者賑孤貧。（合唱）求賑濟，度餘生。得一口，值千金。 （過唱）會緣橋上鬧奔奔，孤貧求濟人紛紛，擺腳腰軟命惡存。 （合唱）求賑濟，度孤貧。有捨施，都不論。　（頁12）

依照兩個劇本中的唱詞和說白來分析，這些「孤貧之人」還可分成三類：

第一類是德行俱佳之人，「賣身葬翁姑的孝婦」、「賣身葬父母的孤子」、「不願墮入煙花的占梅」都屬此類，他們在行為上完全符合儒家傳統所推崇的「孝」

與「節」，但是，現世生活裡，卻依然處於貧窮、飢饉、無以爲繼的困境之中，由此可見，即便今世是一個在儒家傳統中具有優良德行之人，在佛家的因果輪迴裡，他依然必須承受前世所留下來的業果，而註定在此生孤貧以終，所以，「煙花女占梅」認爲，若要脫離此生墮入煙花的困境，惟一的方法便是遁入佛門爲比丘尼，勤加修行，累積功德以創造自己來世的美好榮景。在戲曲舞台上，雖然在推崇傳統儒家「忠」、「孝」、「節」、「義」的同時，也鼓勵群眾依循佛家指示爲善修行，但是在某些方面，我們可以很明顯感受出「爲善修行」凌駕於「品德操守」之上的情況，這其實是一種非常現實的功利思想——再好的品德也無法改變你此生的困境，唯有爲善積德才能創造來世的榮景——也就是說，今生維持良好的品德操守，也不過是創造來世榮景的手段之一而已。但是，不可諱言，這種建立在功利思想上，用來「行銷」佛家修行、爲善的方法，在底層群眾之間確實能夠有效達到「勸善止惡」的目的。

第二類是無關品德操守之人，「老媽」、「少婦」、「瘋丐」、「乞丐何有聲」都屬此類，這些人雖不是節孝之人，但也沒有任何敗德的惡行，而在劇本中，這一類人的另一個特色是：他們都具有身體或精神上的缺陷，如：不孕無後、聾啞、目盲、瘋魔…等狀況，從乞丐何有聲的說白：「總是前世作惡，今生罰我青冥」可知，依據佛家三世因果論的說法，這些身心的病痛都是「前世做來今世受」的業報，無所指摘，但是，這些小人物的凄苦之聲，對台下的戲曲觀眾而言，卻無疑能夠達到「同理」、「勸慰」的功效。對廣大的群眾來說，現實生活並不富裕，每天還得爲了衣食溫飽而忙碌奔波，但是看見這些戲曲舞台上深受病痛折磨而卑微苟活的人，再反觀自己的生活處境，可說是「比上不足，比下有餘」，這種心態一旦產生，群眾對於現階段的生活會比較容易感到滿足，對於國家社會的現實環境自然而然就少了怨懟之情，接著，對於世上這些孤苦無依又身懷病痛之人，也就容易產生慈悲之心，這種心理上的安慰，無形中會紓緩貧富間的衝突，達到穩定社會的功效。

第三類是德行有虧之人，「窮士」、「乞丐何有聲」都屬此類，從《泉腔目連救母》中吳小四的唱白可以知道他原本爲富貴人家子弟，卻因「貪花戀酒」而爲家族所不容，最後淪落到沿街叫唱乞討的下場，像這一類因爲自身德行有虧而招致淪落的人，對觀戲的群眾具有相當程度的警醒作用，正所謂「自作孽，不可活」，一個人若出身富貴，已是前世修來的好福分，今生當你掌握富貴權勢之時，爲善與作惡，這轉念之間的抉擇就更顯重要，因爲，隨著你

手中的資源越多，積德或造孽的業報也越深，而此時若是身在福中，而不知
惜福、加倍植福，反而恣意揮霍所積累的福分，一旦福分用盡，最終承擔受
罪的人依然是自己。我們經常覺得佛家是一個「寄望來世」的宗教，但是，
從這些德行有虧之人的下場便可知曉，佛家最看重的其實是「當下」與「現
世」，畢竟，每一個轉念不過是一瞬之間，一旦淪落，業報很快就會降臨，透
過一生當中前後境遇的強烈對比，警世的意義也更加鮮明。

　　藉由這些社會底層小人物的痛苦哀歌，重重揭示著佛家所要散佈給群眾
的理念，這些建立在因果論與功利思想上的理念，雖不算是盡善盡美，卻也
散發著無限的智慧與慈悲，透過戲曲的舞台，這些理念融入在劇情角色之中，
而不再是枯燥無味的教條，那些活靈活現的詮釋演出，讓每一個角色都像是
群眾日常生活裡的人物一般，更容易引發台下觀眾的共鳴，也會在無形當中
增進群眾對於這些瘝、寡、孤、獨、廢、疾者的悲憫之心，這樣的劇情演出，
既符合儒家所追求的理想境界，也能宣揚佛家為善積福教義，又能穩定社會
人心，可謂是一舉數得。

　　雖然，佛教在經典中一再強調眾生平等的觀念，但是在一般大眾的現實
生活中，卻處處顯露出貧富之間的巨大差異，為了修補這麼大的落差，以避
免普羅大眾因為經濟與利益問題而互相仇視撕裂，進一步造成社會的動盪不
安，在宗教上只好採用「因果論」來教育、撫慰群眾，讓群眾知道：今生禍
福乃前世所修，與其心懷怨懟還不如坦然接受。而為了宣揚、說明這樣的因
果論，在劇本所呈現的「人間世」裡，不只有「九品官人法」，還有「三品分
人法」：

齣目	分級	唱詞、說白
《莆仙戲目連救母》第一夜上本第四齣〈掛榜佈施〉	上品	（窮士唱）【詞】上品人，大比年頭，往赴科場，一舉名登金榜上，受皇恩，食官祿，做官做宰相，〔才阝〕是伊人前世修行燒好香，算起來〔才阝〕是、〔才阝〕是天生地養。（頁24）
	中品	（窮士唱）中品人，金共銀也有滿籠箱，身〔衣角〕綾羅錦衣好衣裳，嘴食好魚好肉共肥羊，〔才阝〕是伊人前世修行燒好香，算起來〔才阝〕是、〔才阝〕是天生地養。（頁24）
	下品	（窮士唱）下品人受窮衰，真個無大量，打辦（筆者按：應做「扮」）一似乞丐模樣，爺爺奶奶沿街叫，〔才阝〕是伊人前世無好香，算起來〔才阝〕是、〔才阝〕是天生地養。（頁25）
《泉腔目連救母》第三齣〈會緣橋〉	上品	（乞丐唱）【駐雲飛】將相公侯，衣紫腰金第一枝。下筆走蛟龍，腹中珠璣吐。嗏，名掛龍虎榜，身入鳳凰樓。盡忠報國，扶佐帝皇都，只是前世修來今生度。（頁12）

中品	（乞丐唱）【駐雲飛】無慮無憂，說是官封萬戶侯。食祿千鍾粟，居有黃金屋。嗏，乘肥馬，衣輕裘。逍遙任優遊。都是前世修來今生受。富貴榮華度百秋。	（頁12）
下品	（乞丐唱）【駐雲飛】多慮多憂，終日街上哀哀求。飢餓實難禁，受苦實餓受。嗏，兩眼珠淚流，只是前世不肯修，生前做來今生當受，算來出世都是一般樣。	（頁12～13）

　　從兩個劇本關於上、中、下品人的敘述比較可以觀察到下列幾個有趣的現象：首先，在劇本中，上品之人所展現的特徵有「下筆走蛟龍，腹中珠璣吐。名掛龍虎榜，身入鳳凰樓。」，顯露出「萬般下品，惟有讀書高」這種的推崇文人、獎勵讀書以求取功名的意圖，傳統社會中，讀書人總會受到群眾的尊崇，而寒窗苦讀、進京赴考，若能一朝得中，魚躍龍門，整個家族也隨之鹹魚翻身，所以在一般窮苦人眼中，得以憑藉一己之力、躋身官場的人，可以說是「前世修行燒好香」才有的善報。第二，在對於上品人的敘述也可以知曉，一個人於今生擁有足夠的才能得以入主官場、有幸為國家奉獻一己之力，乃是前世修行的結果，在佛家因果論的思想裡，微妙地融入了儒家入世濟民的觀念，並藉此教育群眾要以盡忠報效國家為最大榮譽。第三，將「為官之人」推至上品人的高度，藉以反覆向人民宣導，為官之人乃前世修行、積得善果之人，今世所有為官之人乃「奉承天命」，底下的百姓更應該柔順服從才是「順應天命」，這在單純的因果論之中，也摻雜著統治者的「馭民」思想，也想要藉由戲曲舞台來暗示、教導人民應當「順服」的意念，這也無非是統治者的一種心術。第四，相較於中品之人衣食無虞、殷實富貴的生活，上品人更加強調「身分地位」的高貴顯赫，大有權勢重於財富的跡象，只要地位崇高、手握權勢，就能執掌生死、呼風喚雨，權力所帶來的優越感，遠勝於單純生活物質的享受，因此，對於長期受到束縛與控制的平頭百姓而言，官宦人家永遠是上等之人、高不可攀。第五，下品之人，終日飢餓、骨瘦如柴、貧病交加，只得沿街乞討，靠搶食施捨維生，若是遭遇荒年、田地欠收，許多原為良家百姓之人，會因飢餓而逃離家鄉，成為「流民」在鄉野間漂泊四竄，挖啃樹皮草根甚至易子而食，那副景象將猶如地獄中的諸多「餓鬼」於人間重現，慘不忍睹，而佛家的因果論卻將這一切的情景歸咎於「前世不肯修」，彷彿是藉由苟活於社會底層的貧丐、流民來「行銷」佈施、修行、為善積德的觀念，透過人民對於貧苦生活的焦慮恐懼來教導人民，只要修行佈施就能避免在來世墮入這樣淒苦的慘境，這也是一種非常聰明的宣傳手段。

　　社會底層的小人物，最容易感受到「人情如紙張張薄」的世態炎涼之情，在《泉腔目連救母》一劇中，下列這段唱詞，大概是讀來最令人感到「世間無情」的文字，《泉腔目連救母》第三十齣〈開葷〉：

> （流丐唱）【賽北】父母親來也不親，說起父母無恩情。若是仔兒失奉侍，說三語四不安寧。兄弟親來也不親，說起兄弟無恩情。從幼之時是兄弟，長大分物件件爭。老婆親來也不親，說起老婆無恩情。若是丈夫先死了，梳起頭鬢嫁別人。女子親來也不親，說起女子無恩情。飼大嫌父無嫁妝，跳腳頓足不出門。媳婦親來也不親，說起媳婦無恩情。公婆掠伊作親仔，伊掠公婆陌路人。朋友親來也不親，說起朋友無恩情。有酒有肉是兄弟，急難何曾見一人？十不親來十不親，我今奉勸世間人。外人只要人情好，獨自有錢可是親。天那有錢天是親，燒金燒紙也回心。地那有錢地是親，有錢買路任君行。父母有錢也是親，煖衣飽食欣喜興。兄弟有錢也是親，易求田地不相爭。老婆有錢敬夫主，仔兒有錢敬父母。女子有錢欣喜嫁，媳婦有錢不生嗔。朋友有錢甚是親，算來錢是骨肉人。不信但看筵中酒，杯杯先勸有錢人。

（《泉腔目連救母》，頁 52、53）

這是在劉氏開葷的宴席上，從一位流丐的口中所唱出來的唱詞，強烈反應出「金錢至上」的現實功利主義，在缺乏金錢澆灌的殘酷現實底下，親人非親、所愛非愛；而在金銀滿山的富裕之下，卻是人人皆可親、人人皆可愛。現實社會絕對是殘酷的，一個流徙四方的乞丐，在權貴腳下說唱乞食，看筵席之上酒肉滿桌、無下箸處，反觀自身飢餓難耐，任人輕視蹧蹋，對於人情冷暖、世態炎涼，恐怕有著非常切身而深刻的體悟，從流丐口中道出這段「十不親」，諷世意味非常濃厚，表面上是歌頌金錢、貶抑天理人情，但是，這種言過其實的吹捧，畢竟是一個流丐為了乞得銀錢所使用的手段罷了，然而，對於這些手握財富之人的過度吹捧，只會使得聽者對於金錢的慾望更加執著，隨著慾望加劇，行事會逐漸偏離公理正道，貪婪之念過於旺熾，所生成的熊熊慾火，終將帶來災禍、反蝕自身，正所謂「十年河東、十年河西」，只要有朝一日風水輪流轉，富貴成空，也必定是「樹倒猢猻散」。這一段「十不親」，可說是社會底層小人物面對現實殘酷的共同心聲，也同樣在警醒天下所有富貴之人：他人敬你十分，並非因為你的行事為人值得尊敬，他人所敬重

的只不過是你所擁有的金錢罷了，然而，人事無常，今日雖是千金之軀，難保明日不會成為沿街乞討的貧丐，到時候也一樣會遭受眾人的輕視踐踏。面對金錢與人情，身為一個流丐，他看得比誰都清楚透徹，但是，身陷在金錢迷障中的「富貴人家」有多少人可以從慾望之中順利清醒？又有多少人可以體會這段唱詞背後是代表著多少社會底層悲苦人物的沉痛吶喊呢？

第二節　惡人與惡狀折射出一般民眾的陰暗心理

在劇本所呈現的人間世界裡，除了卑微的小人物之外，還有一部分是與「善人」對舉的「惡人」，這些惡人雖然為數並不多，卻也有其意義與代表性。在劇本裡傅相、傅羅卜、益利與銀奴是社會倫理中「純善」的代表性人物，他們彰顯出人性最溫柔、慈悲、寬厚、孝順、忠誠、仁義的一面，但是，人，不可能只有光明的一面，否則，地獄也就失去了存在的必要性，因此，在戲曲情節中必當會出現一些「惡人」，這些惡人的惡形惡狀，折射出一般民眾心理陰暗的一面，「惡念」始終存在於你我的心中，只是大多數人心中的惡念會在法律、道德與是非觀念下，被緊緊封鎖、壓抑，透過戲曲舞台，這些惡人的所作所為會被提出來「演示」，讓台下的群眾思考、反省自己的言行，而這些惡形惡狀都將成為戲曲中「勸善」的「負面教材」。以下分別從《泉腔目連救母》與《莆仙戲目連救母》中，將這些惡人與惡行以表格列出，再進行更深一層的討論（筆者按：劉氏的惡行與罪狀將另闢章節討論，在此不多贅述）：

《泉腔目連救母》

齣　目	人　物	惡　行
第二十一齣〈許豹毆父〉 第二十六齣〈逼父行乞〉	許豹	性好酒，沉迷於淫、賭，不思讀書，罵父、毆父，逼父親撿柴、行乞，將所得銀錢供其花用
第二十三齣〈二惡計議〉 第二十四齣〈騙銀贈銀〉	張楊 秦福	兩人皆喜淫賭、好酒，有時當扒手偷竊財物，並偽裝成道士，假借要修橋，騙取傅羅卜緣金贈銀，又造假銀欺騙傅羅卜換取真銀兩，以供兩人花用

《莆仙戲目連救母》

齣　目	人　物	惡　行
第一夜上本第八齣〈劉假訓子〉 第一夜上本第九齣〈和尙題緣〉 第一夜上本第十齣〈官府公判〉 第一夜上本第十一齣〈劉假鳴鐘〉 第一夜上本第十二齣〈討銀俥店〉 第二夜下本第三齣〈劉假索詐〉	劉假	一、平日靠著放高利貸謀取暴利 二、平日暴力討債，造成鄉民恐慌 三、自己欠債卻恃強不還，躲債賴債 四、任意興訟，誣告王十萬 五、於城隍廟假意鳴鐘、對天發誓，藉以騙取官府信任，強詞奪理，騙取王十萬三十兩 六、放高利貸給鄉民李仰獻，卻暴力討債、砸毀李仰獻店鋪 七、趁親妹妹劉氏過世之時，誣陷傅羅卜不孝，以致劉氏病故，藉此向傅羅卜敲詐、索取金錢
	劉龍保（劉假之子，又稱保哥）	鬥棋、打牌、無所事事，爲街坊間的惡霸，協助父親暴力討債
第一夜下本第三齣〈二棍較議〉 第一夜下本第五齣〈張段募緣〉	張枯有 段以仁	平日裡便行騙鄉里，並僞裝成和尙，假藉要修橋，騙取傅羅卜緣金贈銀，又造假銀欺騙傅羅卜以換取眞銀兩
第一夜下本第六齣〈社令插旗〉	伏婆	開店營生，卻下毒於酒荣當中，殺害過路旅客、謀取財物

　　比較《泉腔目連救母》與，《莆仙戲目連救母》兩本劇本的內容情節，便可發現，《泉腔目連救母》中的「惡人」情節，多半是爲了使劇情能夠順利推演所設計的「附帶情節」，例如：許豹毆父、逼父行乞，最後遭雷神擊斃，是爲了突顯天地神明「鑒察人間」、「即施報應」的功能；而張楊、秦福兩位惡棍，假扮道士向傅羅卜行騙，也只是爲了反襯出傅羅卜純善的本性與樂於佈施的慈悲之心，所以，《泉腔目連救母》中，故事情節向「勸善」的主題明顯聚攏，旁生的枝節較少，對於陽世間「惡行惡狀」的探討不多。相較之下《莆仙戲目連救母》對於惡人的描繪就顯得生動而細緻許多，單單從「劉假」（筆者按：《泉腔目連救母》稱作「劉賈」）這個角色來看，《泉腔目連救母》中關於他的主要情節只有：勸姊姊劉氏開葷與教唆劉氏燒毀拆除齋僧館和會緣橋而已，頂多只是思想觀念上的偏差，並沒有實際「作惡」的犯罪行爲。但是，在《莆仙戲目連救母》中，劉假被塑造成爲一個「鄉里惡霸」，平日裡他以「放高利貸」吸食窮門小戶的血汗錢維生，如果遇到因爲「不合理的利息」而無法償還的債務人，便帶著兒子「保哥」到債務人的居處施以暴力、砸店傷人，

造成鄉里之間的恐慌與怨懟；反之，若是劉假自己欠債，便恃強不還、推託抵賴，還敢惡人先告狀，任意興訟、誣告債主「王十萬」，指鹿爲馬、顛倒是非，令鄉里居民敢怒不敢言；除此之外，還利用自己的親姐姐劉氏過世之際，誣陷外甥傅羅卜謀害母親劉氏，趁機向傅羅卜敲詐銀錢，這種連「血親之喪」都不肯放過機會以斂取財物的惡劣行徑，可說是令人髮指！而且，劉假並非只有一人行惡，還把行惡當成「庭訓」，教導自己的兒子——劉龍保「爲惡」的觀念、方法與手段，讓他的這些惡行可以「代代相傳」。劉假的「惡」，倒不在於殺人放火、殘害生命的「大惡」，而是在於他的諸多「小惡」讓鄉里之間長期陷入一種不安、恐慌的情境中，群眾的情緒不斷累積、無處宣洩，連官府都幾乎無力可管，法律與鄉里間的約束力，對這樣強詞奪理又缺乏道德意識的人，似乎起不了任何作用，而且他還打算讓這樣的惡行在鄉里之間繼續延續下去，這讓長時間受到欺壓的鄉民感到憤怒卻又束手無策，而更加無可奈何的是，這樣的人，在每個鄉里之間都必然存在，這個事實從古至今未曾改變，所以，在民間戲曲中，便將這樣的惡人化做戲中的角色、搬上舞台，而所有台下的群眾鄉民，都瞪大了眼睛「等著看」這種人的最終下場，所以，像這類的「鄉里惡霸」，都會在符合群眾心理的狀態下被「賜死」，而且多半是因爲他的所作所爲「天理不容」，而慘遭報應，被天地神明所責罰，打入地獄、受盡苦刑。不可否認，像這樣類似的情節，不過是爲了協助觀戲的群眾宣洩心裡的不滿，但是這也是戲曲之所以存在的重要功能之一。除此之外，相較於《泉腔目連救母》中，劉賈只是一個「男配角」，到了《莆仙戲目連救母》裡，劉假就搖身一變成爲「反派第一男主角」，不僅戲份加重了很多，還將劉假提升爲「反派」的代表性人物，把許多惡行都加諸在這個角色上，讓劉假與保哥父子的「爲惡造孽」與傅相、羅卜父子的「爲善積德」，在戲曲中成爲明顯的「善惡對舉」，不論在戲份情節與思想主題上都足以分庭抗禮。在戲曲情節上而言，這是一個相當巧妙的安排，讓觀眾可以感受到善與惡這兩股力量在舞台上形成拉鋸戰：傅相在世之時，善的力量高漲鮮明而惡的力量微弱隱晦，但是，隨著傅相過世，惡的力量逐漸抬頭，一直到劉氏與劉假被陰間捕差「緝捕歸案」、暴斃而亡之前，惡勢力都是處於大獲全勝的局面，這樣的劇情結構會提升群眾觀戲時的緊張氣氛，即使觀眾都知道，在這樣的戲裡，惡人的最終下場必定會「打入地獄」、受萬千刑責之苦，但是，卻依然能緊緊抓住群眾的目光、造成觀眾的懸念與期待。

　　至於劉假之外的其他惡人角色，在劇情中的重要性與犯罪的多樣性就遠遠不如劉假，他們的出場也只是因爲劇情的需求，張楊、秦福、張枯有、段以仁，他們其實都是鄉野之間常見的犯罪人物，靠著在鄉里間詐騙錢財維生，是一個如同吸血寄生蟲般生存的人物；許豹這個「不孝子」的存在，是爲了反襯出傅羅卜「孝子」的完美形象，突顯孝道的重要性，而許豹最後慘遭雷劈暴死，也具有警世的功效，並宣揚天地神明的鑒察功能；而伏婆則是存活在現實人世的「母夜叉」，雖然貌若嫦娥，看似美如天仙、妖嬈多情，卻在鄉野間開著「黑店」，專門誘惑過路旅人，一旦上鉤，便搖身一變成爲冷血兇殘的歹徒，下手謀財害命，這種擁有天使面孔、蛇蠍心腸的女性角色，在在提醒著現場的男性觀眾「路邊的野花不要採」，小心採花不成反而賠上性命。

　　存在於每個鄉里之間的惡人，多半不是「罪大惡極」，而是長期地、不斷地以「小惡」欺凌同鄉居民，他們的所作所爲也許不至於嚴重到觸犯法律、被判死刑，卻破壞了鄉里間寧靜和平的生活氣氛，讓同鄉之人苦不堪言，在《莆仙戲目連救母》中，便將這樣的惡人形象藉著「劉假」的角色表現出來，劉假成爲鄉里惡霸的表徵，也「代表」這些惡霸在戲曲舞台上接受天地的制裁，從單純面來看，這無非是演員與鄉民的阿 Q 心態，但是，從另一個角度來講，這也是勸善止惡的生動教材，更代表著公理正義終究會以某種形式彰顯於世間，即使是戲，公理仍舊是公理，正義也會永遠存在，這便也是戲曲爲群眾帶來的積極意義。

　　在《莆仙戲目連救母》中，劉假不僅是爲惡鄉里而已，還存在著「缺乏慈悲心」與對於佛教中人惡意踐踏的情況，《莆仙戲目連救母》第一夜上本第九齣〈和尚題緣〉中便有一段劉假對於比丘題緣佈施的態度：

> （和尚唱）勸人、勸人自爲善，爲善、爲善福壽綿綿；勸人、勸人
> 自持齋，降吉祥，阿彌陀佛、陀佛。
>
> （和尚白）施主有住厝（筆者按：此爲「在家」之意），阿彌陀佛！
>
> （劉假白）何事？
>
> （和尚白）袂瞞的施主，弟子因黃沙渡口橋築未完，盡日造府募緣，
> 尚未得見。今旦偶然在家，此是天緣，望施主大發慈悲喜捨，阿彌
> 陀佛。
>
> （劉假白）黃沙渡口造橋什奈？

（和尚白）只爲連年風波洶湧，淹死無萬（筆者按：應爲「無數」）生靈，弟子特出募緣，求十方施主，全發慈悲。阿彌陀佛！

（劉假白）我要渡，可以搭船過去，何須造橋乞別人行。

（和尚白）袂瞞的施主，可憐往來客商，淹死無數。望乞施主，大發慈悲。

（劉假白）伊輩怀淹死，留在吃貴的人五穀嗎？

（和尚唱）望施主、施主，大發慈悲，修橋做路，是功德處。

（劉假白）提錢乞別人，無什乜好處。

（和尚唱）積善之家慶有餘。

（劉假白）一個也袂出的。

（和尚白）咳吓，施主，橋樑不日便卜成功了。

（和尚唱）有緣則住，無緣則止。

（劉假唱）你去就去，怀去怀救你。（筆者按：意爲「不答應你」）

（徒弟白）有喜捨備喜捨，無喜捨就聽，我師父食七老八老，乞汝挨蹴倒，難道無一個慈悲出頭嗎？

（劉假白）哶，老囉，該帶你身邊。

（和尚白）有緣化不入，枉燒萬柱香。

（徒弟白）師父吓，各人行，一只鄉人呆。

（《莆仙戲目連救母》頁35）

　　一個老師父爲了百姓渡河的安全，四處募緣，希望能造一座橋供旅客往來交通、確保平安，老師父辛苦募款，完全出自一種無私的善心，卻不料遇到劉假，從他們的對話可以得知，劉假是一個「金錢至上」的拜金主義者，他認爲把錢白白奉送他人，對自己來說一點好處也沒有，甚至覺得淹死在河中的無數生靈是「命該如此」，即使存活於世也不過浪費糧食罷了！劉假的此番言論，透露出他將人命視爲螻蟻，甚至刻意輕踐踏伐的態度，從劉假這樣的反應，便可知道，在他腦中根深蒂固的價值觀與佛家「眾生平等」的教義完全背道而馳，劉假的「惡」，並不僅僅是他行爲上對於鄉民的壓榨欺凌，其本源在於他的心中完全缺乏「慈悲」與「善念」，劉假的「惡」是從「心」而

起，這樣的人幾乎沒有「改邪歸正」的「心理條件」。在上述這一段引文當中，我們很明顯可以感受到，劇本中特意將兩個截然不同的角色，放在同一個事件上來作比較，老師父與劉假、慷慨與吝嗇、無私與自私、慈悲與無情，若是以一般的敘述方法，觀眾的感覺也不會這般強烈，就因為兩種人生觀完全不同的人被放在一起，老師父的善更顯得珍貴、劉假的惡更顯得卑劣，觀眾的感受被瞬間加乘，只要稍有良知的觀眾，就會立刻向「善」的一邊靠攏，也會更強烈希望惡人可以受到懲罰，這種利用觀眾心理來「抑惡揚善」的演出手法，可說是相當高明。

另外，在《泉腔目連救母》第三十齣〈開葷〉中，也有一段劉賈（筆者按：即「劉假」）對於「出家人」的評價：

> （金奴白）門外有一尼姑，卜見安人。
>
> （劉賈白）此等尼姑，乃是異類，不忠不孝，削髮而揖君親。遊看好閒異服，逃了租稅，聖賢比之為夷狄，又比為禽獸。當聽其愚惑，空望長生。今日肆為誑言，自行短計。何不令安童召佃戶，各執乾柴，將齋僧館燒燬，會緣橋拆除。

（《泉腔目連救母》頁 53～54）

不可否認，在儒家觀念的浸淫之下，歷代以來，確實有不少人懷抱著「排佛」的思想，例如：唐宋古文八大家之首——韓愈，在其著名的〈諫迎佛骨表〉中也說：「佛本夷狄之人，與中國言語不通，衣服殊制。口不道先王之法言，身不服先王之法行，不知君臣之義、父子之情。」，佛家主張出家修行的觀念，確實與儒家千百年來所強調「君君、臣臣、父父、子子」的忠孝之道大相違背，若像韓愈一樣純粹站在儒家的立場而論，也無怪乎他會認為佛家之人「不知君臣之義、父子之情」，如此看來，劉賈這一番針對出家人的發言也確實不離「聖賢之道」，更是一般具有排佛思想的人常會掛在嘴邊的說詞，自然有他的一番道理，只是，劉假藉著這樣的說詞來教唆姊姊劉氏召集佃戶燒燬齋僧館、拆除會緣橋，最後導致劉氏違誓受懲，這也確實是劉賈的罪過。千百年來，佛家、道家與儒家的勢力，隨著政府的支持與民心的導向之不同，此消彼長、互相牽制，這種拉鋸的感覺，從這一段短短的對話便可見一斑，劉賈之言若從佛家的觀點來看，當然不免被指為「毀僧謗道」、「不敬鬼神」、「猜疑因果報應」，必須「下地獄」以示懲戒。這段唸白真正的意義在於：很多時候，我們對於「善」、「惡」的判定，其實並不是那麼「絕對」，要論斷一

件事情的是非曲直，也會因爲所站的立場不同，而有全然相異的結論。因此，現實的人間，並沒有「純粹」的善人，每個人、每一天，都是在無數善與惡的念頭之間搖擺不定，在戲曲舞台上，只是將群眾心中的善惡之念鮮明、對立地呈現出來而已，藉此提醒廣大的群眾：「莫以善小而不爲，勿以惡小而爲之」，很多時候，只是一瞬轉念，便足以改變一個人的一生。每個人都曾經陷入善惡的拉鋸戰裡，猶豫不決；每個人心中都曾經出現邪惡的念頭；每個人都有陰暗不可見人的一面，戲曲舞台，有的時候就像一面巨大的鏡子，映照出人間百態，不論光明與黑暗，鉅細靡遺、通通眞實呈現，讓台下的觀眾引以爲鑑、反思自身。

第三節　劉氏所代表的女性形象

在傳統社會中，「女性」一直是備受壓抑的角色，千百年來，「在家從父，出嫁從夫，夫死從子」的「三從」觀念，讓女性幾乎都在男性的「掌控」之下生活，在主流社會觀念之下，男性是家族與社會主權的操縱者，也是主要的發言者，在父權至上的理念中，男性要求女性要以「柔順謙和」爲美，甚至高歌著「女子無才便是德」，藉著「愚民」的手段壓制女性意識的成長，以致於傳統社會中的女性縱然肩負著許多責任，卻很少受到相對應的尊重，甚至有被社會與家族「邊緣化」的傾向。在《莆仙戲目連救母》第三夜下本第二齣〈五殿會審〉中，有一段五殿閻羅與劉氏的對手戲，幾乎可以稱得上是父權與女權的激烈攻防戰：

> （劉氏唱）【頌】乞容、乞容訴一聲，念妾、念妾生前有善心，星君憐憫！也曾、也曾服事三寶，也曾、也曾恭敬神明，星君憐憫！也曾、也曾持齋佈施，也曾、也曾賑濟貧民，星君憐憫！星君、星君乞鑒察，超度、超度妾老身。

> （五王白）噯呀劉氏，汝夫主行善昇天，汝兒子修行得道，獨汝惡性不化，造下罪孽，修也由汝，壞也由汝，當初發誓也由汝，今日重重地獄受苦也由汝。

> （劉氏白）大王不提老身的丈夫兒子也就罷了，既知老身丈夫兒子，則老身亦聞佛云：一子成道，九族登天。夫婦、母子，均屬五倫至親，豈不堪受蔭嗎？

（五王白）此言甚是狡辯，瞽叟殺人，皋陶不能因舜而枉法，分明
是汝恃夫與子行善，故敢開葷發誓，若不照汝誓辭發落，是為不知
律法，地獄之罪，必不可免。

（《莆仙戲目連救母》，頁 162）

上述這一段劇本，藉由劉氏與五殿閻羅的激烈辯論，透露出一些值得思考的問題：

第一，所謂的惡業與善果，是否能夠「功過相抵」呢？正如同劉氏所言，曾經有一段時間，劉氏也是一個信仰虔誠、行善佈施的婦人，劉氏的前半生，勢必也積累了許多善果功德，無奈受人煽動慫恿，一朝失足，闖下大禍，功與過之間，閻王所著眼的似乎還是「罪孽」上，認為劉氏既是修行卻「惡性不化」，而不論修行與造孽都是存乎劉氏的「己心」，所以這地獄所有的罪罰也都必須由劉氏一力承擔。

第二，劉氏的罪行，最早起於受人慫恿、違誓開葷，但是仔細審視劇本內容，劉氏是否真的「罪大惡極」呢？而「開葷」真的是一種「罪過」嗎？從因果輪迴的觀點來看，「吃葷」乃是「生命相食」，一條牲畜的性命因為我們都口腹之慾而折損，即便是前世因果造成牠今世為牲為畜、供人宰殺食用，但是，今世我殺了牠，牠因我而死，便又造就來世的因緣，如此一來則「因果不盡」，便會生生世世都在六道中輪迴，難成菩提〔註 2〕，也就是說，開葷純粹只會影響到「個人因果」，若世人並非一心想要成就菩提，開葷並算不上什麼嚴重的罪過，即使連地獄中執刑的小鬼，都對劉氏開葷一事有「法條戒律」上的省思，《泉腔目連救母》第六十七齣〈舂碓地獄〉：

（鬼白）世真食酒肉，今旦着來舂。別人食酒肉，因何不受刑？

（《泉腔目連救母》，頁 168）

如果多數眾人都吃葷，那麼受誘引、一時失足的劉氏，何以獨自一人身受如此沉重的罪刑？甚至連執行刑責的小鬼，都不由得為劉氏受重刑而深感疑惑不平，因此可以判斷，劉氏的罪，倒不在於「開葷」這個行為，而應該在於「違誓」，所以閻王才會斥責劉氏：「汝夫主行善昇天，汝兒子修行得道，獨

〔註 2〕　龍彼得、施炳華校訂《泉腔目連救母》第三十齣〈開葷〉中有尼姑唸白：「勸你莫食口中肥，惡業冤家步步隨。你今食伊伊食你，何能成就佛菩提？」，明確指出「開葷」會造成的「因果循環」，使人難成菩提。（台北：財團法人施合鄭民俗文化基金會，2001.01），頁 54。

汝惡性不化，造下罪孽，修也由汝，壞也由汝，當初發誓也由汝，今日重重地獄受苦也由汝。」，然而對於劉氏而言，她眞正「不服判決」的原因正在於「一子成道，九族登天。夫婦、母子，均屬五倫至親，豈不堪受蔭嗎？」，這「五倫至親卻不堪受蔭」正是身爲傅家之媳、傅相之妻、傅羅卜之母的劉氏最無法理解之處，而劉氏心中最大的疑問卻在《泉腔目連救母》第四十二齣〈掠魂〉中，藉由傅相之口，做了最充分的說明：

> （傅相白）安人壞我祖七世持齋，功德浩大。你不合故違天曹，違誓開葷，敗了我祖七世功德，今旦自作自當，乜話通說？公修公行，婆修婆德。天曹擬定，你獨自受苦，我袂得慰你。

（《泉腔目連救母》，頁75）

當時劉氏剛剛因爲「花園咒誓」而遭受「報應」，被鬼卒拘提離世之際，遇上夫君傅相，從傅相對劉氏的「指責」便可知，對夫家而言，劉氏之罪，罪不在「吃葷」，而在於她發誓、違誓乃是「背夫逆子」，更在於劉氏身爲嫁入傅家的媳婦，卻「毀壞夫家七世功德」，站在傅相的立場，劉氏的行爲對傅家而言乃是「大不敬」，由此可見，在劇本之中加諸於劉氏身上的「罪」，並不單純只是受人慫恿、逞一時口慾的罪過，那是出嫁的婦女在傳統父權社會體制下，違反婦德、背棄女子「三從」戒律，還因此毀壞了夫家功德，才是劉氏造下的「重罪」。站在地獄的觀點，閻羅王以劉氏「違誓」爲由施以懲戒，但是，站在父系社會中一家之主——傅相的觀點，劉氏的「違誓」僅爲表象，她內心「不敬夫家」的想法才是劉氏身爲傅家之媳最大的罪過。

第三，劉氏「花園咒誓」企圖「欺天瞞佛」雖也是她犯下的罪過之一，但是，當我們仔細還原劉氏「花園咒誓」的原因與心理狀態，也是她身爲一位「慈母」的表現，這兩齣戲以「推崇孝道」爲主的戲劇，難道就容不下一位「慈母」犯過嗎？《莆仙戲目連救母》第二夜下本第二齣〈發誓歸陰〉：

> （劉氏白）咳，我今將如何？（想）著了，瓦大半自去發誓、發誓，噯，瓦、瓦，（又怕）今該如何？（回想）是吓，咱實實有這事情，怎可去發誓？轉去□（又不決），噯，瓦、瓦，今將如何？（轉念）是了，瓦既然做了這事，若不發個誓，瓦仔苦心中不能息，還是發誓的好、發誓的好。天吓，劉氏錯了，傅家千百年香火，單傳羅卜瓦仔一身。今日屆這期間，假如苦壞了身體，百年香火，一旦被我劉氏所斬，後日九泉之下，有何面目見夫君？四眞吓，劉四眞吓，

—82—

汝可死久了，怎可聽人搬唆，殺狗做饅頭，冒犯佛戒。咳，瓦、瓦，
如何是好？

（羅卜、益利上）

（羅卜、益利白）姐、安人吓，不可發誓！

（劉氏白）瓦咒誓好、咒誓好。畜生益利吓，汝見過天地三光作證，
劉四眞若有開葷，死去七孔流血，願受十八重地獄重重之苦

（《莆仙戲目連救母》，頁122）

劉氏前番發誓，是在夫君傅相臨終的床前，身爲一個「賢妻」，長久以來，劉
氏始終依循著傅相的意念行事，隨著夫君行善修行，絲毫不敢違拗，但是，
夫君傅相卻始終透露著對於妻子劉氏的不信任，認定自己死後妻子必然開
葷，致使劉氏必須對天發誓，只求讓夫君傅相得以安心而逝。從《莆仙戲目
連救母》第二夜下本第二齣〈發誓歸陰〉可知，劉氏對於「二次咒誓」這件
事情頗爲猶豫，也顯示了劉氏並非「故意」犯下此過，只是，若要當一個傳
家的「賢妻慈母」，她就只能選擇再當一次「罪人」，所以，我們可以看到，
劉氏在發誓之前，心心念念的是她的羅卜孩兒，念茲在茲的是傳家的單傳香
火，所以，她選擇爲自己開葷的所作所爲負起責任，明知發誓是瞞天欺佛的
行爲，卻還是執意爲之。從這樣的角度看來，身爲人妻與人母的劉氏，她的
所作所爲並不應該被全盤否定，雖然她做了錯事、造下罪孽，但她之所以兩
次發誓，也是爲了保全傳統婦女三從的規範，情有可原。然而，再往更深一
層追究起來，或許也正因如此，當劉氏違誓開葷、花園咒誓，代表了她違背
了自己身爲賢妻慈母的德性，破壞了「出嫁從夫」、「夫死從子」的規範，從
「禮法」來看，劉氏更是「罪上加罪」，劉氏的心念並非全盤皆惡，但她的作
爲一個傳統社會中的女性，最後卻選擇欺瞞違背「賢夫孝子」，雖然其心可憫，
在父權社會的意識之下，終將難逃重責。

從以上三個問題的深入討論，我們可以看出在身爲一個傳統婦女在家族
與社會中被「邊緣化」的矛盾。就《泉腔目連救母》與《莆仙戲目連救母》
這兩齣戲劇來說，我們可以明顯感受到在父權社會中，「夫家」對於所嫁婦女
的「娘家」隱約懷抱著排拒與敵意。例如，在王馗的《鬼節超度與勸善目連》
一書中，對於《莆仙戲目連救母》的實際演出情形有以下的觀察：

在劉氏開葷的情節中，劉氏在劉賈的蠱惑下燃起開葷的念頭，此時
舞台左右，出現兩個身披鎧甲、手執鋼鞭的神靈，素神居劉氏一側，
葷神居劉賈一側，當兩人爲開葷展開討論時，兩神也開始鬥爭。劉
氏爲堅持吃素念佛而猶豫不決，素神擊敗葷神；劉氏終於決定開葷，
素神戰敗被趕出場。可以說，姐弟二人的開葷大討論，不單是道理
的爭論、證據的羅列，而是兩個心理、兩種生活方式、善惡兩條道
路的對峙，劉氏矛盾、複雜的心態，通過鬼神的出現和打鬥得到了
體現，情與理，妄想與誓言，夫權投射的心理陰影與世俗生活的召
喚誘惑，在此時的舞台上展開異常激烈的對壘。〔註3〕

在這一場劉賈與劉氏的「開葷大辯論」中，我們可以感受到兩個念頭的不斷
拉扯，透過素神與葷神的激烈對戰，表現出劉氏內心強烈的動搖與猶豫，但
是，正如我們上述的討論，其實「吃葷」本身並不是重罪，真正讓劉氏猶豫
的原因在於：她曾對著已逝的亡夫發過「絕不開葷」的誓言，劉氏害怕的是
在開葷之後將難以杜絕家族與社會的悠悠之口，她在意自己「賢妻慈母」的
身分與名譽，因而在許多行事上備受掣肘，只好不斷壓抑自己內心的欲望。
而讓我們感覺到有趣的是：在這樣兩廂對立的立場中，「夫家」所代表的是「善
良」、「約束」的一方；「娘家」所代表的卻是「罪惡」、「放縱」的一方，如果
說「茹素」與「開葷」所代表的是「兩個家庭不同的生活方式」，我們便不難
了解，這一幕真正所代表的便是「夫家」與「娘家」、「父權」與「婦權」的
對戰。在傳統社會中，對女性的要求便是「出嫁從夫」、「嫁雞隨雞，嫁狗隨
狗」，女性在出嫁之後必須完全遵從夫家的生活模式，她得拋棄原生家庭的生
活習慣，以求完全融入夫家，所以，對於夫家而言，婦女若執意維持娘家的
生活模式是不被允許的。因此，這一幕其實也可以看做是「夫家」對於婦女
「娘家」生活模式的「敵視」，這也是父權社會的一種投射，並不單純是「行
善」與「爲惡」的問題，這一幕所顯示的便是傳統父權社會對於女性所造成
的壓迫，讓女性在生活上、心理上都受到一定程度的限制。但是，非常弔詭
的是，既然女性已「嫁入」夫家，並因此受到種種的約制、被迫放棄原有的
生活模式，但是對於夫家而言，還是不免將「妻子」視爲「異姓人」來看待，
而這個事實可以在《莆仙戲目連救母》第三夜下本第二齣〈五殿會審〉中，
劉氏對閻王的答辯申覆看出端倪，當閻王抬出傅相與羅卜的行善功德來指責

〔註 3〕 王馗《鬼節超度與勸善目連》〔台北：國家出版社，2010.02〕頁 197～198。

劉氏的「惡性難改」時，劉氏便回答：「老身亦聞佛云『一子成道，九族登天』。夫婦、母子，均屬五倫至親，豈不堪受蔭嗎？」（《莆仙戲目連救母》，頁 162），照理來說，「夫婦」可屬五倫當中的至親，傅家累積了「七世行善功德」，可見傅家祖先與傅相修行的功德能夠「福延子孫」，卻無法讓劉氏這位「傅相的妻子」、「傅家的媳婦」也同受這份偉大功德的庇蔭，閻王甚至還指責劉氏：「分明是汝恃夫與子行善，故敢開葷發誓，若不照汝誓辭發落，是為不知律法，地獄之罪，必不可免。」（《莆仙戲目連救母》，頁 162），這明顯是將劉氏摒除在「傅家」之外，具有一種將「人妻」視為「異姓人」的排他歧視之意。更令人感到疑惑的是，在相同的情況之下，傅家功德不足以蔭劉氏，相對卻指責劉氏因「一人之過」毀棄了傅家七世功德，而將重重地獄的殘酷刑責加諸於劉氏身上，也就是說，傅家的功德劉氏沾不上邊，但劉氏卻得孤身一人背負著毀壞夫家功德的重大罪孽，傳統社會中的婦女，就這樣在既不屬於娘家、也不受功於夫家的情況下，被家族社會所「邊緣化」而獨力承擔自己所造下的罪孽。

　　這是傳統婦女在父權社會中「角色」上的矛盾，我們得從另外一個角度來解釋這樣的情況，首先，我們必須了解，在傳統的父權社會中，一個婦女她身為「人妻」與「人母」兩種角色在家族中的地位和價值「完全不同」。傅相的功德無法蔭妻，正因為身為傅相的妻子，劉氏是一個「異姓人」，與傅家並無血緣上的關係，但是，若「人妻」一旦為夫家誕下子嗣，就會立刻「轉變」成為替夫家「延續香火」、立下血汗功勞的「人母」，從家族的角度來說，一個人母的所作所為，就會對夫家的「血脈存續」形成一定程度的影響，因此，傅家的行善功德若無法向下一代延續，便是身為替傅家「傳遞血緣」的劉氏必須一力承擔的罪過。依據這個邏輯而論，身為夫君的傅相無法超度妻子，而必須是繼承「傅家血統」又與劉氏具有「血緣之親」的傅羅卜才有能力超度母親。《泉腔目連救母》第七十四齣〈觀音雪獄〉中即有明言：

　　（觀音白）吾奉旨雪獄，當體天行道。劉世真雖不容輕，但佛語云，
　　一子成佛，九族升天。一子羅卜持齋得道，又兼行孝，可恕伊母前
　　罪。　　　　　　　　　　　　　　　　（《泉腔目連救母》，頁 186）

觀音便是站在劉氏身為「人母」的角度，對閻王發出抗辯之言，認為傅羅卜「持齋得道，又兼行孝」便可以超度其母劉氏。傳統的父權社會極其看重家族血緣，才會產生「不孝有三，無後為大」的觀念，甚至，對一個妻子而言，

若無法成爲人母、無法承擔起延續夫家血脈的重責大任，就符合了古代「七出」的條件，即使被夫家休離，也是咎由自取、萬不可有所怨言。由此可見，身爲一個女子，在傳統的父權社會中，她所背負的壓力、承受的束縛何其之大。

若從人母延續夫家血緣的角度，來探討身爲一個女性的「原罪」，就不得不從地獄中的「血湖」談起。對於「血湖地獄」的定義與功用，在《莆仙戲目連救母》第三夜下本第一齣〈一殿審解〉中有大致的描述：

（目連唱）【頌】到此、到此淚哀哀，爲人、爲人莫作婦人身，生產之時萬千苦，又要在血湖受艱辛。

（目連白）敢問獄主，血湖內許多婦女受苦萬狀，男子亦受此報否？

（獄官白）不干丈夫之事，乃因婦人生產之時，血水污穢地神，又沾污衣裳，向溪河洗滌，致使善男信女不知，誤取水煎茶供奉諸聖。命終之時，該受此苦報。

（《莆仙戲目連救母》，頁 158～159）

女性出嫁後，爲了延續夫家血脈，必當經過懷孕與生產的艱辛過程，閩南有一句老話：「生囝若生贏是雞酒香，生囝若生輸就棺材四塊板」，意指婦女生產乃是生死一瞬的事，若能母子均安，便可享受麻油雞酒進補的照料，若不幸遇到難產，迎接產婦的便是棺材的四塊冷木板了，在醫療技術並不發達的古代，一朝臨產便是生死交關，只能盡靠老天庇祐。婦女生產是延續一族血脈的重要大事，但是，家中的產房卻是讓「男性」避之唯恐不及的地方，追究其根本原因，只因產血與月信經血一樣，是從女性的下體流出，自古便被視爲「污穢不潔」之物，頗爲避忌，生產時若不愼使得「血汙三光」，便是產婦的罪過，死後就必須被押入由「污血」匯集而成的「血湖地獄」受血浸之刑，天下所有婦女都必須爲了這個「延續家族血脈」的重責大任而遭此酷刑，然而血湖地獄官卻說血湖之刑「不干丈夫之事」，由此說來，「產血污三光」似乎成爲傳統社會中「婦女」的「原罪」，而諷刺的是，因血污三光而痛苦產下的一兒半女在傳統觀念底下卻是從父姓、用以延續父親一族的血脈的人。我們暫且不去討論在傳統的社會觀念底下，血湖地獄的存在，究竟是不是符合陰司法度所強調「彰善罰惡」與「公平正義」的原則，單單就佛家慈

悲爲懷的角度來看，佛陀如何忍心看世間婦女爲了生產而遭此酷刑？因此，在宣揚孝道的目連戲中，便出現了試圖爲世間女性「平反」的聲音，也就是所謂的「劉氏訴血湖」：

	《泉腔目連救母》第六十五齣〈訴血湖〉	《莆仙戲目連救母》第三夜下本第一齣〈一殿審解〉
獄官指控婦女的罪狀	（三殿地獄官白）婦人血水污三光，聚作平湖水渺茫。今在血湖池上過，淹浸漂流在此中。 （劉世真白）老爺，容奴婢分訴，血水污三光，婦人不得已。以此為罪，陰司何責人太甚？ （三殿地獄官白）休得強辯。夜叉，將劉世真揀落血湖去。 （劉世真白）老爺，血水污三光。婦人甚於不得已。大人當初也在血水中而出，伏乞諒情。 （三殿地獄官白）血水污三光，婦人不得已也是。你違誓開葷，也是不得已？陰司法度匪清。身有惡法，不以為污，心有惡血，最為可惡。夜叉，將劉世真揀落血湖去。 （劉世真白）老爺容寬片時，榮奴婢將血水污三光原因，訴乞老爺知詳細。 （三殿地獄官白）說那通，饒你刑罰。	（獄官白）劉氏押過來。劉氏，汝違誓開葷，血水污穢三光，該得何罪？ （劉氏白）唉爺吓，違誓開葷，是妾之過。血水污穢三光，乃婦人所不得已，望筆下超生。 （獄官白）雖是婦人不得已，只是可已而不已，亦罪有應得。鬼卒，又下血湖。 （劉氏白）望爺寬容片時，容四真訴得明白，然後受刑。 （獄官白）也罷。暫寬汝片時，若訴得有理，赦汝刑法。鬼卒，將劉氏又在血湖淺處，容伊訴來。
劉氏的訴血湖的內容	（劉世真白）人生莫作婦人身，若做婦人受苦辛。一月懷胎如白露，二月懷胎桃花形。三月懷胎成人形，四月懷胎形相全。五月懷胎分男女，六月懷胎毛髮生。七月懷胎左手動，八月懷胎右手伸。九月懷胎兒身轉，十月懷胎兒已成。腹滿將臨分娩日，痛得冷汗水般淋。口中喫得青絲髮，污水脫下血盈盈。這是十月懷胎苦，為子當思報母恩。 （三殿地獄官白）三年乳哺恩情，也說來聽。 （劉世真白）生兒痛似心上肉，愛子勝似掌中珠。一日吃娘十次乳，十日百次未為憑。衣裳裏盡屎共尿，日日洗淨要更新。兒若生瘡娘一樣，手難動，腳難行。兒若睡時娘不睡，心心又怕我兒醒。左邊濕了娘自睡，右邊乾處與兒眠。若是兩邊都濕了，抱到胸前到天明。這是三年乳哺苦，為子當思報母恩。	（劉氏唱）【詞】人生莫作婦人身，做過婦人受艱辛。未有子時朝朝望、朝朝望，看看受喜未為憑。一月懷胎如露水、露水，二月懷胎桃花形，三月懷胎成筋骨、筋骨，四月懷胎形貌成，五月懷胎分男女、男女，六月懷胎毛髮生，七月懷胎左手動、八月懷胎右手伸，九月懷胎兒三轉、三轉，十月懷胎結子成。腹痛臨盆分娩日、分娩日，疼得冷汗水般流。污衣洗下血滿地、滿地，產得兒子值千金。三朝五日尚欠乳、欠乳，僱個奶媽要殷勤。一日吃娘十次乳、十次乳，十日百次尚頻頻。衣裳包兒污了糞、污了糞，時時洗濯要乾淨。日間苦楚擔過了、擔過了，夜間苦楚越加深。兒睡濃時娘不睡、不睡，念念恐兒不安眠。左邊濕了娘來睡、來睡，右邊乾處安兒身，若是兩邊都濕透、溼透，兒安腹上至天明。這是乳哺三年苦、三年苦，養子方知父母恩。萬苦千辛說不盡、不盡，人生莫作婦人身。

劉氏訴血湖後的結果	（三殿地獄官唱）【短命】聽訴原因，不由我珠淚盈。論為人子，此身從何所生？母恩實難並，懷胎乳哺不安寧。	（獄官唱）【中闊】聽說養兒如此艱辛，感慨、感慨動了人。父母恩波重，為人子當存孝心。
	（合唱）只苦情，人人須聽，修齋薦拔略報恩情。	（劉氏唱）【中闊】伏望恩官，俯予憐憫，救宥賤妾罪名，免受二獄刑。
	（劉世真白）老爺有哀矜之念，伏乞超生，	（獄官白）訴得有理，免加刑法。鬼卒，將劉氏解往前殿。
	（三殿地獄官白）血湖之難，婦人不得已。違誓開葷，是何不得已？罪宜從輕，饒你刑罰，解往前殿。	
	（《泉腔目連救母》，頁164～166）	（《莆仙戲目連救母》，頁157～158）

　　劉氏因違誓開葷、欺天瞞佛、毀壞夫家七世功德而墮入地獄，受盡折磨，在受過重重苦刑之後，被押解來到血湖地獄，當她親眼目睹血湖地獄的刑罰之後，身為人妻與人母的劉氏，於此哀哀述說自己懷胎、生產、育兒的種種艱辛。端看上述文字，劉氏說來如泣如訴，感人至深，世間所有婦人，只要曾經身為一個母親，都曾走過十月懷胎、一朝臨產到三年乳血哺育的艱辛歷程，她們含辛茹苦，養子成人，為的是延續夫家血脈，然而，卻必須因為無心之過而遭此酷刑，劉氏聲聲喊冤，一字一血淚，字字都是身為人母的勞苦心酸，句句都在提醒身為兒女之人，應當恪盡孝道以報親恩。若天下婦人只因血污三光而在死後俱受血湖之刑，而理應行孝報恩的傅羅卜，卻因行孝（此為人子之應為）而被稱頌為「功德浩大」，受封大目犍連，兩廂對比之下，便可知曉，在傳統父權社會中，婦女所背負的責任之重與生產的原罪之苦。那些在血湖中載浮載沉的魂魄，是天下所有慈母的集體縮影，這樣的畫面，令人想來，萬分痛惜，劉氏並非真正窮凶惡極之人，她站在血湖旁娓娓泣訴的身影，足以讓天下人為之哀憐不已。也許，正是因為「血湖地獄」的存在，有損中華文化數千年來推崇孝道的理念，所以在民間廣為流傳的善書——《玉曆至寶鈔》中，對於「血湖」的定義與施刑的原則做了相當程度的修改：

> 血汙池，設置殿後之左，陽世誤聞道姑所說，皆因婦人生產有罪，死後入此汙池。謬之甚矣。凡坤道生育，係屬應有之事，即難產而暴亡者，均不罪其屍鬼污穢，發入此池。如有生產未過二十日，輒即身近井竈，洗滌衣襖，曬晾高處者，其罪應歸家長三分，本婦罪坐七分。設此汙池，無論男女，凡在陽世，不顧神前佛後，不忌日辰，如五月十四、十五，八月初三、十三，十月初十，此四日，男婦犯禁交媾，除神降惡疾暴亡，受過諸獄苦後，永浸其池，不得出

頭。及男婦而好宰殺，血濺廚竈神佛廟堂經典書章字紙，一切祭祀
器皿之上者，受過別惡諸獄苦後，解到浸入此池，亦不得輕易出頭。
陽世能有親屬立願，代爲戒殺買命，數足之日，齋供佛神，禮拜血
汙經懺，方可超脫其苦。〔註4〕

　　根據《玉曆至寶鈔》所言，血湖不再是產婦受刑之處，並認爲「因婦人
生產有罪，死後入此污池」的說法乃是「陽世誤聞道姑所說」，還認定「產血
污三光」是一種嚴重錯誤的荒謬言論，即使不小心讓沾染污血的衣褲曝曬於
外、得見天地，也是照顧產婦的家人之過，不應全然歸罪於產婦。所以，「血
汙池」的存在，一則是爲了懲罰世間男女在不應行房之日「犯禁交媾」；二則
是爲了懲罰世間男女將宰殺牲畜的污血染及神聖珍貴的經書字紙和祭祀器皿
的「不敬神佛」之罪，藉由對血湖定義的修改，那千千萬萬在世間歷經生兒
育女之苦的婦人從此「沉冤得雪」。在戲曲舞台上，「劉氏訴血湖」是非常動
人的一幕，這一幕深刻剖析了「血湖地獄」的不合理之處，既沒有批評指責
父權社會觀念上的謬誤，也沒有歇斯底里的喊冤叫罵，反而用一種溫和求饒
的態度與娓娓道來的方式，試圖爲天下女性平反，並爲「目連入冥救母」的
行爲立下強而有力的理由，更加堅定了目連身爲一個「孝子」的光明形象與
行孝救母的積極作爲，以藉機向台下所有觀眾宣揚孝道的理念，將儒家恪盡
孝道的行爲與佛家救苦於倒懸的慈悲胸懷充分融合，成就了這感人至深也深
具教育意義的一幕好戲。

　　劉氏這個身兼人姐、人妻與人母角色，以非常豐富鮮明的形象，具體展
現出天下所有婦女身處於傳統父權社會的觀念之下的矛盾、壓抑、勞苦、辛
酸與委屈，劉氏只是一個「人」而不是「聖人」，人有過失在所難免，這並無
損於她身爲一個慈母的光輝形象，她爲她的過失在重重地獄裡付出了慘痛的
代價，卻也在在彰顯出她身爲一個女性在父權社會中求生存的辛酸與無奈。

第四節　苦難眾生的修煉場——人間

　　「人間世」爲眾生生活的現實場域，從販夫走卒到帝王將相，都有屬於
自己的因果業報，在《泉腔目連救母》與《莆仙戲目連救母》中，這個殘酷

〔註4〕關於《玉曆至寶鈔》一書的作者、年代、流傳、內容與價值的相關研究，請
　　　參見蕭登福《道佛十王地獄說》（台北：新文豐出版股份有限公司，1996.09），
　　　頁 445～446。

現實的人間，猶如天下苦難眾生的修煉場，每一個磨難都是對人的考驗，每一個考驗都是修行的契機，眾生在現實世界裡生活，每一天都是一種修行，從這樣的角度來看，今生當下所受的辛苦，都只是一個歷程，能在歷程中有所領悟，才是今生今世生而爲人的積極價值。

《泉腔目連救母》與《莆仙戲目連救母》劇本中的人間世，刻意彰顯社會底層小人物的生活，這些小人物的悲歡喜樂也是台下觀眾群的悲歡喜樂，每一個小人物──即便是一個乞丐──的發言，都具有警策人心的智慧與積極勸世的功用，清代俞樾在〈余蓮村勸善雜劇序〉中有這樣一段話：

> 天下之物，最易動人耳目者，最易入人之心，是故老師鉅儒坐皋比而講學，不如里巷歌謠之感人深也；官府教令張布於通衢，不如院本平話之移人速也。君子觀於此，可以得化民成俗之道矣。〔註5〕

透過戲曲的舞台搬演現實苦難的人生，這些「動人耳目」的角色與劇情，容易讓台下觀眾產生巨大的共鳴，在人同此境、心同此理的狀態下，不論是宣達宗教思想、教導倫常觀念或是勸慰社會民心，都容易達到最佳功效。若說「地獄」是一個由人心意念虛構而成的世界，人間場域便是你我日日生活其中的現實環境，現實環境中有男有女、有善有惡，光明與黑暗交錯混雜，許多人不敢爲惡，並不代表他心中沒有惡念，因此戲曲舞台上的惡人惡行便是人心陰暗面的具體投射，市井小民不敢爲、不願爲之惡，戲曲舞台上的角色都幫你「演」了出來，最終，惡人被「賜死」，在台下觀眾額首稱快而大呼過癮之餘，殊不知，這相對也是將群眾心中的種種惡念「賜死」並銷毀於無形。舞台上的惡，是人心中的惡，舞台上虛擬的劇情，表現出來的卻是人性中最最眞實的一面，雖然我們常說「演戲的是瘋子，看戲的是傻子」，但是，演員與觀眾既不是瘋子也並非傻子，就舞臺上搬演現實人生的諸多情節來看，演員是洞悉現實人情的高手，觀眾則是在虛擬中看見眞相的明眼人，這並非是謬讚之詞。戲曲舞台，不論是台上或台下，都是人心種種意念的匯集之所，喜怒哀樂、貪嗔痴怨、愛恨離愁…，千頭萬緒，這些在現實生活中流動產出的無形意念，透過演出的形式化做實際的作爲，戲曲舞台本就是具體而微的人間縮影，舞台上的劉賈匯集了鄉野間的小奸小惡，劉氏則成爲天下女性的形象代表與公開發言人，劉氏被邊緣化的矛盾處境，是傳統社會裡每一位女性的處境，在現實的生活環境裡不僅男性會壓抑女性，女性更會爲難

〔註 5〕 清・俞樾《春在堂雜文續編三》，同治五年春在堂叢書本，頁 22b。

女性，母親教育女兒、婆婆管教媳婦，「女誡」、「女範」、「三從四德」…，所有約制女性的思想，往往是由女性長輩一代一代灌輸流傳下來，不可諱言，女性自身確實是壓抑女性意識的最大推手。然而，戲曲舞台上的劉氏不僅背棄了「女子唯夫命是從」的教條，反將傳統婦女在夫家生活的矛盾、辛酸與痛苦表現得淋漓盡致，她在善惡之中的猶豫難斷與訴血湖時的聲聲血淚，在在擊中了女性意識的核心，這樣的劉氏卻在地獄裡受盡苦刑煎熬，也令天下女性皆為之一掬同情之淚。對於傅相的善與傅羅卜的孝，許多學者都曾經專文討論，將他們父子二人塑造成結合儒家倫理與佛家修行的最佳楷模，而筆者則試圖為劉氏發出一點辯駁之聲，將傳統女性「在夾縫中求生存」的艱辛立場做一點表白與揭露。

第四章 閩南入冥救親戲曲的神佛形象

　　從地獄、人間到天界，在介紹過了陰司審判與人間苦難之後，所謂「三界場域」的說明，來到了眾神居住的樂土、也是凡人所嚮往的死後世界——天界。在《泉腔目連救母》與《莆仙戲目連救母》的劇本中，出現了許多關於天界與眾神的描繪，從下列的表格，可以很清楚地看出《泉腔目連救母》與《莆仙戲目連救母》中，兼容佛教與道教神祇，對於諸神的稱謂有些微的差異，而以眾神的職司、管轄範圍與位階而論，亦可粗略將其分為幾個層級。就佛教而言可分為：一、釋迦牟尼佛，二、諸位菩薩，三、「羅漢」級具有神通力的修行者，四、傳達、執行佛旨的護法，五、監齋的監神，六、遵奉佛旨的精魔。就道教來說，是以諸神的「職司」與「所轄範圍」來分列其層級：一、統領天地眾神的「玉皇大帝」，二、主理三界賜福、赦罪、解厄的「三官」，三、傳達、執行玉旨的駕前護法，四、執掌天地間自然現象的「龍王」與「雷公、電母、風伯、雨師」，五、管轄一方之地的「城隍」、「土地」、「社令」，六、守護傳家的「門丞」、「鍾馗」、「灶君、灶媽」、「傳家土地」。但是，縱使表面上佛、道兩教的神祇看似分開列舉，然而，實際上卻有宗教合流的情況，雖然依據宗教與階級層層分列，卻又在工作的內容與精神上保有相同的目標和原則，顯示出在民間實際上具有「混合宗教」的現象。

佛 教		道 教	
《泉腔目連救母》	《莆仙戲目連救母》	《泉腔目連救母》	《莆仙戲目連救母》
釋迦文佛	世尊	玉皇大帝	玉皇大帝
觀音菩薩 勢至菩薩	觀世音菩薩 地藏王菩薩	三官	天官、地官、水官

寒山 拾得	降龍、伏虎共九位羅漢	趙元帥、康元帥、溫元帥、馬元帥（四關將） 王靈官 金童、玉女	龍軍、虎軍 馬元帥、康元帥、溫元帥、趙元帥 金童、玉女 天使
善才、良女 魔家四大將 黃眉童子	善財童子	南海龍王、西海龍王 雷公、母、風伯、雨師	電母、雷公
	監神	追陽縣城隍	王舍城城隍、城隍廟鐘神 王舍城土地 社令
黑虎王 白猿		傅家土地公 竈君 門丞 鍾馗 傅家三官殿前隨班真人	灶公 灶媽 門丞 鍾馗 傅家後花園土地

　　但是，由於劇本中「天界」場景的描繪並不如地獄場景般豐富細緻，因此，本章的內容將著重於討論諸神所展現出來的人物形象、介紹其職司與這些神佛出現在戲劇中所彰顯的意義。

第一節　青天不可欺——眾神的鑒察功能

　　在《泉腔目連救母》與《莆仙戲目連救母》這類的宗教戲劇中，免不了會出現「眾神齊聚」的場景，在《泉腔目連救母》是：第五齣《三官奏》、第四十九齣〈四海賀壽〉；在《莆仙戲目連救母》是：第一夜上本第十三齣〈三官奏帝〉和第二夜上本第九齣〈三神奏帝〉。就《泉腔目連救母》而言，對於道教眾神所在的「天界」描繪不多，倒是對於觀音化身之處——南海普陀山——有較爲細緻的描繪。《泉腔目連救母》第四十九齣〈四海賀壽〉中，南海龍王敍述：

> 海上有四山，東海滄浪山，西海蓬萊山，北海方丈山，南海普陀山。…普陀山天生成羅漢臺閣。海水潮來之時，如鐘鼓之聲。潮退之時，有一池名曰億絲池，…只池極深，着一億絲放落去，即得到底。魚龍出沒，變化多端。有此勝概，觀音佛即來只處化身。
>
> 　　　　　　　　　　　　　（《泉腔目連救母》頁 85）

　　據南海龍王的說法，四海之中有四座仙山，其中因爲南海的普陀山上有自然生成的羅漢勝景，而成爲觀音菩薩化身落腳之處，而且，在潮退之後還有名爲「億絲池」的奇特景觀，也正因爲觀音菩薩的普陀山地處於南海，所以祂的壽辰就由「南海龍王」廣邀其他龍王與海中水族齊聚賀壽，在一同前往普陀山賀壽之前，四海龍王一邊把酒言歡，一邊討論起該爲「持齋」的觀音菩薩準備何種素菜當壽筵的料理、以及該置辦什麼禮物當做壽禮，儼然是一副「四海昇平」、輕鬆怡然的景象。就觀音菩薩這個主人而言，祂所認知的「普陀境」是個「長空萬里浮雲靜，月落婆娑慈悲影。萬劫身潭水澄清，朝陽掩映菩提境。春花羅綺鳳來儀，海島祥光瑞氣呈。」的寶地（頁 87～88），這座與世隔絕的仙島，四時都充滿繁花，朝來長空萬里，夜來月照靜海、光影婆娑，而四海龍王來到這普陀仙境時，看到的是「優砵花開，香透十方世界。菩提樹影，長遮百萬人家。」（頁 88）和「香噴金爐靄靄，壽筵佳麗堪誇，老雀聽經，神龍聽法，鶯哥點化。」（頁 88），在這個仙境裡，處處花香、爐煙裊裊，在壽筵上更是佳麗如雲，花是優砵花、樹有菩提樹，不只是神龍，就連老雀與鶯哥都深受佛法的感沐，這裡是一個祥和寧靜的淨土，更是觀音菩薩與諸多羅漢、護法持齋修行的聖地。在劇本中對於「普陀山」的地理位置與環境略有著墨，相較之下，對於「天界」的描寫就顯得曖昧模糊許多，只知天界是玉皇大帝與眾神居住、辦公之所，祥雲繚繞，四周都有天神將軍嚴加守護，相較於普陀山的隱蔽幽靜，天界感覺較爲肅穆尊貴，若說普陀山是一座海外仙島，天界則像皇城重地，若非功德圓滿的善人不得擅入，雖然戲文中常說：到了天界可以「永享快樂」，卻沒有具體說明在天界生活是如何讓人感到快樂，相較於地獄場景的豐富精緻，一般群眾對於天界的認知較爲籠統，也充滿了尊榮神秘的氛圍。

　　雖然劇本對於「天界仙境」場景的敘述較少，但是倒出現了諸多對於佛教與道教神祇的描繪，這些眾神的身分、職司、能力各有不同，位階或管轄範圍也有所差異，然而祂們主要的工作內容依然是建立在「鑒察人間善惡」這個原則上。

壹、佛教諸神

一、釋迦牟尼佛

　　《泉腔目連救母》與《莆仙戲目連救母》中所言的「釋迦文佛」與「世尊」，基本上是指「釋迦牟尼」，民間習稱他爲「佛祖」或「如來佛」，祂是佛

教創始人，姓喬答摩，名悉達多，「釋迦」是種族名，而「牟尼」則是尊稱，爲「聖人」之意，所以簡單來說，釋迦牟尼的語意即爲「釋迦族的聖人」，是普天下的佛教徒對於這位佛教創始人的尊稱。在劇本中，釋迦牟尼佛住在「西天之境」，那裡感覺既非天界也非人間，反而像是一個遠離塵世的修行之所，就如同《泉腔目連救母》第六十四齣〈見大佛〉中所說，那是一個「凡人難到」的靈臺聖地，像傅羅卜一樣的肉身凡人，必須經歷千般考驗、行過萬里苦程，最後必須捨棄肉身、脫去凡胎才能到達的「西天極樂之地」。而以下表格便是兩本劇中有「釋迦牟尼佛」出場的齣目、說白與唱詞：

《泉腔目連救母》		《莆仙戲目連救母》	
釋迦文佛		世　尊	
齣　目	唱詞與說白	齣　目	唱詞與說白
第六十四齣〈見大佛〉頁161～163	（釋迦文佛唱）【拋盛】天意垂憐孝子兒，佛目普照四華夷。孝子奔馳十萬八千里，脫化凡身，入地升天池。 （釋迦文佛白）沙門即聖門，釋道同儒道。升天自有門，善人終須到。吾乃釋迦文佛，昔日參禪得道，化身為佛，居極樂之國，據世尊之位。超度眾生，覺悟真機，一點佛光，普照十方世界。法眼觀見，孝子傅羅卜，挑經、母到此參禪。此子被觀音佛點化成道，又羅漢緣分。待到時，當指點超度伊母，同升天界。… （傅羅卜白）啟我佛，弟子夜來坐定禪林，神花煥采，照見父在天堂逍遙快樂，母在地獄千般苦楚。要救母之便，少送為人子之情。 （釋迦文佛白）百行莫先於孝，五倫最重於親。既欲救母，重重地獄，有難處入，我賜你袈裟、錫杖、芒鞋。錫杖舉起，上指天文，則星移斗轉，下敲地獄，則鎖落門開。芒鞋穿起，舉步騰雲，竟入重重地府，飛身駕霧，何愁萬里千山？你先去閻羅處掛號，說是我弟子，伊不敢不聽。後令觀音前去雪獄，自然超度你母。即時起身。	第一夜上本第二齣〈世尊降旨〉頁16～17	（世尊唱）【海會】金蓮座上，三界獨稱尊，稱尊；雪山煉性，苦行多年，不二門，二門。天花亂墜，寶爐香、爐香氤氳；南無香雲界，菩薩摩訶薩、訶薩。 （世尊白）慈悲世尊是，法眼觀見王舍城傅相一門為善，廣修因果，現今崇建無遮大會，賑施沙河餓鬼，功滿乾坤。誠恐六根未滅，五蘊不空，難成正果，吾必須遣地藏王菩薩，降下凡間，指點迷津，使伊立身悟道，然後命十八尊者化作十類孤貧，試察傅相，果心向善，後接西方來消遙快樂，方顯報應無差。

| | | 第三夜下本
第四齣
〈受法賜燈〉
頁172～173 | （諸佛護世尊上）
（世尊唱）【曼】一榻坐臨西天境，長空萬里浮雲清。
（目連上）（目連唱）【皂羅袍】一路心緊似箭，且喜行到西天境。感謝我佛相指點，阿鼻地獄見母面，奉飯濟飢，法水洗眼明，鬼卒押解，母子又分襟，因此再投我佛乞救拯。
（目連白）我佛稽首稽首。
（世尊唱）俯仰人生天地間，似汝孝順實是罕，汝母生前有誓願，天曹注定地獄受難。
（世尊白）吾本來即想賜令堂超生，祇為「天將降大任於世人，必先苦其心志，勞其筋骨，餓其體膚」。致使汝歷遍地獄，方成大孝。如今賜汝佛燈一盞，能照十八重地獄。法恭，佛燈提來。
（法恭白）吓！（下取燈上）
（世尊唱）賜汝佛燈，不比等閒，照開黑獄，光輝燦爛，此行救母，料也不難。
（目連白）敢問我佛，此燈何處有之？
（世尊白）明州天堂山，簡州元光觀，成都成丁山，皆有此佛燈，風吹不滅，雨打不熄。此燈掛在身上，能破十八重地獄，汝到十殿轉輪王處，便知汝母親下落。要遂百年人子願。
（目連白）全丈佛前一盞燈。 |
| | | 第三夜下本
第十二齣
〈合家團圓〉
頁189 | （世尊白）目連弟子
（世尊唱）【催迫】汝為母、為母棄俗離鄉井，往西天跋涉艱辛，我見你堪稱至孝，永賜汝芒鞋、錫杖護身，心澄性定，果滿功成。 |

　　根據敘述，在「釋迦牟尼」這一部份有以下幾點值得細細討論：

　　第一，儒釋兩家兼容並蓄：佛教提倡「出家」修行，這種遠離家人斷絕俗世緣份的修行方式，都跟以「儒家思想」為主流的社會意識相互違背，出家人只顧及自身修行、以求「早登極樂」，反將父母拋之腦後而不願承歡膝下，甚至禁阻男女情慾，導致家族血緣斷絕…等行徑，都被重視五倫、提倡孝道的儒家衛道人士視為「大不孝」的自私行為。而歷代之中，批評指責出家人只靠化緣不事生產、不繳糧納稅並拒絕從軍、不跪帝王官員、不受世俗規範限制…等言論也層出不窮，不可諱言，就佛教的角度立場來說，許多宗教觀

念與修行法則，確實與儒家思想和傳統社會秩序相互衝突，正因爲如此，佛教在傳入中國本土之後，一直朝著「中國化」的目標邁進，不斷發展出各式在家修行的法門，甚至協助儒家推廣五倫孝道，企圖讓佛教思想也和儒家思想一樣，融入到群眾的人生觀念、日常行爲與生活習慣之中。因此我們可以看見在劇本中身爲佛教創始人的「釋迦牟尼佛」也說出了「沙門即聖門，釋道同儒道」和「百行莫先於孝，五倫最重於親」（《泉腔目連救母》頁161～163）這樣的話，而不只是「釋迦牟尼佛」，連「觀世音菩薩」都在《泉腔目連救母》第四十九齣〈四海賀壽〉中有以下的演出台詞：

（觀音菩薩白）哀哀父母，生阮劬勞。今旦是阮壽生日子，豈可忘父母所生之日？眾弟子，隨阮望北拜四拜，謝我父母養育深恩。（各拜）

（觀音菩薩唱）【銀瓶兒】想人生，養育有父母，俺通忘劬勞，念此身罔極深恩，終身難補報。佛骨列仙班，佛號註天曹，今旦壽生齊慶賀。

（頁87～88）

觀音生辰、眾神賀壽，對天下佛教徒而言，觀音聖誕是個重要神聖的日子，而觀音菩薩自己卻拿自己的生辰來宣揚儒家思想中應當孝敬父母、父母恩重難以補報的觀念，非常明顯具有宣傳、釋兩教相容不悖的企圖。然而，當我們就「目連救母」的整體情節而論，本就以「勸孝」爲主要核心，也就是說，這本戲看似爲一部宗教劇，實則是半部倫理劇，但是，若認眞討論起來，這究竟是一部「佛教中國化」的宗教劇？還是一部「假託佛教因果報應之名，宣揚儒家倫理道德之實」的倫理劇？恐怕一時半會兒也很難釐清。然而可以確定的是，這確實是一部巧妙融合了佛家思想與儒家倫理觀念，又能深入群眾生活與心理的戲曲作品。

第二，釋迦牟尼與玉皇大帝的權力、地位之爭：關於這一點，在《泉腔目連救母》中感受較爲明顯。我們可以注意到《泉腔目連救母》與《莆仙戲目連救母》中釋迦牟尼佛賜與傅羅卜的法器寶物有所不同，在《泉腔目連救母》中，釋迦牟尼賜給傅羅卜的第一項法器是「上指天文，則星移斗轉，下敲地獄，則鎖落門開」的錫杖，另外則是「舉步騰雲，竟入重重地府，飛身駕霧，何愁萬里千山」的芒鞋，以及一件護身用的袈裟，表現出釋迦牟尼爲了助弟子救母，不惜「破獄」的越權心態，甚至釋迦牟尼還交代傅羅卜：「你先去閻羅處掛號，說是我弟子，伊不敢不聽。後令觀音前去雪獄，自然超度

你母」，認爲傅羅卜是自己的弟子，五殿閻王必定「不敢不聽」，甚至還令觀音菩薩插手陰間司法審判的流程，明顯干涉到五殿閻王的職權，以至於在觀音前往雪獄的當下，造成五殿閻王堅持「嚴刑」而觀音堅持「恤刑」，兩位神尊的立場完全對立，甚至雙方爲了鞏固立場而爭執不下的情況，最後，是五殿閻王奉香案向「天曹」請旨，由「玉皇大帝」頒下旨意，釋放劉氏，讓傅家一家團圓、同昇天界。在這個佛賜法器到觀音雪獄的過程當中，可以感受到釋迦牟尼與玉皇大帝、觀音菩薩與五殿閻羅王之間權力的拉扯，五殿閻羅王本來就具有地獄的審判權與施刑權，隨著釋迦牟尼介入陰間的審判，一時之間恍若有佛陀凌駕於陰司法度之上的感覺，甚至只要佛陀一句話，便能派遣觀音菩薩到地獄「雪獄」，好像一切盡在佛陀的掌控之中，但是，實際上五殿閻羅王對於自己的職權分毫不肯相讓，才會導致立場不同、僵持不下的場面，到最後，眞正具有「仲裁權」並爲劉氏一案敲下定槌的，其實是「玉皇大帝」，玉旨一出，天下神佛皆順從，雖然以結果而論，確實達到了雪獄昇天、讓傅家一家團圓的結果，但是，最大的仲裁權並不是在釋迦牟尼的手中，這樣的情況，可以讓人明顯感受出，在本劇中道教與佛教的權力關係並不對等，而實際上是道教「玉皇大帝」統理諸天神佛的情形。然而，這種權力相互競爭的情形在《莆仙戲目連救母》中就明顯沖淡許多，即使釋迦牟尼認爲傅羅卜「孝心可憫、孝行可嘉」，但是仍會顧及劉氏乃因罪受罰，那是陰司法度的權力範圍，所有的罪業與懲罰都必須親領親受，縱然是神佛有心幫忙也不便插手過多，以免破壞了天地間輪迴平衡的法則，比較強調劉氏「個人造業個人擔」的懺罪觀念。

　　第三，劉氏「罪有應得」的警世意義：在《莆仙戲目連救母》中較爲重視劉氏的懺罪過程，雖然釋迦牟尼佛也認爲傅羅卜是人生天地間難得一見的孝子，但是因爲劉氏生前有誓願，所以注定了地獄受難的結局，即使是釋迦牟尼佛有心相助，礙於天曹法規與陰司執法無私的精神，也不能過分插手，釋迦牟尼佛只能單方面成全傅羅卜身爲孝子的赤誠之心，賜下烏飯供身在地獄已成惡鬼的劉氏暫時充飢，並讓傅羅卜用法水洗亮劉氏的雙眼，讓他們母子得以匆匆一見，最後再賜佛燈一盞照亮地獄讓目連救母之行更加便利。釋迦牟尼的這些行爲在在都顯示，即使尊貴如佛陀，也沒有辦法赦免任何人的罪孽，目連歷經重重地獄，但偏偏是劉氏解過一殿，目連才能追上一殿，即使目連「上窮碧落下黃泉」，也終究沒有能從地獄中救出母親，最後劉氏投胎

於畜生道，轉世成為一隻獵犬，目連又從黃泉追回陽間，才終於與母親再度相逢，母子相見已成隔世，這是連釋迦牟尼也無法改變的事實，並不是釋迦牟尼有無「職權」的問題，而在於強調罪孽的生成乃咎由自取，沒有人能代替你作惡，自然也沒有人能代替你受過，業報但由人，這是每一個為惡之人所必然要支付的代價，表面看似佛陀無能，實則警世意義更為濃厚。

二、觀世音菩薩

所謂的「菩薩」意為「覺有情者」，是指修行到達一定階段，僅次於釋迦牟尼佛的「覺悟者」，然而卻依然心繫苦難眾生，以「觀音菩薩」而言，祂便曾經立下宏願要「普救世間一切苦難眾生方願成佛」，也因為祂有如此胸懷，一般群眾便稱呼祂為「大慈大悲救苦救難觀世音菩薩」，相較於釋迦牟尼佛皆以男相示人，在群眾心目中的觀音菩薩多半是身著白衣的女相，也因此擁有「觀音大士」、「佛祖媽」的異稱，相較於釋迦牟尼佛的尊貴不可侵，以慈悲著稱的觀世音菩薩就顯得親民許多，也因此觀音成為民間信仰最為普遍、身分橫跨佛道二教的神祇。

《泉腔目連救母》		《莆仙戲目連救母》	
觀音菩薩		觀音菩薩	
齣　目	唱詞與說白	齣　目	唱詞與說白
第三十四齣〈普陀境〉頁61～62	（李純元白）兩人（指羅卜和益利）卜相爭死，嘍囉，將兩人拖去剖。（雷鳴）（傅羅卜、李純元驚倒）（益利走下）（觀音上，坐）（李純元、傅羅卜白）好古怪，青天白日，雷聲霹靂，槍刀、弓箭變成蓮花。不是妖精，必是鬼怪，需當緊走。（觀音白）羅卜、李純元舉眼視過。（傅羅卜、李純元看，跪）（觀音白）善哉善哉，苦事難捱。吾今不救，等待誰來？吾乃南海觀音菩薩。因羅卜前世修行八世，今生九世，只人將成大業。上管三十三天，下管九泉地府。…李純元、張純佑等兄弟十人，都是毘伽門出世，七世修行，殺心未滅，今生即為強寇。入山之時，曾憑鐵牌為記，齊來金剛山。我今點化你等回心，同羅卜往西天見世尊學道，成為八金剛。	第三夜下本第六齣〈觀音指點〉頁176	（觀音白）目連弟子，救母雖孝子之苦心，超昇亦世間之難事，汝母親已在鄭公子門下投胎，變狗出世，汝未婚妻曹小姐現在尼姑庵，汝可往庵內尋領回家，到著八月十五日（筆者按：應為「七月十五日」中元節），建設蘭盆大會，吾同世尊下凡，超度汝母親，偕曹小姐齊昇天界。（目連白）謝我佛法旨。（觀音唱）【人月圓】汝母親現前已出世，變獵犬打圍在清溪，汝今立刻往查尋，遂初志，再到尼姑庵領髮妻，一家團聚在此時。

第四十九齣 〈四海賀壽〉 頁 87	（觀音白）澄澄乾坤似掌平，一塵不到自然清。靈臺悟得中間意，月在寒潭靜處明。小神觀音菩薩，乃是妙莊王第三公主，名曰妙善。七歲食菜，不願招親，捨身投入香山寺學道。因見南海普陀山，天生成羅漢臺閣，即來只處化身。蒙玉帝敕旨，封阮大慈悲救苦救難觀世音大菩薩。		
第七十四齣 〈觀音雪獄〉 頁 186～191	（觀音唱）【西地錦】天地覆載不偏恩，佛日光華照乾坤。何人參得仙機透，離了俗緣斷塵根。 （五殿閻王上，見） （觀音白）吾奉玉旨，直來雪獄。因見五殿居十殿之中，又有業鏡在前，以此鑾駕中住。將各殿罪犯，都召來聽審。 （五殿閻王白）滔天大罪，萬赦不宥。若有善人受枉，即當超度。吩咐承行書吏照驗，將上下囚犯並文卷召來，候娘娘覆審定奪。… （鬼卒上，報）各殿罪犯並文卷召到。 （觀音白）一名罪犯趙甲，不孝父母。又一名犯婦石只，不孝公姑。滔天大罪，萬赦不宥，依擬施刑。夜叉，將兩名罪犯扯落血湖。… （觀音白）吾奉旨雪獄，當體天行道。劉世真雖不容輕，但佛語云，一子成佛，九族升天。一子羅卜持齋得道，又兼行孝，可恕伊母前罪。降龍、伏虎，將劉世真枷鎖破開，放出地獄。 （五殿閻王喝住，白）劉世真不合違誓開葷，各處神司登記，申奏天曹。罪擬經過十八地獄磨難苦楚，以儆後人褻瀆神明之過。又使伊子羅卜歷遍地獄救母，以勸為人子行孝，追薦父母，皆效目連之法。此番劉世真之罪，不可輕放。 （觀音白）佛無二心，有感有應。尚且世尊憐伊有孝，賜伊錫杖、缽盂來尋伊母。我是伊教主，做些少人情，無不定當。 （五殿閻王白）學生見目連代母受刑，已自申奏天曹。候玉帝有何意旨，未可擅自釋放。 （觀音白）先釋放，然後申奏天曹。 （五殿閻王白）褻瀆神明，陰世深罪，該着三翻五覆。若卜輕縱，佛法有偏。		

（觀音白）王法有經有權。吾奉玉旨雪獄，其情可憐。 （五殿閻王白）我佛主生，閻王主殺。若要出入人罪，須着會議定當。 （觀音唱）【錦衣香】論天心好人為善，母不肖賴有子賢。褻瀆神明罪深重，兒修善果可解前愆。我奉玉旨來雪獄，情若可矜，宜從寬免。（合唱）吾當權廣行方便，推恩法外，豈有私偏？ （五殿閻羅王過唱）論天曹王法無偏，律有正條豈可更變？是伊生前自作孽，今來陰府該遭刑憲。重重地獄磨難未遍，若卜輕縱，責了天曹法典。… （五殿閻王白）將劉世真解往前殿。 （觀音住，白）豈不聞佛法無邊，變化不測？吾奉旨雪獄，豈袂放得劉世真？ （五殿閻王白）娘娘既卜放劉世真，學生不敢從命。須整香案同奏天曹，看天曹如何旨意，未可擅自釋放。 （觀音白）閻君說是，香案伺候。（各跪） （觀音唱）【滴溜子】叩天曹奉旨雪獄，劉世真瀆神罪重。目連為子行孝，持齋修戒，情間足贖。是臣推恩，欲加輕縱。 （五殿閻王過唱）臣啟奏，閻王主殺，劉世真罪該百結，合受地獄磨難。觀音前來為伊開豁。臣當執法，儆戒陽間。 （天使上） （天使唱）【尾聲】觀音本是慈悲佛，閻羅執法休輕忽，且看天曹議優恤。 （天使白）玉旨到。竊見人間私語。今有仙班傅相，奏伊妻劉世真，獲罪於天，自貽伊戚。有子羅卜，參禪得道，可解前愆。閻羅申奏天曹，說目連代母受刑，孝感動天，已差觀音前去雪獄。此犯當寬縱之例，再行天赦，敕劉世真出地獄，已全目連母子之念。超拔升天，以偕傅相夫妻之好。又承釋迦表奏，五百人持齋得道，俱列仙班，封為五百羅漢。為首十八人，封為十八尊者。觀音雪獄完日，覆命天曹，不可久住陰府。玉旨畢。 （天使下）		

	（五殿閻王白）玉帝有旨，依娘娘發落，學生不敢相拘。 （觀音白）閻羅主殺，神君不敢相怪，須依玉旨而行。 （五殿閻羅下） （觀音白）降龍、伏虎，將劉世真枷鎖破開，放出地獄，令金童、玉女接引升天。其餘侍從，隨我回南海。為子須行孝，孝感動天庭。奉勸世間人，須當學此心。		

　　比較《泉腔目連救母》與《莆仙戲目連救母》便可看出「觀世音菩薩」在兩本戲劇之中的出場份量完全不同。在《莆仙戲目連救母》裡，觀世音菩薩主要是化身為其他身分，以「點化」痴愚的眾生皈依佛道（關於「觀世音菩薩跨界點化世人」的情節會在下一節的內容詳細討論）；或者以觀音的身分為傅羅卜「指點迷津」，情節的份量並不吃重、角色形象也不夠鮮明，頂多只是一個「智者」、「先知」的象徵，對於觀世音菩薩的身分並沒有詳細交代。相較之下，在《泉腔目連救母》中，對於觀世音菩薩的著墨明顯較多，祂的形象也變得更加立體鮮明。此外，《泉腔目連救母》也將觀音的身分做了大略的介紹，祂昇天之前是「妙莊王第三公主，名曰妙善」，所以在一般人的認知當中，觀音菩薩是「妙善公主」，祂從七歲就開始禁戒葷食，長期茹素，到了適婚年齡也不願招親嫁人，反而投身入香山寺學道，最後因為喜愛南海普陀山的勝景殊境，而落腳該處持續修行，這些觀世音菩薩的身世背景一直以來為佛教徒與一般大眾所熟知，在劇本裡也以「自報家門」的方式做了簡略的說明。然而，在祂自報身世的過程中，有一個值得注意的細節，那就是：祂的封號乃是「蒙玉帝敕旨」，並非奉佛教釋迦牟尼佛的敕封，而祂受封的封號為「大慈悲救苦救難觀世音大菩薩」，這說明了兩件事情：第一，觀世音菩薩是橫跨佛教與道教的神祇，佛教徒把祂奉為釋迦牟尼佛駕前最重要的菩薩之一，而道教徒把祂視為玉皇大帝敕封的「白衣大士」、「佛祖媽」，幾乎所有的廟宇——不論是媽祖廟、還是王爺廟——都會把祂放於偏殿陪祀，足見觀世音菩薩在一般信徒中的重要地位。第二，《泉腔目連救母》呈現出儒、釋、道三教合一的情形，在前段「釋迦牟尼佛」的說明中可知《泉腔目連救母》這本戲，兼容佛教與儒家的精神，然而，在這裡則可以看見佛教與道教，宛如兩道平行線，在觀世音菩薩這個神祇的身上交錯結合，道教至尊「玉皇大帝」可以敕封一位佛教的「菩薩」，這是一個如同「挖角」般的動作，足以見得，

這一位人人歡迎的菩薩是兩個教派都欲極力爭取的對象，卻也因爲如此，兩個教派的精神也同時在這位菩薩身上展露無遺，觀世音菩薩在佛教中具有「大慈大悲、救苦救難」的形象，但是祂在七十四齣〈觀音雪獄〉中對於惡人趙甲、石只、奚在眞的審理判決一樣毫不留情，在地獄裡，祂成爲除了閻王之外的另一個主持正義的使者，亦剛亦柔的形象，很難不讓人留下深刻印象，而且，身爲佛教的菩薩，口口聲聲都在讚揚傅羅卜的「孝心」與「孝行」，並以獎勵孝道爲由，要求五殿閻羅王應該釋放劉氏，而沒有念及閻王判刑必須秉持公正無私的立場，才讓五殿閻羅王脫口批評「佛法有偏」，原本應該站在同樣的立場審理罪犯的觀音與閻王，卻因爲觀世音這種明顯鼓勵儒家孝道思想的言行，而展開嚴刑與恤刑的觀念大對決，但是，卻也充分顯示出《泉腔目連救母》三教合一的思想型態。

三、善才童子、良女與魔家四大將

《泉腔目連救母》	
善才、良女	
齣　目	唱詞與說白
第四十九齣〈四海賀壽〉頁86	（善才、良女白）聽法聞經入沙門，敲鐘打磬定晨昏。童男童女受佛戒，化做年年十八春。小道善才，小道良女。 （善才白）我因乜叫做善才？我當初卜出世，家中日日進財，因此表名善才。七歲食菜，齋道五十三參，參咱教主。教主見我誠心，即收我做護法弟子。 （良女白）阮當初正是牝雞精，變體害人，被娘娘收伏身邊，聽法聞經，即學成道。 （善才白）我盡日雙手保寰，見你掌中捧珠，都是佛家規矩。 （良女白）頭上頂戴彌陀冠，口中常念哆囉蜜，正是奉佛家風。 （善才白）教主恐畏咱雙人相對，眉來眼去，慾動情迷，即化做童男、童女，制咱慾心。

《泉腔目連救母》	
魔家四大將	
齣　目	唱詞與說白
第六十四齣《見大佛》頁160～161	（魔家四大將白）西天極樂自在，超出三千世界。佛法無邊無量，凡人難到靈臺。西天雷音寺，我佛殿前魔家四大將。我佛登殿說法，須小心伺候。

在這裡把善才、良女與魔家四大將列在同一位階一起討論，是因爲他們都是屬於釋迦牟尼佛與觀世音菩薩「駕前護法」。魔家四大將的身分較爲單純，是鎮守西天雷音寺的四大護法將軍，在釋迦牟尼佛駕前伺候。相較之下，

善才童子與良女的身分較爲有趣，善才童子，在民間亦稱作「善財童子」，他自幼茹素，後誠心皈依觀世音菩薩，而被收爲護法弟子；良女，原是「牝雞精」，是遭到觀世音菩薩施法收伏，化爲童女之貌，侍奉駕前，他們都尚在修行，每日聽經聞法，至於，爲何化爲童男與童女的樣貌？目的是爲了讓他們摒除男女大欲、專心修爲，這裡提到了佛教所主張的「禁慾」觀念，佛教認爲未出家的佛教徒應該恪守的基本信條只有五個，即所謂的「五戒」——不殺生、不偷盜、不邪淫、不妄語、不飲酒，由此可見，佛教並非鼓勵所有佛教徒要完全「禁慾」，而是要適度「節慾」，過著少欲而知足的生活，將有助於人生的修爲，至於，佛教要求出家眾最好能捨棄男女情欲，最大的理由是因爲男女情欲是生死輪迴的「根本大欲」，愛情是世間最濃烈的情感之一，非常難以割捨，而隨之發展而成的親情血緣也是人世間最大的束縛，如果能夠加以摒除，對於專心修行會有極大的助益，對於一般信眾而言，在男女情欲上面，佛教的要求只有「不邪淫」，也就是說，佛教基本上鼓勵世俗男女維持正常的夫妻關係，避免產生不正當的男女情欲，所以，觀世音菩薩才會基於佛教的基本教義，要求一對男女護法維持童身，以免受到情欲波動的影響，妨礙了長遠的修行之路。

此外，關於「良女」，民間還有另外一種說法，認爲服侍於觀世音菩薩身邊的童男童女其實是「善才」與「龍女」，這裡所說的「龍女」指的是東海龍王的小女兒，因爲從小傾慕觀音的修行法門，而自願出家服侍於觀音左右，因爲「良女」與「龍女」的閩南語發音幾近一致，也有可能是因爲音近而產生的訛誤，況且，「龍女」的出身也與「善才」兩相呼應，皆是慕道而來，因此，民間對於「龍女」的說法接受度也頗高，在民間信仰中，兩種說法始終並行不悖。然而，若是撇開民間傳說不談，在佛典中善才與龍女的出身，反而與文殊菩薩有關，「善才童子」可見於《華嚴經・入法界品》，故事中善才童子出身於印度覺城，巧遇到覺城說法的文殊菩薩，便向文殊菩薩請教修行法門，文殊菩薩引領他到南方各山尋訪五十三位善知識，其中，第二十七位善知識便是觀世音菩薩，由於善才受教於觀音菩薩最多，因而留在祂身邊侍奉〔註1〕；「龍女」則出現於《妙法蓮華經・提婆達多品》，相傳「龍女」爲「娑竭羅龍王之女」，文殊菩薩前往龍宮說法時，龍女年僅八歲，沒想到聽聞佛法

〔註 1〕 CBETA 電子佛典 Big5 APP 版，大正新脩大藏經第十冊 NO.• 295《大方廣佛華嚴經入法界品》，最近更新日期：2009/04/15。

之後，立即深入禪定，佛法深入其心，立即開悟〔註2〕，因為後來龍女「前往南方廣說佛法」，民間傳說便將龍女與居住在「南海普陀山」的觀世音菩薩連結在一起，而形成「善才、龍女脅侍觀世音菩薩」的傳說。總而言之，對於脅侍觀世音菩薩的童男童女身分究竟為何？說法歷來不一，也沒有絕對的定見，只好約略探討於此。

四、黑虎王與白猿

《泉腔目連救母》	
黑虎王	
齣　　目	唱詞與說白
第五十八齣〈飛虎洞〉頁128	（黑虎王唱）【西地錦】飛虎洞中黑虎王，威風凜凜大神通。吐氣吹噓衝斗牛，一聲號令裂山峰。 （黑虎王白）神通變化不勞章，騰雲駕霧法力強。虎豹獅象歸掌握，魑魅魍魎盡相讓。但吾飛虎洞黑虎王，承觀音佛法旨，說雷有聲同孝子傅羅卜，欲往西天見世尊，請法。有聲道心未堅，慾心未除，難到西天。今我驅虎，將有聲趕回普陀山，再學成道，扶持羅卜，直到西天，方顯佛法有靈。

《泉腔目連救母》	
白　猿	
齣　　目	唱詞與說白
第六十三齣〈小挑，搶經〉頁159	（白猿白）我佛令我搶羅卜經擔，跳落深坑，一來再試伊堅心，二來乞伊脫去凡胎。來去深坑等你。 （白猿跳落坑）

　　在佛教當中，位階最低的，當屬這些自然界的「精魔」，祂們原為禽類或畜類，也許是為非作歹最後受到佛法收伏；又或者是得到寶地靈氣而勤加修煉，總之，這些深具靈性的靈獸，在擁有一定神力又皈依佛門之後，便能被列為「精魔」一類，其他為一般民眾所熟知的：南海觀音的大鵬鳥、文殊菩薩的青獅、普賢菩薩的白象…等亦屬此類。祂們或為佛陀、菩薩的坐騎，或擔任護法的任務，是長伴佛陀、菩薩左右且不可或缺的重要角色。這類精魔的角色只在《泉腔目連救母》中才有出現，黑虎王是奉觀音之命，驅趕凡心未脫的雷有聲，以免擾亂傳羅卜專心前往西天的行程；白猿精則是奉釋迦牟尼佛之命，來考驗傳羅卜求法之心是否堅定，最後再助傳羅卜跳下深坑，脫去凡身肉體，方能前往西天雷音寺晉見釋迦牟尼佛。所以，兩位精魔各有任務，也都順利完成，算是跟隨在佛陀與菩薩駕前相當「稱職」的護法。

〔註2〕CBETA 電子佛典 Big5 APP 版，大正新脩大藏經第九冊 NO.•262《妙法蓮華經》，最近更新日期：2009/04/15。

貳、道教諸神

一、玉皇大帝與三官

《泉腔目連救母》		《莆仙戲目連救母》	
玉皇大帝		玉皇大帝	
齣 目	唱詞與說白	齣 目	唱詞與說白
第五齣〈三官奏〉頁15	（玉皇大帝唱）【西地錦】極樂世界隔凡塵，威光靈應耀化身。大發慈悲救生靈，無邊拔度超眾生。 （玉皇大帝白）眷愛孝義褒精忠，三妖真魅歸四方。吾乃天宮帝釋，居三天尊位，敕令眾聖賓服。善者賜登天界，逍遙快樂，惡者墮落地獄，萬劫凌遲。	第一夜上本第十三〈三官奏帝〉頁45～46	（玉皇大帝唱）【曼】三十三天吾獨居，二十八宿繞天衢；三界萬靈歸掌握，眾星朗照拱紫微。 （玉皇大帝白）天上至尊昊天玉皇大帝是。上管三十三天，下掌七十二地府。今日須當召會引見。…據三官所奏，傳相果然德行揮金，陰功浩大。茲查他三日陽壽已終，批下城隍劄付，合同閻羅查考。仍差金童、玉女，接引送入昇天，到天堂永享快樂，另行褒封。
《泉腔目連救母》		《莆仙戲目連救母》	
三官		天官、地官、水官	
齣 目	唱詞與說白	齣 目	唱詞與說白
第五齣〈三官奏〉頁15	（三官白）臣等奉命察人間善惡情，到王舍城。據本縣城隍、東岳二司、土地文卷奏稱，傳相真誠樂道，齋僧布施，結修因果。有此大德，臣不敢隱匿，具表直來奏文。 （三官唱）【駐馬聽】東岳二司表呈，城隍土地考察來因。功德浩大人欽仰，齋僧布施鬼神驚。直來奏稟，不敢隱匿，把表陳情。	第一夜上本第十三齣〈三官奏帝〉頁46	（天官唱）【曼】五夜漏聲催曉箭， （地官唱）九重春色醉仙桃。 （水官唱）旌旗日暖龍蛇動， （合唱）宮闕風和燕雀高。 （天官白）自家天官是。執掌天曹，上元解厄。 （地官白）自家地官是。執掌地府，中元解厄。 （水官白）自家水官是。執掌水府，下元解厄。 （合白）切見南耶王舍城傳相好善，功滿乾坤，幸得天門正開，理當進殿，奏上玉皇。… （三官唱）【雲飛】伏奏天曹，一封文書表達聖聽，南耶王舍城，傳相誠樂道。噤，佈施結因果，修橋築塔，滿積陰功，真心非假，伏求玉皇，欽賜伊恩波、恩波。

　　玉皇大帝與三官大帝在道教〔註3〕信仰中，都是屬於位階極高的天神，在討論道教至尊的範圍內就一併作討論：玉皇大帝，一般也簡稱「玉皇大帝」或「玉帝」、「天帝」、「天公」，祂的尊號頗多，如：「玉皇大天尊」、「玉天大帝」、「天上至尊昊天玉皇大帝」、「天宮帝釋」、「昊天通明宮玉皇大帝」、「玄穹高上玉皇大帝」、「昊天金闕無上至尊自然妙有彌羅至真玉皇大帝」…等，在在都顯示了祂的身分尊貴，在一般民間信仰中，玉皇大帝居住在玉清宮（或有一說為「玉京山」），神權極大，統轄三十三天、七十二地，為天上眾神之首，還授命給天子治理人間〔註4〕。玉皇大帝即代表上天，由於天際浩瀚，沒有固定形體，因此通常是以「牌位」的方式供奉祭拜，若設神像，一般則是帝王造像，每個廟宇都有「天公爐」，設置於正殿之外，對外朝天際祭拜，所有信眾禮拜廟宇主神之前，必先禮拜玉皇大帝，而且一般在民間若遇上重大事件，也會在門口堆起桌子來「拜天公」、「擲天公筊」來向玉皇大帝致敬、報告或請示玉皇大帝的旨意，所以，玉皇大帝雖然至高無上，但是卻與民眾的生活息息相關，因為人類對大自然的敬畏之心，而衍生出崇拜玉皇大帝的習俗與信仰，是一種相當原始的自然崇拜，在禍福無常的人間，玉皇大帝便是萬民所仰賴依靠的對象。

　　台南府城的「天壇」（天公廟）懸掛「一」字匾，意指「千算萬算不如天一劃」，就明白彰顯出玉皇大帝的位高權重，人生於世所有的禍福吉凶，都在上天的掌握之中，並非人心的算計可以預期。在兩部戲曲中，玉皇大帝都扮演了「最高裁決者」的角色，無論是天界、人間或是地獄，甚至佛、道二教

〔註3〕　對於「道教」的定義，筆者認為應該有廣義與狹義之分，就狹義上而言，道教指的是專修紅頭、黑頭道術或煉丹、符籙…等道法的宗教派別；但就廣義上而論，包含諸多王爺、元帥、將軍、媽祖、地母、金母、福德正神、財神、關公…等「供奉神祇」──一般泛稱為「神教」──的信仰，以及樹頭公、萬應公、石頭公…等民俗信仰者，都可以歸屬在道教的範圍之中，本論文並非專論道教、神教與民俗信仰的文章，因此，在本文中所採用的「道教」一詞，乃指廣義的道教，也就是結合道教、神教與民俗信仰的混合宗教。

〔註4〕　就實際上而言，在正統的道教體系（或前面說明的狹義道教體系）中，關於「天」與「地」究竟分為多少層次？其說法本來就有所分歧，而三十三天、七十二地算是在民間信仰中相當普遍的一種說法，而玉皇大帝的位階執掌，在民間傳統信仰中認為玉皇大帝是天上至尊、統理三界與所有神祇，但若就道教正統的說法而言，玉皇大帝的位階並不算是最高，但是神權頗大，是居住在「昊天金闕彌羅天宮」，因為本論文還是依照一般民間信仰的觀點來討論，故而依然將玉皇大帝列為至尊之神來做說明。

的尊神，都必須聽從玉皇大帝的命令與裁奪來行事，連觀世音菩薩的法號都是由玉皇大帝敕令所封，雖然出場的時間不長、唱詞與說白不多，但是一出場便是鑾駕浩蕩、一開口便可號令萬千，在《泉腔目連救母》中，玉皇大帝出場之前，便會燒化「天公金」來迎駕，無論戲裡戲外都可以看見群眾對祂的崇敬之心。

除了玉皇大帝之外，道教系統中還有幾個位階很高的天神，以其地位而言，可說是一人之下、萬人之上，其中三位一體的高位神，較爲群眾所熟知的就有三清和三官大帝，三官大帝又稱「三界公」，是僅次於玉皇大帝的神祇，所謂的三界是指：天界、地界、水界，天、地、水是人類在自然界生存不可或缺的三大元素，以人類對自然崇拜而言，當然是信仰最原始的型態，所以，群眾對於三官大帝的信仰從很早便開始產生。具體而言，所謂的「三官大帝」指的是「上元賜福天官紫微大帝」、「中元赦罪地官清虛大帝」、「下元解厄水官洞陰大帝」，職掌天、地、水三界，是宇宙中地位崇高的自然神祇，有說法認爲三官大帝乃「元始天尊」之子，元始天尊吸取天地靈氣精華，經九九八十一天吐出靈胎聖體，分別於元月十五日、七月十五日、十月十五日，自口中吐出聖嬰，分別化爲堯、舜、禹三帝，堯帝定四時制年月、舜帝拓荒墾地、大禹治水有功，而被尊奉爲三官大帝〔註5〕，道教將三官大帝的誕辰定爲「三元節」，於元月十五日祈求天官賜福、七月十五日祈求地官赦罪、十月十五日祈求水官解厄〔註6〕，就實際職司來說，天官主掌眾生善惡之籍與諸仙的位階升降，地官主掌考核世間禍福與男女善惡，水官掌理死魂鬼神與紀錄眾生功過，說到底三官大帝就是鑒察記錄所有眾生——無論生死——善惡功過、決定其禍福吉凶的尊神，也就是說，當人間的善惡之行透過竈君、土地神、城隍…等神祇層層匯報之後，所有的資訊都會集合到三官大帝的手中，人類藉由這種將鑒察善惡、施予報應的職責和天地自然、禍福吉凶相互結合的方式，企圖爲人類在生活中所遭遇所有的未知的無常，作下一個合理的解釋。依據戲曲中說白與唱詞的看來，劇中的三官大帝主要是爲「功滿乾坤、即將壽終」的傅相賜下天恩、宣達他將可以「直昇仙籍」而來，所以，依據實際的執掌來說，這應是只屬於「天官」的工作範圍，而民間信仰一般卻習慣天、地、水三官「合體」出現，也可顯示祂們果真是「三位一體」的現象。

〔註5〕 三官大帝的身分爲堯、舜、禹三帝是民間傳統信仰的說法，一般而言，正統的道派將三官大帝視爲先天之神，所以並不採用此說。

〔註6〕 林茂賢《台灣民俗記事》（台北：萬卷樓出版社，1999.11）頁35～37。

二、駕前將軍、金童玉女與天使、靈官

《泉腔目連救母》		《莆仙戲目連救母》	
趙元帥、康元帥、溫元帥、馬元帥（四關將）		龍軍、虎軍	
齣　目	唱詞與說白	齣　目	唱詞與說白
第五齣〈三官奏〉頁13	（四關將白）人間私語，天聞若雷。為善福應，作惡禍隨。（趙元帥白）不是別神，玉皇殿前趙元帥。（康元帥白）康元帥。（溫元帥白）溫元帥。（馬元帥白）馬元帥。（四關將白）玉皇要當通明殿，整威儀伺候。	第一夜上本第十三齣〈三官奏帝〉頁45	（龍軍唱）【曼】騰雲駕霧上九天，玉皇殿前展威靈。（虎軍白）神化由來非凡品，天門保守共仰欽。

《泉腔目連救母》		《莆仙戲目連救母》	
王靈官		馬元帥、康元帥、溫元帥、趙元帥	
齣　目	唱詞與說白	齣　目	唱詞與說白
第六齣〈跑靈官〉頁16	（王靈官白）欽奉玉帝旨，不敢少延遲。小神，王靈官。奉玉帝敕旨，齎救旨一道，到陰府見閻君，着勘傅相陽壽如何。當依玉旨而行，駕雲馬起身。	第一夜上本第十三齣〈三官奏帝〉頁45～46	（馬元帥白）赫赫神明耀虛空，昭昭神眼映三光。（康元帥唱）【曼】白蛇旋繞黃龍座，靜聽神鴉報吉祥。（溫元帥唱）【曼】如意一心懸日月，金圈鐵鎖手中提。（趙元帥唱）【曼】鐵鞭神鋼驅邪祟，黑虎聞風步步隨。（馬元帥）自家靈官康元帥是。（康元帥）自家靈官康元帥是。（溫元帥）自家靈官溫元帥是。（趙元帥）自家靈官趙元帥是。（合白）今早玉皇升殿，合當在此伺候。

《泉腔目連救母》		《莆仙戲目連救母》	
金童、玉女		金童、玉女	
齣　目	唱詞與說白	齣　目	唱詞與說白
第九齣〈領文引〉頁19～20	（金童、玉女白）幡影飄飄下九天，降臨凡間樂神仙。眾生只貪人間樂，豈知天堂樂自然。勿怪，咱不是別神，正是上界金童、玉女。…玉旨令咱手執幢幡、寶蓋，接引升天，須依玉旨而行。	第一夜上本第十四齣〈遣鶴引接〉頁47	（金童、玉女唱）【引】承奉玉皇有旨命，執幡駕鶴接善人。（金童、玉女白）自家金童是。自家玉女是。（仝白）因三官奏上玉皇，王舍城傅相，功滿乾坤，將差〔人那〕二人執幢旛寶蓋，接引送西天，永享快樂。不可違令，即此起行。（金童、玉女唱）【地錦】朱旛飄飄下九天，降臨凡世逛真仙。世人只戀人間樂，豈解天堂樂自然、自然。（金童、玉女白）且慢，傅相家中，佛堂多佛，不便直進，齊屬他後花園接引一吓。大抵乾坤總一照，免教身在汙泥中。

《莆仙戲目連救母》	
天　使	
齣　目	唱詞與說白
第一夜下本第五齣〈張段幕緣〉頁73	（天使白）玉旨到，跪聽宣讀：天之生人性相近，人之愛生習相遠。為善者天佑之，為惡者天誅之。今因司命所奏，特遣雷公電母，憑社令插青旗，即為天公所佑；插紅旗，即為天公所擊，毋得有違。…

從以上的列表可知，就道教而言，在「玉皇大帝」駕前伺候的神祇可分為幾個類型：

（一）四關將與龍、虎軍：民間對於「四大元帥」或「四關將」的說法相當分歧，這裡基本上指的是為玉皇大帝鎮守天界大門——南天門的四位守門神將，就職務上而言，鎮守南天門的神將職卑而位尊，必須是「元帥」級的神將才有資格擔任，然而，根據道教典籍來看，「元帥」級的神將數量眾多，每個流派系統的說法又有所分歧，到底哪幾位「元帥」才是真正鎮守南天門的元帥，並沒有一個統一的說法〔註7〕。然而，就民間與通俗文學而論，常見的「四大元帥」便是指馬元帥、康元帥、溫元帥、趙元帥，馬元帥是馬靈官——馬于貞，又稱華光天王；康元帥是康席，原為黑松林的妖怪，後被玄天上帝所收伏，侍奉於駕前，玉帝又敕封為仁聖康元帥；溫元帥是溫瓊，原為東嶽大帝的部將，神勇無比，後受玉帝敕封為「亢金大神」，通體青色，手執鐵圈；趙元帥是趙公明，執鐵鞭，以神虎為坐騎，民間亦尊為「武財神」。然而，在劇情中，這四位元帥並沒有多餘的演出，僅以南天門守門官的身分出現，與龍、虎兩軍的職責無異。

（二）通傳玉旨的使者：在玉皇大帝駕前負責通傳玉帝旨意的官員，一般稱之為「天使」或「靈官」，而在民間祭典中最常見的靈官便是「王靈官」，

〔註7〕關於南天門的守門神將，民間信仰中一般可見的說法有以下幾種：一、馬、趙、溫、關，二、馬、趙、溫、周，三、岳、趙、溫、康，四、馬、趙、溫、康。至於他們真實的身分姓名，說法也相當分歧，一般而言，馬元帥為馬于貞，趙元帥為趙公明，溫元帥為溫瓊，康元帥為康席，周元帥為周廣澤，關元帥為關羽，岳元帥為岳飛。然而，這些元帥原也不是全都鎮守於南天門外，有的是真武大帝（即玄天上帝）身旁的護法，有的是東嶽大帝或保生大帝座前的將軍，但是都因為其神力英勇無比，而被玉皇大帝調職前來鎮守南天門。但若以正統的道教典籍來說，「元帥」級的神將數量遠不止於此，其身分姓名也與民間和通俗小說的記載大不相同，民間廟宇中有以「元帥」為廟中主神，也有一些廟宇會把元帥當做陪祀之神，例如：以玄天上帝和保生大帝為主神的廟宇，多會陪祀二或四位元帥。

靈官不僅負責傳達玉帝的旨意，一般而言，也負責將人間對於玉帝的祈求之意上傳天聽，可以說是連結天界與人間的「傳令官」。

（三）金童、玉女：道教中的金童、玉女常常與佛教中的善才、良女相互混淆，一般而言，在觀音身側侍奉的童男童女也會被稱之爲金童、玉女，另外，一般人亡故之後，家屬也會燒化紙製的金童、玉女以供亡靈在陰間時可以使喚差遣或服侍日常的生活起居。在劇本中並沒有說明他們二人的身分與出身之處，也沒有說明他們爲何身爲童男童女，只見他們忠誠不二地執行玉帝指令，可見也是玉帝駕前的侍者之屬。

三、雷、電、風、雨與四海龍王

《泉腔目連救母》		《莆仙戲目連救母》	
雷公、電母、風伯、雨師		電母、雷公	
齣　目	唱詞與說白	齣　目	唱詞與說白
第二十五齣〈雷電風雨〉頁44	（雷公、電母、風伯、雨師白）咱是上界雷公、電母、雨師。奉玉旨，專鑒察人間善惡。法眼觀見，傳羅卜行孝，七代持齋，功德浩大。今被女婢金奴唆伊母劉氏，革逐出外經紀。伊母共金奴在家後開葷，褻瀆神明。目今羅卜來只金地國，被張揚、秦福用假銀對換羅卜正官銀一百兩，羅卜不知其故。又有許豹不孝，滔天大罪。當發雷打死三人，押去酆都，萬劫凌遲，方知善惡有報。 （雷公、電母、風伯、雨師唱）【縷縷金】奉玉旨，不敢遲。善惡有報應，更無差移。直到金地國，掠伊打死。將伊三人就分尸，押去酆都萬樣凌遲。	第一夜下本第五齣〈張段幕緣〉頁72～73	（電母唱）【引】淡淡青天不可欺，未曾舉意我先知。 （雷公唱）【引】天上雷公火騰起，乾坤皆在此中行。 （電母白）雷公稽首！ （雷公白）電母見禮！ （合白）人有畏天之威，乃可免天之刑。古云：人間私語，天聞若雷；暗室虧心，神目如電。遠遠看見天使來了。… （雷公、電母白）請了。憑社令插旗號，需當仔細鑒察。善惡到頭終有報，只爭來早與來遲。

《泉腔目連救母》	
南海龍王、西海龍王	
齣　目	唱詞與說白
第四十九齣〈四海賀壽〉頁84	（南海龍王唱）【慢】掌握海邦鎮一隅，職司行雲致雨，普救眾生黎元輔。承玉命相提舉，封定爵位敢與諸神並驅。 （南海龍王白）五湖四海大江河，無由不許神仙過。漫誇覆載天地量，更羨汪汪萬頃波。但吾南海龍王，乃是摩竭神君，承玉帝敕旨，鎮守南海，職司淮河漢，且喜四海寧靜，同僚和睦。… （西海龍王唱）【西地錦】鎮守西海八百秋，化雲施雨播封州。蟠桃會上分一朵，年年福海再添壽。

　　列在這一個位階的神靈，多半具有執掌「天地自然現象」的權責，在此分為兩類：

　　（一）四海龍王：在劇本中非常明確指出龍王「職司行雲致雨」，也就是說所有與「水」有關的氣象都是由龍王所掌管，對以農立國的漢人來說，天候的好壞關乎一整年都收成，因此對於掌管天候的龍王自然也敬畏有加。何時行雲、何處降雨，對每日從事農作的百姓而言，是事關生死存亡的大事，人們自然也很容易將天候與國家的福澤災禍相互連結，自古以來，若順天而行，國家自然風調雨順，如果逆天行事，則天下若非風雨連天便是久旱不雨，隨著收成不佳，接踵而來的便是饑民與流民所產生的社會問題，一旦處理不慎，天災便會轉換成人禍，這不單純只是生養人民的糧食問題，也是一國之君的「天子」切身關注的國家大事，若有風不調、雨不順的情況產生，即使貴為天子也會憂心忡忡，無不紆尊降貴，備好祭禮，齋戒沐浴，前往神廟祭祀，甚至反省己身的罪過、自請上天責罰，只求上天可以緩解惡劣的氣象。然而，在戲曲中，看不見這些嚴肅的政治與民生議題，因此，龍王的形象相對而言也顯得輕鬆討喜，他們忙著炫耀自己轄區內的聖地殊景，並合力為觀世音菩薩置辦生辰賀禮，充分彰顯出身在天界為官的尊貴無比與自由自在的極樂生活，創造出一幅令人嚮往的「天界樂土」。

　　（二）雷公、電母、風伯、雨師：相較於龍王形象的正面單純，「雷公、電母、風伯、雨師」的職司就顯得複雜許多，雖然表面上他們仍是掌理天候的神將，但所執掌的又遠不只是閃電雷擊那樣簡單，對於大自然的諸多現象，古代民眾很難確切了解其正確成因，更不明白為何閃電與雷鳴總是相伴而生？在一番聯想之下，只道閃電是為了照明黝暗的天地，讓雷公能將雷擊打到正確的方位上，閃電與雷擊既然缺一不可，自古便將「雷公、電母」塑造成一對夫妻的形象，而祂們總是相伴相隨、相輔相成，而接踵而來的問題便是落雷擊下的「正確方位」究竟為何？在民間傳說裡，雷擊便與天界「鑒察人間」、「即施報應」的重要職責緊緊相扣。在《莆仙戲目連救母》與《泉腔目連救母》中，天界對於人間惡行的鑒察執法有一個特點——「即時施予報應」，也就天界是一旦發現人間惡行，立刻執法，絕不寬貸，以顯示「蒼天有眼」、「舉頭三尺有神明」的公理報應，而雷公、雷母、風伯、雨師這些角色在劇中，便是附屬於最高決策者之下的「執法者」，奉玉旨巡狩天地，鑒察人

間善惡，但求執法立即、公正、勿枉勿縱。關於天界即施報應最鮮明的例子，當屬《莆仙戲目連救母》第一夜下本第五齣〈張段幕緣〉中的這一段情節：

> （天使白）今因司命所奏，特遣雷公電母，憑社令插青旗，即為天公所佑；插紅旗，即為天公所擊，毋得有違。一打不孝不悌，二打不良不忠，三打欺心賤骨，四打偷盜乖風，五打海洋強劫，六打為富不仁，七打謀財害命，八打唆訟擾害，九打高抬時價，十打行使假偽。此其大者，其餘悉聽社令插旗為號。　　　　　　（頁73）

　　在此段說白中明確指出社令、雷公、電母的職責，玉帝降旨鑒察人間善惡，而社令受城隍所託負責執行判別善惡的重大任務，祂手中握有青、紅兩色旗幟，所有人的言行由社令進行判斷，每發現善行，則插青色旗幟，天神自會保佑；若發現任何惡行，便可插上紅色旗幟，當電母與雷公巡行於天地之間，電母照亮大地之後，若見紅旗，則雷公便會擊下落雷，懲奸除惡。這裡也附帶說明了落雷擊打對象的「罪行原則」，從這十個項目可知，這些「重大犯行」都與一般的法律和社會規範所懲戒的項目大致相符，嚴格禁止人民犯下不守五倫、偷盜搶劫、殘害人命、欺詐奪財…等罪行，至於其他未納入的惡行，均由社令秉公判處。之所以建立出這樣一套「即施報應」的制度，目的便是在於「統合」天界、人間、地獄對於惡行的懲處，駐守人間的城隍、社令負責就近觀察人民的言行；天界的電母雷公施予報應，即是惡人尚未壽終，也得以即時剝奪他的性命、阻止他繼續犯行；惡人死後則到城隍處投牌報到，押解前往地獄，在各殿閻王的審理過後，依陰司律法發配於各大小地獄受刑。如此一來，天界、人間、地獄的律法系統得以完全整合，執法過程滴水不漏，既不會錯殺好人，也不會放過任何惡行，但求勿枉勿縱、公正無私。透過電母、雷公、風伯和雨師，將天界掌理天候氣象與鑒察人間的兩個重要職責徹底結合，既為先民所不瞭解的自然現象提出說明，也將勸善止惡的警世思想融入於氣象天候中，以顯示天界神祇的絕對權威，正所謂「湛湛青天不可欺」、「舉頭三尺有神明」，每一次的閃電雷鳴都在提醒著百姓群眾：天界不輕易容許人間惡行，再細微的言行都在神祇的紀錄與掌握之中，以達到隨時警醒世人、遏阻犯罪的功效，再則，這也表示天界掌握了所有與人民生活息息相關的重要職權，讓群眾明白「順天者生，逆天者亡」的道理，對於天地神祇可以保有一份敬畏之心。

四、城隍、社令與土地

《泉腔目連救母》		《莆仙戲目連救母》	
追陽縣城隍		王舍城城隍	
齣　目	唱詞與說白	齣　目	唱詞與說白
第九齣〈領文引〉頁20	（城隍唱）【西地錦】英靈顯要靈通，至廣至大城隍。護國祐民施雨露，邪魔文生自棲惶。 （城隍白）顯要靈通實無比，名聲傳說到京畿。善惡到頭終有報，那是來早共來遲。小神，追陽縣城隍。賞善罰惡，即時報應，無差分毫。法眼觀見，上界金童、玉女手執幢幡、寶蓋，引傳相直來掛號。此人一鄉之善士，功德浩大，合當排香案迎接。	第一夜上本第十五齣〈花園祈禱〉頁50～51	（城隍唱）【引】統理南耶王舍城，四方神鬼盡皈依。安民護國垂顯應，風調雨順，濟世雍熙。 （城隍白）自家王舍城城隍是。今旦善人傅相登天，當關文付給，立文領一道，付伊沿途昭驗，不受阻滯。 （傅相唱）【陣子】幢旛寶蓋影飄飄，路途渺渺心翛然。恍惚轉身離家庭，早來居城隍殿，領文引上天堂。 （城隍）傅善人，今日登天，天庭必有大擢。本司合付關文一道，付汝沿途照驗，再無阻滯。
		第二夜下本第五齣〈城隍判罪〉頁131	（城隍唱）山川處處有神明，糾察人間惡與善；勸世須存三寸法，當權不用一毫偏。 （城隍白）但吾王舍城城隍。曾蒙玉帝敕旨，加封福德大王，作善作惡之人，存心不一；降吉降災，天之所報亦異。今日掛號日期，何當掛起投文牌，一干人犯劉四真、金奴、劉假、林刁等押過來。… （城隍唱）【風入松】汝一夥瞞心昧己，怎瞞天地與神祇！ （林刁白）小人林刁，無什麼過惡。 （城隍唱）汝恣意鼠竊逞賊性。 （劉氏白）爺吓，四真也曾持齋佈施。 （城隍唱）汝違誓開葷，殺牲害命。 （劉假、金奴白）劉假、金奴也無什麼過惡。 （城隍唱）汝估騙教唆開葷。都是汝自惹禍機，押入酆都重重拷打。
《莆仙戲目連救母》			
城隍廟鐘神			
齣　目	唱詞與說白		
第一夜上本第十一齣〈劉假鳴鐘〉頁39	（鐘神白）自家五帝鐘神是。今早老爺往天曹議事，命吾謹守廟庭，須當檢察人間善惡。法眼觀見劉假負欠不還，官府難判，押伊到此爐前鳴鐘，以憑昭驗。		

《莆仙戲目連救母》	
社　令	
齣　目	唱詞與說白
第一夜下本第六齣〈社令插旗〉頁74	（社令唱）【引】世上善惡不同流，禍福個人自己求。天把惡人除幾個，使人知道早回頭。 （社令白）自家社令是。蒙玉帝敕令，城隍轉委卑職，檢察一方善惡，善者插青旗，惡者插紅旗，須當仔細檢點。人心分善惡，旗號別青紅；打死不良漢，當存為善人。

《莆仙戲目連救母》	
灶公、門丞、王舍城土地	
齣　目	唱詞與說白
第二夜上本第九齣〈三神奏帝〉頁110～111	（司命灶公上） （灶公唱）南方火德耀四時，見則書而，聞則書而。 （門丞上） （門丞唱）關防出入職雖卑，言也先知，行也先知。 （土地上） （土地唱）春秋社令地之祇，好也難欺，惡也難欺。 （灶公白）自家傳家司命灶君是。 （門丞白）小神傳家門丞是。 （土地白）自家王舍城土地是。 （門丞、灶公、土地白）因見劉氏違誓開葷，惡業多端，我當進殿奏上玉皇──無量壽！ （天使上） （天使白）玉旨道：何方神道，有何表章，當殿奏明。 （天使下） （灶公白）小神傳家司命。 （門丞白）小神傳家門丞。 （土地白）小神王舍城土地。 （門丞、灶公、土地唱）傅相之妻劉氏四真，背夫又負子，違誓開葷腥，百樣殺牲害生命、生命，欺瞞天地瀆神明。 （天使上） （天使白）玉旨道：朕自統攝天政，每存敷仁寬恕之念。今聽諸神所奏，劉氏四真違誓開葷，造了許多惡業，礙難置而不聞，即付酆都閻王查究，果係屬實，按照誓詞發落。毋得違旨，欽此欽遵！諸神退班。 （門丞、灶公、土地白）無量壽！罪惡滔天不自知，神靈燭見已無遺；世人若不回頭早，報應及身悔已遲！

在這一個部份所探討的是「縣級」與「城級」的神祇，也就是天界派遣到人間，負責掌理「一方事務」的官吏，包含了：

（一）追陽縣與王舍城的「縣城隍」與附屬於城隍廟的鐘神：從劇本中城隍的「自報家門」便能了解城隍最主要的職責乃在於管理「死籍」，亦即「亡故者的戶籍管理」，人活在世間都有所屬的「戶籍」，一國之中有多少戶？一戶之中有多少人？女子與男丁的比例、居民所在的戶籍地、勞動人口的數目…，每一個問題都影響著國家的生產力與經濟稅收，對國家來說，管理戶

籍是最基本的行政業務，那人死後呢？人死之後還有「戶籍」、「人口」的問題嗎？如果站在輪迴的角度來看，生生死死乃是一個流動的過程，在「元靈」不會輕易消失的情況下，即便在「死後的世界」，依然存在著「人口」（或者應該稱「魂口」）與「戶籍」（或者應該稱「鬼籍」）的問題，小心管理人口戶籍（魂口鬼籍），一則，是便於確認身分，以免錯提了未壽終者的靈魂；二則，是為了將亡魂生前的善惡紀錄完整呈報，以便於處理該亡魂後續「昇上天界享樂」或「墮入地獄受刑」的事宜。基本上而言，城隍的所在地——也就是城隍廟——便是人死後亡靈的「投牌掛號處」與「死籍報到處」，所以城隍廟的正廳通常會懸掛一扁額「你來也」，亦即告知普天下的蒼生，只要生而為人，便有壽終之日，身為城隍，總有一天會等到你親自上門報到，所以「你來也」其實也是一句警世之語，考驗著踏入城隍廟的每一個人，是否都能胸懷坦蕩、問心無愧，然而，善有善終、惡有惡報，到城隍處報到，也不見得都是不好的事，如果是像傅相一樣的累世修行的大善人，在亡故之後並非直接前往天界，也是必須先到城隍處「投牌報到」，面對像這樣即將為善昇天的亡靈，即便是城隍也必須「擺香案迎接」以顯示對於行善之人的崇敬之意。其實，城隍是天界派下人間管理陰間人口戶籍的官吏，錯綜複雜的因緣牽扯都在城隍處匯集，人生在世所有善惡之行的「情報」最終也會到城隍處統合匯集，也因此城隍往往具備了紀錄人間善惡的職責，所以在民間傳說裡，城隍往往是由玉皇大帝揀選「清廉公正之人」前往任職，以示天理昭彰、公正無私。而城隍廟裡的「鐘神」具有看守廟庭的職責，有點類似於民間廟宇裡的「顧爐將軍」，在廟中主神不在的時候負責守衛與通報。此外，還可以從另一個角度來探討「城隍」此一神職存在的「功用」，在王馗《鬼節超渡與勸善目連》一書中，有一段關於明代由官方設置城隍廟的說明如下：

> 洪武三年按照京都、府、州、縣設立城隍品級，城隍神以具有嚴格
> 等級關係的正神形象出現在各地，標誌著這一傳統的神靈計四獲得
> 了國家正統禮法觀念的支持。之後不久，以城隍主壇的無祀鬼神之
> 祀，亦大規模地從上而下進入整個社會生活，並例以清明、七月望、
> 十月一日舉行，依時以祭，著為定式。…城隍神的神格確認，無祀
> 鬼神的祭奠定型，是「明有禮樂、幽有鬼神」的傳統統治策略的具
> 體實施。〔註8〕

〔註 8〕　王馗《鬼節超渡與勸善目連》〔台北：國家出版社，2010.02〕頁 190～191。

其實我們可以很明顯地了解到政府以「官方」的角度祀奉城隍，並嚴格定立品級的政治意圖，在人間有官僚的制度，君王透過官僚與法律來治理人民，但是在禮法不下庶人的情況下，鄉野民間總有一些法律與禮法制度鞭長莫及之處，便透過這樣一個「守護城池」與「管理幽冥戶籍」的神祇，加重祂「鑒察善惡」的職責與形象，讓城隍鎮守地方與天界神祇來回巡察再配合陰間冥律的懲處，天、地、人三界統合職權，達到穩定社會的功效，這是君王推動「神鬼設教」最大的政治目標。身爲君王要上畏天、下畏地、中畏人，時時警惕自守，而相對他也希望人民在禮教之外，能夠再加一層「鬼神」對於精神上的束縛，城隍神職地位與職掌權責的確立其實有著非常「現實、現世」的考量。

（二）王舍城社令：所謂的「城隍」與「社令」，基本的工作應該在於守護土地與城池，自古以農立國的漢人社會，具有安土重遷的民族性格，對於這種與土地、村落與城池相關，且具有「領域範圍」的地方守護神，人民向來相當崇敬，然而，隨著時代演進，加上君主治國的政治考量，達到管理人民、穩定社會的效果，這些守護土地與人民的神祇逐漸被加上「獎善懲惡」的職責，在社令的「自報家門」裡說得相當明白：「天把惡人除幾個，使人知道早回頭」，即使天界的神祇全數出動，也無法盡除天下爲惡之人，所以，上天只能「警告式」地讓少數的惡人受到即時的報應——天打雷劈而亡——來達到警醒人心、遏阻犯罪的效果，所以在劇中社令神有明言祂是奉玉旨、受城隍所託，以青旗、紅旗爲號，再加上電母、雷公的配合，對於人世間「少數而非全部」的惡人施以即時報應。

（三）王舍城土地：就工作性質上而言，「土地公」是守護一方土地、鑒察善惡的神祇，與「社令」的職責相當類似，而民間對於土地公的感情則更爲熟悉濃厚，在許多地方都會設置「土地公廟」加以供奉祭拜，甚至會稱呼祂爲「土地公伯」或「伯公」，以這種稱呼家中長者的稱謂來稱呼祂，以顯示百姓對其親近之意，顯示他與群眾的生活非常貼近，如同家中長者一樣愛護照顧所有後生晚輩。而很多土地公廟還會陪祀著「土地婆」，通常是以一對老夫婦的形象管轄一方並保護居住其間的居民，於是，到了後來「鑒察善惡」與「賞善罰惡」也就成了土地神的重要職責之一，甚至爲了維護地方安寧，土地神還必須「兼職」從事鎮壓作亂妖孽、收留無主孤魂的工作，只要與群眾百姓的生活有關，食、衣、住、行中所有的雜項、瑣事土地神幾乎無所不

管、無所不包。土地神多半是由地方上正直善良之人在死後由玉帝下旨敕封而來，正式的封號應為「福德正神」，雖然位階低微但是職權頗大，另外，也因為漢人以農立國，「有土斯有財」的觀念深植民心，土地神既是站在第一線管理四方土地的神祇，而「土庫」便是「財庫」的象徵，管理著土地，便是掌理著這片土地上所有的錢糧進出，所以許多廟宇也會陪祀福德正神並賦與「管理財庫」的重要職責，慢慢衍生出「福德正神掌財庫」的印象，所以在多數時候「福德正神」擁有「準財神」﹝註9﹞的形象，因此，在台灣最負盛名的幾間主祀福德正神的廟宇，如台北烘爐地「南山福德宮」、南投竹山「紫南宮」、屏東車城「福安宮」，香火鼎盛、信眾絡繹不絕，其群眾多半便是為了「求財」而去。總而言之，土地神與百姓的生活密切相關，雖然在劇本中，祂主要還是以「鑒察善惡」的正直形象出現，戲份並不吃重，但還是能顯示出祂十分貼近人民生活、照應一方百姓的一面。

五、傳家守護神

《泉腔目連救母》		《莆仙戲目連救母》	
傳家土地公（福德正神）		傳家後花園土地	
齣　目	唱詞與說白	齣　目	唱詞與說白
第四齣〈神司會〉頁13	（土地公唱）【西地錦】陽間做事陰司受，天地神明不輕宥。世人都有行歹意，幽冥苦楚誰肯救？（土地公白）小神，傅齋公家中福德正神。因齋公七代修齋積德，佈施僧尼，結修因果，功德浩大。須會竈君，明日申奏天曹，不可稽遲。	第二夜下本第一齣〈發現骨殖〉頁117	（土地白）自家後花園土地是。為劉氏開筆，將五牲骨殖，埋放此處，無人知覺。今旦利居後花園拋花獻佛，我不免將地裂開，露出五牲骨殖，啟伊看見，使劉氏無言分辯。莫道虛空無報應，舉頭三尺有神明。
第三十六齣〈神明差遣〉頁65	（土地公唱）【西地錦】敕賜福德正神，名聲人盡欽敬。賞善罰惡目前見，勿說善惡無報應。（土地公白）凡間作事，天地知聞。善惡報應，難移分寸。小神，傅齋公家中福德正神。今有世真違誓開筆，殺生害命，罪惡深重，豬羊狗骨滿﹝木盛﹞。今羅卜回家，但恐看見，難洗真情。金奴共伊設計，骨骸埋在後花園內。且勿管伊。來日差遣世真同羅卜同入花園，將地皮裂開，露出骨骸，使羅卜看見，方顯神明報應。		

﹝註9﹞民間的財神信仰相當複雜，一般常見的可分為五路財神與文武財神，「武財神」有人認定為神將趙公明，也有人認定為武聖關羽，而「文財神」一般認定為殷商時期的比干與越國大夫范蠡。而所謂的「準財神」則是泛指具有其他職務而兼管財富的神明，如：福德正神與其他各行各業的守護神。

《泉腔目連救母》		《莆仙戲目連救母》	
竈 君		灶 媽	
齣 目	唱詞與說白	齣 目	唱詞與說白
第四齣〈神司會〉頁14	（竈君唱）【西地錦】七代看經佈施，齋僧禮佛毘尼，中元廣建蘭盆會，有日逍遙升天池。 （竈君白）無事不可生情，有事不可隱匿。明日三官大帝上表啟奏，僭二神當進前啟明，論齋公功德浩大。	第二夜下本第六齣〈劉氏回煞〉頁135～136	（劉氏白）從煙囱那一路去使得嗎？ （鬼卒白）是汝造化了。今旦是灶公朝天之日，我助汝吹一陣葷風送汝進去。 （同下）（灶媽、劉氏分左右上） （灶媽見劉氏，白）汝是什麼人？為何走到我這空路來？ （劉氏白）我是劉世真，俺媽汝怎麼不認得？ （灶媽白）劉世真吓，汝已經死去了，轉來何事？ （劉氏白）今旦是世真回煞之日，特轉來看望瓦仔。 （灶媽白）誰許你？速速出去！ （劉氏白）俺媽汝也無人情，我在生之時，也曾持齋佈施，朝暮焚香頂禮，遇著朔望年節，也有茶果供奉，是我不合錯了念頭，聽信劉假、金奴搬唆開葷，自作自受，怎敢怨誰？計較要轉來見仔，俺媽汝今旦若不放我入去，也太覺薄情吓。 （灶媽白）汝不出去，我就拖汝往灶裡去燒作烟灰。 （劉氏白）俺媽吓，錯是老身有錯，婦人淺見有罪愆，虧我十月懷胎，三年乳哺，養子多少艱辛。想此去酆都，路途遙遠，夢中母子，摠也不得相逢，今旦百樣計較，要轉來見仔一面，俺媽汝舍的心肝，不叫我入去，罪過！ （灶媽白）四真吓，我放汝入去，見了汝仔，就得出來。 （劉氏白）四真入去，見了仔就出來。 （灶媽白）停一刻瓦阿公回來，被看見了就了不得，快去快出來，我這裡是不容久停的。

《泉腔目連救母》		《莆仙戲目連救母》	
門 丞		門 丞	
齣 目	唱詞與說白	齣 目	唱詞與說白
第四十四齣〈竈媽引〉頁76	（門丞白）勸人勿作虧心事。小神，傅齋公家中門丞。因劉世真違誓開葷，被鬼使押到酆都凌遲。今共鬼使苦（筆者按：應做「哭」）訴，欲入府再見伊仔。但污穢門庭，我當擋住。…劉氏，你不合違誓開葷，壞了你祖上七世功德。退去便罷，若是抗拒，用金槍鋼打你萬年不超生。	第二夜下本第六齣〈劉氏回煞〉頁134	（門丞唱）【引】兩儀閫闢由我掌，萬種妖氣莫敢侵。 （門丞白）但吾傅家門丞是。遠遠看見有鬼魂來，不免在此阻擋。 （劉氏上） （門丞白）劉氏，汝歸陰司去了，歸來何事？ （劉氏白）今旦是老身回煞之日，將轉來見仔。 （門丞白）吾乃正神，豈肯徇私，速速迴避。 （劉氏下） （門丞白）劉氏已去，吾當在此保守。

《泉腔目連救母》		《莆仙戲目連救母》	
鍾　馗		鍾　馗	
齣　目	唱詞與說白	齣　目	唱詞與說白
第四十四齣〈竈媽引〉頁76～77	（鍾馗白）陽間作惡雖未見，直到陰司遭刑憲。小神，傳齋公家中後門鍾馗。因劉世真違誓開葷，褻瀆神明，被閻君差鬼使拿到酆都凌遲。今欲入府，但恐污穢我門庭，向前擋住。…劉世真，你違誓開葷，今有何言？好好退去便罷，如若不肯，降魔棒打你，萬年不超生。	第二夜下本第六齣〈劉氏回煞〉頁135	（鍾馗唱）【引】保守後門顯神威，妖魔鬼怪皆迴避。（鍾馗白）但吾終南進士鍾馗是。隱隱看見有女魂來了。（劉氏上）（鍾馗白）劉氏，汝已歸陰，轉來何事？（劉氏白）今旦是老身回煞之日，將來見仔，望後門公放老身入去吓。（鍾馗白）汝生前常在後門兜殺牲，污穢門路，今該受地獄之苦，尚敢回家麼？速速迴避。若不遵時，吾一劍斬汝。（劉氏驚下，鍾馗亦下）

　　一般而言，家家戶戶都有專屬的「守護神」，包含：家中所祭祀的祖先與神明、地基主、竈君、門神…等，他們的職責在於守護屋主、記錄家中人口的善惡言行以及保持「門戶清淨」，在劇本中有幾位「傳家守護神」可以列舉介紹：

　　（一）傳家土地神：關於土地神，在上一段的內容裡，已經約略介紹過了，這裡要提出來說明的是關於土地神的管轄範圍與位階，基本上，每一位土地神都有祂專屬的管轄範圍，小自一家、一村；大至一城、一縣，有點類似警察單位的「轄區」分配，各有所屬，平常不會逾越，但若是遇上重大的事件也可以越區辦理或越級通報，相對而言，土地神也會依照祂所累積的功果、神力，慢慢晉升，所轄範圍也會越來越大。這一部份提到的是專門管轄「傳家」的土地神，土地神身處傳家，卻也同時連結了天界與陰司，祂隨時記錄著一家善惡，善果呈報天界，惡業也如實記錄以供陰司審判之用，此外，像傳相這樣的「積善之家」，土地神還有維持傳家累世善行的責任，舉凡有礙傳家爲善修行的事情，土地神也要加以防制，例如：劉氏趁羅卜在外經商而擅自開葷一事，傳家土地神就有責任在羅卜面前揭露其惡行，表面上是爲了「以示天理昭彰，報應不爽」，實際上也是盡到祂繼續維持傳家行善之功的職責，以求傳家的「優良家風」不至於被一婦人所阻斷，並有協助傳家「清理門戶」的意涵存在，在這一層意義上，傳家的土地神比較接近於「鑒察」與「管理」之神，相較之下，祂掌理土地與財富的職權在這兩部戲曲中就有被淡化的現象。

　　（二）竈君與竈媽：竈神，在民間一般也稱之為「司命眞君」、「司命竈君」，玉帝敕號為「玉清輔相九天東廚司命竈王眞君」，關於竈神的身分，說法不一，有人認為竈君司火，為「炎帝」死後所化，然而，不論他的身分來源為何，由於竈君是職掌竈火之神，一家的炊煮皆由祂統管，主理生計大事，因此，一家之中，事無大小，祂都必然清楚明白，而逐漸衍生出祂可以「上奏一家善惡之事」的形象，就民間傳統習俗來說，農曆十二月二十四日是「送神」的日子，也就是把駐守人間的神祇送返天界，這些神祇便會開始逐層往上匯報，從一家、一村、一城、一縣到整個天下，所有人的善惡都有詳實的紀錄，而家中的竈神便秉持著「無事不可生情，有事不可隱匿」的公正態度，負責報告每家每戶中各個人丁在今年度的善惡言行，因此，原本身為「司爐灶炊火」的竈君，便有了「司命」──通曉每個人性命禍福壽夭──的能力，而民眾為了讓竈君在上奏天曹時多為家中說些好話，便會在竈君圖像的嘴巴上塗上蜜糖，一則是賄賂竈君，二則是希望嘴巴甜甜、多說好言。在《泉腔目連救母》中，竈君的形象與民間傳說相符，基本上是肩負著記錄與匯報一家善惡之行的職責。但是，在《莆仙戲目連救母》中，除了竈君之外，還另外塑造出「竈媽」的形象，由於劉氏身為一家主母，中饋井臼之事責無旁貸，在日日操持家務的情況之下，自是與「司竈之神」相當熟稔，但是，劉氏違誓開葷遭到索命之後，好不容易等到頭七「回煞」之日，卻屢遭家中的守護神阻擋於門外，此時，劉氏唯一想到的「救星」便是同樣身為女性的「竈媽」，從「竈媽」的說白中可以得知，祂是竈君之妻，如同土地公與土地婆被塑造成夫妻的形象，竈君與竈媽也是一對夫唱婦隨的神祇，不同的是，竈媽身為女性，對於劉氏所流露出來的母性慈愛之情頗為體諒，所以才在劉氏的哀求之下，同意讓劉氏與羅卜母子得以在夢中相見，竈媽具備了身為傳統女性的同理心，是在天曹與陰司一片「公正無私」的冷峻執法中，唯一「法外開恩」的溫情。

　　（三）門丞：劇本中所謂的「門丞」應指「門神」，是民間傳說中的「司門之神」，在兩齣戲曲中都只尊稱祂們為「門丞」，並沒有進一步說明門丞的身分，然而，就一般民間信仰可知，最早的門神應該為「神荼、鬱壘」，而佛教傳入中土之後，門神的身分變得更為多樣化，除了四大天王與金剛之外，還有韋馱和伽藍護法，就道教廟宇而言，一般廟宇會採用神將，唐代以後，則經常可見繪製「秦叔寶、尉遲恭」兩位將軍為門神，若寺廟是供奉女性主

神，也會以宮娥或仙女來當作門神，若爲城隍廟，還可以看見以牛頭、馬面和黑白無常爲門神的情況，隨著朝代演進，門神的形象更爲多樣化，除了「武將」形象的門神之外，還出現了「文官」形象的門神，常見的有身著儒服官帽而手捧著鹿（代表晉祿）、花瓶（代表平安）、仙桃（代表福壽）、元寶（代表富貴）…等不同的形制，多半取其吉慶祥瑞之意，另外，若主祀之神具有「帝、后」的神格，還會用「門釘」來取代門神〔註10〕，一般百姓家中的門神多半是以「年畫」的方式來呈現，除了家中於上一年度有辦理喪事的情況之外，家家戶戶都會在春節時，於門板貼上繪製門神圖樣的畫紙，以祈求新的一年有門神能繼續守護宅第平安。基本上而言，門神的職責便是鎮守門戶、驅逐邪穢，保持陽世百姓居住場域的「清淨」，而在劇本當中，「門丞鎮守家門」也表現出「陰陽兩隔」的意涵，所以門丞在阻擋劉氏「回煞」的時候，幾度聲明劉氏已然亡故，而且應該墮入地獄，身爲「罪魂」的劉氏無法再進入傳家大門，一般而言，門丞不會阻擋家中過世的祖先回煞探親，然而，這種阻擋劉氏回煞的行爲，無非是在告誡世人「諸惡莫作」，一旦遭受報應、墮入地獄，即使具有血緣之親也會被視爲邪穢之物而拒之門外，這種切割陰陽與血緣的作爲，對亡故之人來說是相當殘酷的事，因爲這也代表了一旦作惡、墮入地獄，就必須面臨被家族排斥、驅逐在外，沒有子孫祭祀、永無香火供奉的悲慘情狀。

　　（四）鍾馗：在《泉腔目連救母》與《莆仙戲目連救母》中，鍾馗的形象與門丞相仿，都是鎮守門戶的神祇，就一般民間信仰而言，鍾馗身分的界定相當特別，有時候祂會以「鬼王」的身分被歸類於冥界諸神之中，在地獄裡，他的職則猶如「武判官」，是一個帶領著鬼卒專門緝拿惡鬼、主持正義的鬼王，但是，在這兩齣戲曲中，鍾馗並非以鬼王的身分出現在冥界，反而是以鎮守門庭的守將身分出現在陽間。關於鍾馗的身分，民間有許多傳說，最普遍的說法認爲鍾馗是唐代出身於終南山的一位進士，因相貌過於醜陋而被奪去狀元頭銜，憤而自戕，亡故之後，又因死後面貌恐怖張揚足以鎮嚇十方惡鬼而成爲鬼王，曾在夢中爲唐明皇驅鬼除疫，於是「鍾馗抓鬼」的名聲不脛而走，又爲了報答同鄉好友杜平爲祂收葬屍骨的情誼，特將自己的小妹嫁

〔註10〕　所謂的「門釘」，便是在門板釘上渾圓狀的突起物，原是尖銳狀，取其驅逐邪穢的意思，依據古制，門釘的數目有其定數，兩扇門合起來多爲81或108個。以上關於「門神」的詳細資料，可見於「台灣大百科」網站的「門神」一條。

予杜平為妻,這便是民間傳說中有名的「鍾馗嫁妹」,從這些資料來看,雖然鍾馗的身分無法確知,但是卻能彰顯出鍾馗正直剛烈又有情有義的性格特質,在民間信仰中,鍾馗又被稱為「伏魔公」、「伏魔爺」或「天師鍾馗」,是一個「鎮煞驅邪」的代表性神祇,若遇到需要壓制邪煞、綏靖地方、淨空特定場域(如:神明安座、廟宇開廟門)的時候,通常會請鍾馗駕臨,這便是俗稱的「跳鍾馗」〔註11〕。一般而言,門神都是成對出現,所以,在民間一般家庭之中,若為雙扇門,則貼門神,若為單扇門,則貼鍾馗或魏徵,因此,從劇本中可以推測傅家的後門應該是一單扇小門,才會貼上鍾馗來驅邪鎮煞、把守門戶,由此看來,在這兩部戲曲裡,鍾馗並非以降魔鬼王的身分出場,而是鎮守一家門戶的守護之神,也許就鍾馗的神力來說乃是「大材小用」,卻也展現出鍾馗貼近人民生活的另一番面貌。

　　天界中,佛教與道教的神祇眾多,在《泉腔目連救母》與《莆仙戲目連救母》中,神佛出場的數目也不少,基本上以佛教和道教來區分,但實際上卻是兩教融合混雜,例如:傅相是由道教神祇接引上天堂,但傅羅卜與劉氏卻由佛教神祇來協助拔度,而觀世音菩薩更是「穿梭來往」於兩教之中,依據實際展現的形象來說,道教的神祇多半威嚴冷峻、秉公無私,執掌「鑒察善惡」與「懲惡揚善」的工作;而佛教神祇多半溫柔慈悲、法外容情,庇護、考驗傅羅卜,在確定傅羅卜堅定救母的孝心之後,便著手協助傅羅卜入獄救母的艱難任務,因此,兩教神祇在劇中各有所司、形象迥異卻又微妙地交錯融合,建構出一般民眾在日常生活中「宗教信仰」的屬性與風貌。

第二節　天界人間任來去──神佛的跨界情節

　　在「神佛」的這一章裡,除了討論在劇中出場的神佛形象之外,還有另一個值得探討的問題,那就是神佛降下凡界,在人間幻化成其他身分,施展法力、鋤強扶弱,推動情節發展的狀況。可以透過各神佛在天界與人界形象上的對比,強調眾神下凡後,對於劇中角色在生命中形成的幫助與重大影響,看神佛在人間的百變樣貌,相對也可以看出百姓對於神佛的期待與盼求。以下將列表舉出《泉腔目連救母》與《莆仙戲目連救母》這兩部劇本中提到「神佛跨界」的情節:

〔註11〕馬書田《中國冥界諸神》(台北:國家出版社,2001.06)頁142。

《泉腔目連救母》

齣　目	跨界角色	唱詞說白
第二十九齣 〈換貨〉	寒山→陳山 拾得→秦得	（寒山、拾得白）咱奉西天佛祖懿旨，說傳羅卜結修因果，功德無量。今來只金地國經紀，甲咱將寶物共伊兌換。咱只貨物都是大圓珍珠數粒，百煉黃金萬兩，寶珠玉璧無限之物，值價無量，助伊供給事佛。伊母家後開葷，不敬神明。須令伊歸家，不可遲慢，方知善惡有應。… （寒山、拾得白）只處就是羅卜寓所了，咱今着化做客人，然後叫門。 （傳羅卜上） （傳羅卜白）經紀買賣卜公平，但願逢著好相知。 （見，請入內，各坐） （傳羅卜白）動問二位尊兄，正貴處？ （寒山、拾得白）小弟陳山。小弟秦得。家居西方，動問財主貴處？ （傳羅卜白）小弟姓傳，家居王舍城。　　　　　（頁49～50）
第三十一齣 〈刣狗齋僧〉	眞人→僧人	（真人白）湛湛青天不可欺，未曾舉事我先知。善惡到頭終有報，那是來早共來遲。小神，乃是傅齋公祖事三官殿前隨班真人。因齋公善修因果，天地知聞，鬼神欽仰，今升天界。其子羅卜，佛道未成，但往外郡經紀。劉氏欺罔佛戒，故違夫命，毀了三官堂。絕了香火。日夜開葷飲酒，褻瀆神明。列班神聖，各歸本鎮，不敢居住本宅。今又共金奴設計，刣狗肉做饅頭，卜去齋僧。我不免化做僧人，前去點醒各僧道人等，方顯神明有應。　　　　　（頁56）
第五十一齣 〈卻柴引賊〉	觀音菩薩、勢至菩薩→姐妹	（觀音菩薩唱）【北地錦襠】日頭漸上煙霧消，靈雞一唱天漸曉。來到只山邊，人行靜悄悄，山頭鷓鴣啼未了。 （勢至菩薩過唱）因為卻柴來到只，滿目光景乜可吝。幸逢二月天，春光正明媚，枝頭禽鳥說破天機。 （見，行禮） （觀音菩薩白）夕陽西下水東流，罕見人生度百秋。 （勢至菩薩白）從今不識修行路，悔到臨頭禍難收。 （觀音菩薩白）不是別神，觀音菩薩。 （勢至菩薩白）勢至菩薩。咱化做人家姐妹，來金剛山卻柴，卜收五百羅漢皈依佛道。　　　　　（頁97）
第六十齣 〈良女試雷有聲〉	良女→凡婦	（良女上） （良女唱）【江兒水】世上善人堪為寶，行孝最為高。學道心未堅，中途苦磋磨，枉伊盡日念彌陀。 （良女白）人心何以離俗塵，只在天機悟得真。天意垂憐行孝子，佛心點化有緣人。小道良女，因有聲同羅卜欲往西天見世尊。羅卜誠心，得到西天。有聲道心未堅，慾心未除，難到天堂。先令飛虎洞黑虎大王驅出虎豹豺狼，將伊雙人趕散，有聲趕回普陀山，扶持羅卜到西天。佛娘令阮化做凡婦，搭一間草厝，來只山僻去處，引有聲來歌，試伊道心如何，勉勵自強，再學成道，也免半途而廢。 　　　　　（頁132）

齣　目	跨界角色	唱詞說白
第六十二齣〈觀音試羅卜〉	觀音菩薩→凡婦	（觀音菩薩上） （觀音菩薩唱）【拋盛】日上東方漸漸高，堪嘆世人走奔波。堆金積玉終何益？不如早早念彌陀。 （觀音菩薩白）天心憐孝子，佛化有緣人。小神，觀音佛祖。只因孝子傅羅卜，欲往西天謁世尊，請法入地獄救母，未知德行如何？阮須化做凡婦，來只黑桑林內採桑。待他到時，試伊德行，便知端的。阮不免入內提籃採桑。（頁149）
第六十三齣〈小挑，搶經〉	黃眉童子→沙僧	（黃眉童子唱）【拋盛】身居極樂好世界，超出凡塵無掛漆。奉勸世人須行善，後世自有福祿來。 （黃眉童子白）欽奉我佛旨。小神，黃眉童子。因孝子傅羅卜堅心救母，平挑經卜到西天參世尊，請法入地獄救母。前日觀音娘娘化做凡婦，到黑桑林試伊，果然心堅如鐵。今漸近雷音寺了，那是凡身難到天堂。我佛令白猿將伊經擔搶走，羅卜必然追趕，然後跳落深坑。一來再試伊堅心，二來乞伊脫去凡胎，令我化做沙僧，扶持羅卜，引伊到雷音寺見世尊，方顯孝感動天。… （沙僧扶羅卜上） （傅羅卜唱）【慢】神魂失去不知機，堅心救母，不管生共死。 （沙僧唱）【慢】你今捍定勿驚疑，欽奉佛旨相扶持。 （傅羅卜白）是誰？ （沙僧白）是沙僧，奉佛旨直來相扶。…漸近雷音寺了，相共見大佛。白猿引路。（頁158～159）

《莆仙戲目連救母》

齣　目	跨界角色	唱詞說白
第一夜上本第三齣〈老僧點化〉	地藏王菩薩→老僧	（地藏王菩薩唱）【化水令】肩挑衣缽下凡塵，觀此處綠水青山，片雲升蓋頂，紫氣繞此間，王舍城回頭是岸。 （地藏王菩薩白）非佛亦非僧，菩薩化幽冥；為善與為惡，善惡無為偏。慈悲乃是幽冥教主地藏王菩薩是，只因王舍城傅相為善，功滿乾坤，建設大會，誠意虔心，佛旨命我化身指示，點引他觀望地府幽冥，諸類橫死，使伊了悟塵埃，捨身慕道，後引上天堂快樂，即此起行。神仙若不分明說，誤了凡間多少人。… （地藏王菩薩唱）化作僧家來此境，參透機關度善人。 （地藏王菩薩白）員外吓。 （地藏王菩薩唱）久仰太山真高名，不遠千里來相尋。… （傅相唱）老夫素質不染塵埃，蔬食菜羹足生平；堪嘆名利如浮梗，無常一到總屬他人。 （傅相白）老夫每觀世界炎涼，爭競奔波，營營逐逐，為惡為非，無所掛礙，亦無有恐怖。我但區區受想行識，無色心香味觸法，欲求善終，樂舍帑金，結些良緣，以了弟子一片婆心。 （傅相唱）自愊微軀，俗類凡人，何能得賭地府冥陰。 （地藏王菩薩唱）【設】洞察言因、言因，普天之下，推此一人，欲觀冥途，頃刻可成。（頁18～19）

第一夜上本 第四齣〈掛榜 佈施〉	降龍、伏虎共九 位羅漢→十類孤 貧	（伏虎羅漢唱）奉佛旨變化下凡間、凡間，身驅猛虎渡長江、長江。 （降龍羅漢唱）手持名珠一個，法服青龍龜靈山 （第三位羅漢唱）幢引搖搖吹不動、不動。 （第四位羅漢唱）把錫杖一擲，飛衝霄漢、霄漢。 （第五位羅漢唱）踏一葦渡江歸西國、西國。 （第六位羅漢唱）一部悟心能見佛、見佛。 （第七位羅漢唱）眉隨過膝心自閒、自閒。 （第八位羅漢唱）削髮留鬚棄江山、江山。 （第九位羅漢唱）手抱獅子住，長江萬里瞬息間、息間。 （合唱）只承我佛這法旨，隨波逐浪過長江、長江。 （第五位羅漢白）若人欲了知 （合白）三世一切佛 （第五位羅漢白）應觀法界性 （合白）一切惟心造 （第五位羅漢白）奉我佛有旨，命我等渡江下凡，作十類孤貧，試察傳相因果。果誠心向善，後接引西方，永享快樂。 （頁21）
第一夜下本 第九齣〈監齋 點化〉	監神→道士	（監神唱）【引】愚婦昏迷心太痴，豈知青天不可欺，暗施殺狗饅頭計，未然舉意我先知。 （監神白）自家監齋使是。前在陽世，素性忠誠；後歸陰司，持齋多謹，蒙玉帝封為九天當廚使者。監齋糾察尊使，近見傳家三代持齋，被一人所壞，心恨僧道進諫，聽信劉叟、金奴搬唆，殺狗製饅頭，想破僧道食戒。我已曾告於司命奏上玉皇，今不免化作僧道，居會緣橋，點化僧尼道士為要。…小道一暮居傳厝化齋，蒙伊相待甚厚，因天色晚了，留小道住房安歇，聽聞金奴搬唆安人，響列位不合進諫，言語譏刺，伊一盲殺狗製饅頭，今旦送齋來時，把饅頭一起送食，等列位食後，金奴要取笑一場。…眾人不須掛意，小道備有素饅頭帶來，汝等一人各藏一個身邊，待食時將伊狗饅頭換成素饅頭來食，伊一時不覺，決然取笑汝等，那時汝等各出狗饅頭給她看，一則不致破戒，二則見汝等修行有先知之明。…列位，汝等可將狗饅頭，摔扒地下，自有分曉。 （眾扒下變狗）（逐金奴、安童走） （僧道唱）饅頭變狗事堪驚，想伊必然受災禍、災禍。 （監神白）列位呀，金奴轉去，決然搬唆安人，燒了齋房，來趕眾人。怀如見機而作，且分散去遊方，等齋公轉來再會。 （僧道白）看這道士，大是非凡，狗饅頭摔地下，伊用法水一噴，立刻變狗，想是神仙來此點化。儂眾人應聽他的話，分散遊方，等齋公轉來再會。 （頁84～85）

| 第二夜上本
第三齣
〈點化金剛〉 | 觀世音→
道士 | （觀世音唱）【引】金蓮座上觀世音、觀世音，慈悲廣度眾生靈，只為孝子身遭難，特來點化金剛人。
（觀世音白）善哉善哉！苦事難災，吾今不救，等待誰來！慈悲觀世音是。法眼觀見傅羅卜前生修行八世，到今生已修九世，他乃長眉尊者降生，終此之世，方成大業，上管三十六天，下管九泉十地。今有金剛山張祐大、李純元等兄弟十八人，修行七世，殺心未滅，復為強人。他入山林之時，曾憑懺牌為記：「未開金剛山，先賴觀音力。」如今傅羅卜經商回家，經過此山，遭其擄劫，吾當指引十八人與羅卜結為兄弟，遣散強徒，同往西天見佛修行，以全大事。不免變為道士，多少是好。你看張李二人來了，在此等候便了。
（張祐大，李純元上）
（張祐大，李純元白）汝是何方道人，敢行此路？
（觀世音白）吾乃西方道士，因身邊缺少盤錢，特在此處等汝眾人贈送。
（張祐大白）汝有何本領？敢望本大王贈送盤錢？
（觀世音白）吾能呼風喚雨、撒豆成兵。
（張祐大白）道人既然有此法術，我山上現少一位軍師。（向李純元）賢弟，不如就請他做軍師，豈不是好？…
（觀音化去）
（張祐大、李純元唱）狂風、狂風起一陣，軍師不見面，定是乜妖怪，到此來相侵。
（觀世音現身雲頭）
（觀世音白）張李二將軍吓。
（觀世音唱）吾是、吾是觀世音。
（傅羅卜、張祐大、益利、李純元白）阿彌佗佛！
（觀世音唱）汝兄弟齊聽法令，傅羅卜、羅卜為孝善心，可與結義永相親。
（觀世音白）張李二將，汝兄弟十八人，前生修行七世，因殺心未滅，特來點化汝，可同往西天見佛修行，後來自然得成正果。羅卜與汝有兄弟之緣，就此結拜訂盟。
（張祐大、李純元白）謹遵我佛法旨。
（觀世音白）羅卜，汝進修不懈，後去終成大業。汝母親違誓開葷，速速回家，不可遲緩，吾去了！（頁94～97） |
| 第二夜下本
第六齣
〈劉氏回煞〉 | 善財童子→
道士 | （善財童子唱）【引】承奉佛旨下凡塵，小試羅卜孝子心。
（善財童子白）小聖善財童子是。蒙觀音娘娘法旨，謂羅卜十分行孝，因其母墜落地獄，命我化為道士，前去試伊。果有孝心，便可指點伊救母，多少是好。來到此處，正是羅卜厝，不免進去。原來四真影像在此，不免將楊枝撥些穢土，抹她面上，「則人皆掩鼻而過之」。化齋噫，化齋噫。
（傅羅卜上） |

		（傳羅卜唱）【怨】聽見外頭人化齋，暫放經書相款待。（見母像污穢）
		（傳羅卜唱）【胡女怨】甚人那麼毒，甚人那麼呆？把我娘嬭遺容，塗抹不成體態。羅卜真不孝、不孝，有失勤服事，思憶姐顏容，怎不淚哀哀。
		（善財童子唱）齋公容告訴，何須心哀苦，面上雖不潔、不潔，還強腹內胡塗。
		（善財童子白）尊堂違誓開葷，殺牲害命，豈不是糊塗嗎？
		（傳羅卜白）唉苦！道友何以知家母腹內胡塗呢？
		（善財童子唱）好事不出門，惡事傳千里遠。
		（傳羅卜白）咳，姐吓，果有此事，難免地獄之苦。（傳羅卜哭）…奈老母違誓開葷，恐在陰司難免地獄之苦，救母之方，望乞賜教。
		（善財童子白）齋公不須煩惱，汝往後花園蓮花池上去，就有人教你救母之方。 （頁137）

　　從列表的情節可知，「神佛跨界」行為的目的共分為以下幾種：

　　一、開示點化：屬於這一類的情節有觀世音菩薩、勢至菩薩化身為姐妹；地藏王菩薩化身為老僧；觀世音菩薩化身為道士。先從觀世音菩薩的「化身」說起，在佛教來說，普遍認為觀世音菩薩有三十三個化身，就《妙法蓮華經・觀世音菩薩普門品》中的記載，觀世音菩薩三十三個化身如下：佛身（楊柳觀音）；辟支佛身（龍頭觀音）；聲聞身（持經觀音）；梵王身（圓光觀音）；帝釋身（遊戲觀音）；自在天身（白衣觀音）；大自在天身（瀧見觀音）；天大將軍身（蓮臥觀音）；毘沙門身（施藥觀音）；小王身（魚籃觀音）；長者身（德王觀音）；居士身（水月觀音）；宰官身（一葉觀音）；婆羅門身（青頸觀音）；比丘身（威德觀音）；比丘尼身（延命觀音）；優婆塞身（眾寶觀音）；優婆夷身（岩戶觀音）；長者婦女身（能靜觀音）；居士婦女身（阿耨觀音）；宰官婦女身（阿摩提觀音）；婆羅門婦女身（葉衣觀音）；童男身（琉璃觀音）；童女身（多羅尊觀音）；天身（蛤蜊觀音）；龍身（六時觀音）；夜叉身（普慈觀音）；乾闥婆身（馬郎婦觀音）；阿修羅身（合掌觀音）；迦樓羅身（一如觀音）；緊那羅身（不二觀音）；摩睺羅伽身（持蓮觀音）；執金剛身（瀝水觀音）。

　　在佛典裡，觀世音菩薩是「以種種形，遊諸國土，度脫眾生」〔註12〕，祂是隨著需要被拯救、開示與度脫的眾生之需求，幻化成不同的樣貌，既可以是男相，也可能是女相，可以是垂垂老矣的長者，也可能出現童身，觀世

<hr>

〔註12〕 CBETA 電子佛典 Big5 APP 版，大正新脩大藏經第九冊 NO.・262《妙法蓮華經》，最近更新日期：2009/04/15。

音菩薩千變萬化的種種化身，是佛法廣大無邊的最佳示現，更能看出觀世音菩薩大慈大悲以千萬種法門欲救眾生於苦難的襟懷。在兩本劇本中，一樣是爲點化「盜賊」，觀世音菩薩卻以兩種截然不同的形象出現，一個是與勢至菩薩化身爲一對姐妹，另一個則是化身爲道士。在《泉腔目連救母》第五十一齣〈卻柴引賊〉、第五十二齣〈造土獅象〉、第五十三齣〈收捕，駁佛〉中，觀音與勢至菩薩化身爲一對妙齡姐妹來到金剛山撿拾柴火，觀音與勢至菩薩甫出場便向盜賊雷有聲和張徇佑表明身分，說明姐妹倆人命帶孤剋，舉目無親，寧可過著吃齋念佛讀經的日子，既不願事人也不願招親，只希望姐妹倆人可以相親爲伴、平靜度日，雷有聲與張徇佑看到如此一對貌美未嫁的姐妹花，當然希望與之共結連理，於是觀音與勢至菩薩設下一個考驗：若雷有聲與張徇佑能手不釋卷、口不絕誦，熟讀《法華經》，便願意與之共結連理，當雷與張依約前來與菩薩見面時，兩位菩薩又設下另一道難關：要雷有聲與張徇佑用土造獅象，若誦經之後能令土獅、土象凌空飛騰，方能彰顯兩人誠心，才願意下嫁，雷有聲與張徇佑雖然努力塑造土獅土象，但是由於誠心不足，當然不可能使土獅土象凌空飛昇，反倒是觀音與勢至菩薩，跨坐獅象飛騰而去，這樣的神蹟，讓雷有聲與張徇佑大感驚奇也心生疑懼，隨後觀音菩薩的護法神便詐做官兵前來強收這一批盜賊皈依佛道，盜賊搭船而逃，但船身立刻被風雨打破，逼得一群盜賊只好被迫棄船逃向普陀山，最後，觀音菩薩以一句「人人知道有來年，家家種取來年穀。人人知道有來生，何不種取來生福。」點化眾盜賊棄刀修行，五百賊眾在前無去路、後有追兵的情況下，又受到觀音菩薩感召，才願意皈依佛道，以金刀披剃落髮、了結俗世因緣，成爲觀音身邊的五百羅漢。《泉腔目連救母》第五十一齣〈卻柴引賊〉、第五十二齣〈造土獅象〉、第五十三齣〈收捕，駁佛〉是很典型的「觀音點化」情節，祂以「年輕女性」的柔性形象出現，從一開始就已經突破了盜賊的防禦之心，雖然這一對姐妹自稱「不願事人也不願招親」，但是面對雷有聲與張徇佑的求親舉動並沒有激烈排斥，反而是以「熟讀佛經」爲條件，讓求親者直接面對佛法的博大智慧，進一步思考修行的可能，再以土造獅象當作試煉，讓雷、張二人體會神蹟的巧妙，當這兩人被神蹟所震懾，賊心逐漸動搖，就會漸漸往佛道的方向靠攏，最後再讓護法神將把一群盜賊逼趕上山，讓所有人在「半推半就」的情況之下，接受觀音菩薩的開示點化，當五百盜賊了解到一切都是前世的因緣所致，自然會順從因果的指引皈依佛道，整個過程非常順理成

章，也具有「教育群眾」的意義，人人皆有佛性，今生雖爲盜賊，只要在累世的因緣裡曾與佛法結緣，一個轉念，金刀剃度，盜賊也可以是羅漢，這樣的故事，給廣大的群眾帶來光明的希望，無論今生的身分、地位如何卑賤低下，也無論是否惡貫滿盈，只要有心向佛，便會朝著頓悟的道路前進，在佛陀面前，眾生平等，人人都有皈依佛道的機會，來生之福要從此生開始培植，霎時間，修行便有了更爲積極的目標，而觀音菩薩用一種溫柔的形象帶領著眾生朝修行的道路前進，對群眾而言無非是更大的鼓舞。話說回來，在《莆仙戲目連救母》中，觀音點化盜賊，卻是以一個「道士」的形象出現，這其實是一個相當巧妙的反差，除了展現出佛道融合的情況之外，當觀世音化身爲男相，祂點化盜賊所採取的方法就不再是溫柔的引導，而是採用哄騙入營、突然狂風大作、飛昇雲端…等較爲強烈的手段，直接展現神佛之力，甚至讓人誤以爲是妖魔作祟，是用類似於「下馬威」的方式「收伏」盜賊的感覺，這在在都展現出一種「男性」的陽剛之力，當然，佛法廣闊無邊，法門何止千萬，從觀世音菩薩點化盜賊便可看出觀音化身「男相」與「女相」在處事手法上的差異，祂遊走於佛、道、男、女之間，爲點化渡人的情節憑添更多元的趣味。《莆仙戲目連救母》中還有一段地藏王菩薩化身老僧點化傅相的情節，地藏王菩薩一般與觀音、普賢、文殊菩薩合稱爲四大菩薩，非常受到群眾的景仰，而一般民間信仰普遍相信，發下「地獄不空，誓不成佛；眾生度盡，方證菩提」這個偉大宏願的「地藏王菩薩」其實就是目連，這樣的信仰大概與目連的孝子形象被神格化有關，再則《地藏菩薩本願經》〔註13〕中也提到：地藏王菩薩捨身到地獄中拯救因爲輕賤三寶而墮入地獄母親，這種「入冥救母」的大孝行徑也與目連的形象事蹟相符，因此民間自然而然會把這兩位「孝子」連結在一起。但是，在《莆仙戲目連救母》中，地藏王菩薩卻另有其人，由於地藏王菩薩負責度化地獄中受苦的眾生，因此是由祂遵奉迦牟尼佛的旨意，帶領傅相觀賞地獄諸相，希望傅相可以藉此「了悟塵埃、捨身慕道」，在徵得傅相同意之後，地藏王菩薩帶領傅相登上法壇，傅相看見亡故後的魂魄分爲善、惡兩隊，因而以「善善惡惡不同流，榮辱兩字自己求；天堂地獄分上下，善者上天，惡墮九幽」來點醒傅相，並且向傅相說明「崇建

〔註13〕 CBETA 電子佛典 Big5 APP 版，大正新脩大藏經第十三冊 NO.•412《地藏菩薩本願經》，最近更新日期：2009/04/15。《地藏王菩薩本願經》記載了地藏王菩薩入地獄救母一事，而被視爲佛經中的孝經。

無遮大會」普渡施捨的圓滿功德，劇本中這一齣〈老僧點化〉除了有點化傳相的意涵之外，還具備了「廣告宣傳」的功用，也就是說，藉由戲曲的舞台演出向觀戲的民眾宣達佛教中施捨、普渡的重要性，戲中將施捨與普渡也視為「修行」，灌輸群眾平日要多施捨以累積功德，除了死後不會墮入地獄之外，還能在來世享受福報，誘發群眾向佛教持續施捨的動力，畢竟，從現實層面來說，舉辦各式超度法會和民眾的持續施捨，確實是一般佛寺的重要經濟來源，強化宣導普渡法會與施捨可以累積的功德對於佛寺而言確實是一件重要的工作。

　　二、助人為善：屬於這一類的情節有寒山、拾得化身為陳山、秦得。寒山與拾得相傳為唐太宗貞觀時期的僧侶，是佛教史上著名的詩僧，由於兩人情感非常融洽，在世之時便一直形影不離，留下許多詩句與玄妙的對談，民間稱此二人為「和合二仙」或「和合二聖」，是掌管平安喜樂之神，庇祐世間之人的友情與愛情都能夠永續不斷，是一對象徵情意綿長、吉祥喜樂的尊者。在《泉腔目連救母》中他們化身為兩位商人，奉佛陀旨意去幫助被張楊、秦福騙去一百兩白銀的傅羅卜，這一段情節意在彰顯傅羅卜的「純善」形象，傅羅卜身為傅相之子，從小茹素修行、不知人間險惡，第一次奉母命出外經商，便遇上由張楊、秦福假扮道士的「詐騙集團」，由於傅羅卜缺乏防人之心，輕易相信「修道之人」，而被詐取了一百兩白銀，因此，佛陀為了顯示天理昭彰、善惡有應，特別請和合二仙來襄助傅羅卜，一則以珍貴的貨物與羅卜交換，增添傅羅卜繼續行善的資糧；二則使羅卜盡快完成經商的任務，早日返家，阻止母親劉氏的惡行。在整過程當中，羅卜不斷強調「公平交易」的重要性，不願輕易佔人便宜，這既是顯示他善良的天性，也是藉機教育觀戲群眾：經商首重「誠信」的道理，另外也再一次宣揚「舉頭三尺有神明」和「善有善報」的觀念。

　　三、遏止惡行：屬於這一類的情節有真人化身為僧人；監神化身為道士。相較於前一類是強調「善有善報」，這一類則是強調「惡有惡報」，這一類的情節在《泉腔目連救母》與《莆仙戲目連救母》中其實頗為相似，主要是講劉氏受到劉賈與金奴的教唆，違誓開葷、日夜宴飲、不敬神明，還宰殺犬隻以狗肉製成葷食饅頭，想要誘騙齋僧館中的僧人食用，讓僧人在無意間食葷破戒，所幸，天上有神明鑒察，而特別派下使者化身成僧道，趕在僧人誤食之前，一語點破實情，不僅讓惡人的詭計未能得逞，還使為惡之人得到應有

的報應。這一部分的情節相當簡單、象徵意義也鮮明易懂，只是爲了彰顯天地神明的鑒察有方，必當會極力遏止惡行，保護虔誠修行的僧侶。但是，除了情節簡單、主旨鮮明之外，這個部份還有一些相當有趣細節可供討論：先從劇中角色的身分談起，《泉腔目連救母》中所謂的「眞人」指的是「傅家三官殿前的隨班眞人」，身分較爲單純；而《莆仙戲目連救母》中所謂的「監神」所指的是「監齋使者」，也就是說，如果有人發願要茹素修行，便會有一個監神來注意發願者是否切實執行誓願，監齋使者一般會由生前性情忠誠、堅持茹素的人來擔任，鎮守在持齋之人家中的廚房，鑒察持齋之人的飲食情況。值得討論的地方在於：一般而言，「佛教」才是站在因果報應的立場，強調要以「茹素」的方式避免殺牲害命、生命相食而導致輪迴不斷的宗教，相較之下，道教在「茹素」的規範上就沒有這麼嚴謹，然而，《莆》劇中所言的「監齋使者」卻是由道教的「玉皇大帝」所下旨敕封的神明，另外，在《泉》劇中篤信「佛教」、長期茹素的傅相家中，其實還奉祀著道教的高位神祇「三官大帝」，而「三官大帝的隨班眞人」反倒以「佛教」僧侶的形象出現在佛教的齋僧館，這幾個細節其實相當微妙，既可以解釋爲在這兩齣戲曲中是採取「佛道融合」的思想，也可以解釋爲在這兩齣戲劇中，「玉皇大帝」乃凌駕於佛陀之上，統理佛、道兩界神祇的至尊之神。其實，這種佛、道兩界混雜融合的情形，在某種程度上相當確切地反應出民俗信仰的眞實景況，例如一般民眾家中，可能會在神龕上吊掛著「三聖佛」〔註14〕或「三寶佛」〔註15〕的圖像，卻又奉祀著王爺、媽祖、關公或福德正神…等道教神祇，佛教與道教神祇同在一張供桌之上，卻全然不相衝突，民眾也一樣都使用線香供奉、頂禮膜拜，也許，對群眾來說，哪些是道教神祇、哪些是佛教菩薩其實並不是很重要，能庇佑家運平和、闔家出入平安才是最大的重點，如此說來，在信仰方面雖然帶有一些「功利主義」，對一般民眾而言卻也是最現實不過的事，畢竟，誰家不希望有佛、道二教的神祇合力庇祐，若虔誠供奉便可獲得神力的襄助，對於在俗世無常中起伏不定的眾生來說，無疑也是一種堅定的支持。

　　四、考驗道心與孝心：屬於這一類的情節有良女化身爲凡婦；觀音菩薩

〔註14〕　「三聖佛」指的其實是「西方三聖」，中立者爲阿彌陀佛，左脅侍觀世音菩薩，右脅侍大勢至菩薩。

〔註15〕　關於「三寶佛」究竟是哪三尊佛像？其說法較爲複雜，但是，就台灣民俗來說，一般說來，「三寶佛」指的是藥師佛、釋迦牟尼佛、阿彌陀佛。

化身爲凡婦；黃眉童子化身爲沙僧；降龍、伏虎共九位羅漢化身爲十類孤貧；善財童子化身爲道士。在《泉腔目連救母》與《莆仙戲目連救母》中，這一類的情節相當常見，正所謂「道有道考」，修行之路難行，而紅塵俗世中的誘惑何等之多，爲了考驗修行之人的信念是否堅定，神佛往往會設下許多不同的試煉，並從旁觀察修行者接受試煉時的表現，藉此判斷修行者是否足以得到神佛的支持，或者是否能達到「功果圓滿」的要求而取得證道昇天的機會。在《泉腔目連救母》與《莆仙戲目連救母》中，所謂的「試煉」還分爲幾種不同的形式：

第一種是男女大欲的考驗，這一種類型的考驗出現在「良女試雷有聲」與「觀音試羅卜」這兩段情節裡，嚴格說來，這兩段情節還可以做一個相互的映照比對，同樣身爲「男性修行者」，在面對由觀音與良女所化、如同天女般嬌俏美麗的少婦時，有誰能成爲眞正的「柳下惠」得以秉持心性「坐懷不亂」？在這一類的試煉中，可以看見那美麗的少婦柔情似水、欲卻還迎，每一個動作、每一句話語，都足以勾人魂魄，有道是「女追男，隔層紗」，一般男子很難推卻這種如同春風襲來、既溫暖又擾人心神的誘惑，於是，在「色」字上頭，便可以考驗一個男子，究竟是「慾心」堅定？還是「道心」堅定？在劇情中，相較於傅羅卜面對誘惑時，具有「八風吹不動，端坐紫金蓮」的定力，雷有聲就顯得「更具人味」，我們可以看見雷有聲在面對男女大欲的誘惑時，剛開始還能把持心性，後來隨著誘惑一步步更爲明顯強烈，他的內心也開始動搖，一旦開始動搖，心念會越來越複雜，佛陀雖然偉大、佛法雖然浩瀚無邊，但是到了閉上了雙眼誦經祝禱時，美女精緻的面孔卻浮上眼前，佛陀的慈眉善目比不上撩人的秋波流轉，一顆心幾度在冰與火之間激烈擺盪，徘徊、猶豫、掙扎，雷有聲所面對的是不折不扣的「人性」，他沒有傅羅卜的累世修行、佛性在心，他也沒有傅羅卜想要捨身入地獄救母的堅強信念，他只有「人性」──身而「人」所具有的情感、束縛、貪、嗔、癡、愛、優點與劣處…，因此，相較於傅羅卜的純善與至孝，雷有聲更爲有血有肉也更貼近一般群眾的修行狀態，所以，與其說雷有聲是一個道心不堅的「負面教材」，從另一個角度來說，他更具有積極教育的意義，像這樣一個「凡人」──和你我一樣的凡人──只要有心修行，即使遭遇考驗、失敗，也依然還有機會再一次調整心態、往證道的目標繼續前進，所謂的「道考」，當然是希望受試者能通過考驗，但是，即使失敗，也是堅定道心的一劑「強心針」，讓修

行者得以不斷提醒自己：「修行的路，還很長，還有許多考驗等在前方，在歷經考驗之後，要一次比一次更堅定」。

　　第二種是生死肉身的考驗，這一種類型的考驗出現在「黃眉童子化身為沙僧試探傅羅卜」的情節裡，正所謂「肉身難得」，既然擁有肉身，便會相應產生出許多的眷戀、慾望，而終究難以捨棄，這不禁讓人聯想到在《金光明經・捨身品第十七》中最有名的故事「捨身飼虎」中，曾經談到國王羅陀有三位太子，大太子波那羅，二太子提婆，三太子薩埵那，有一天兄弟三人到園林遊憩，巧遇一虎生產，產下七隻小虎，無奈母虎體力太弱，無法獵食，導致沒有乳水可以哺育，眼見老虎的生命危在旦夕，大太子雖然認為唯有「新熱血肉」足以拯救這八條生命，但是大太子卻覺得：「一切難捨，不過己身」〔註16〕，也就是說，這個世間最難捨棄的東西，就是自己的生命，因此沒有必要捨棄自己的生命來拯救老虎，隨後，兩位兄長便放棄拯救老虎的念頭，轉身離去，唯有三太子薩埵那說：「復次若捨此身，即捨無量癰疽、癩疾，百千怖畏。是身唯有大小便利。是身不堅，如水上沫。是身不淨，多諸蟲尸。是身可惡，筋纏血塗，皮骨髓腦，共相牽連。」〔註17〕，薩埵納認為所謂的肉身就好像癰疽、癩疾，容易造成危害，且人生於世，有千百萬種怖畏，整日在無常之中，心神浮動不安，肉身既不堅固也不潔淨，只是一大堆筋骨血肉組合而成的東西，並不值得珍惜，所以最後他便決定捨身飼虎，拋卻了看似珍貴、實則微渺的肉體生命。黃眉童子奉佛旨化身為沙僧和白猿精合作，便是為了考驗傅羅卜會不會因為「肉身難得」而執著難捨，最終背離自己「捨身救母」的誓願，最後，當白猿精搶奪羅卜的經擔〔註18〕跳下深淵，傅羅卜在後急忙追趕，甚至毫不猶豫隨著白猿精縱身一躍而下…，如同《金光明經・捨身品第十七》所言，正因為在這個世間「一切難捨，不過己身」，若傅羅卜連自己的生命都可以輕易捨去，便足以證明傅羅卜至孝的心性與堅定不移的信念，佛陀藉此考驗羅卜在肉身與信念的權衡下孰輕？孰重？若羅卜當真能為了追求自己的信念而毫不猶豫捨棄生命，便可以藉由躍下深淵的行為「脫去凡胎」，從此傅羅卜反而可以自由地遊走三界，上窮碧落下黃泉也無所窒

〔註16〕 CBETA 電子佛典 Big5 APP 版，大正新脩大藏經第十六冊 NO.・663《金光明經》，最近更新日期：2009/04/15。

〔註17〕 同上註。

〔註18〕 在《泉腔目連救母》中，傅羅卜的經擔，一頭是佛經，一頭是母親的骨灰，對傅羅卜而言是他「捨身救母」的最佳表徵。

礙，這是佛陀給羅卜的最終試煉，也彰顯出佛陀慈悲爲懷、普救世人的偉大胸襟，同時告誡世人：人世無常、禍福難斷，唯有不斷「施捨」才能積累無上功德，只要你的信念堅定不移，佛陀也必然會施予援手。

　　第三種是生活情境的考驗，這一種類型的考驗出現在「降龍、伏虎共九位羅漢化身爲十類孤貧」與「善財童子化身爲道士」這兩段情節裡。羅漢化身爲「十類孤貧」到傅相家乞討，是爲了測試傅相的善心，倒不是說天上的神佛不願相信竈君、土地…等神祇在奏報之中對於傅相的推崇，只是在傅相壽終之前，確認傅相在陽間的所作所爲，將來接引上天、施行冊封時也好有個實證和依據，當然，施行測試的結果，果眞證明傅相是一個德慧雙修又兼具慈悲之心的大善人，所以九位羅漢也算是圓滿達成任務。另一個則是善才童子化身爲道士，測試傅羅卜是否眞的是一個「至孝之人」，祂先將塵土潑灑在劉氏的眞容上，觀察傅羅卜的反應，若他眞的是一位孝子，善財童子便會指引他入獄救母的方法，在這一段劇情中，除了展現傅羅卜身爲一個「孝子」的形象之外，也顯示出佛陀對於「劉氏入地獄」的憐憫之心，佛陀不忍一位孝子的內心受盡煎熬，更不願意見到劉氏因爲一時的過錯沉淪地獄，既是表達了佛教推崇孝道的立場，也呈現出佛教樂於見到「薦拔超度」的行爲，讓「地獄淨空」的大願得以早日實現，情節雖然簡單，但蘊含的意義卻相當深遠。

　　神佛的「跨界行爲」，對於世間信眾而言，可以加強眾神佛「親民」的形象，神佛不再高高在上，而是會幻化成各種角色在人世間遊走巡查，這無疑可以增強群眾對於「信仰」的信心，也讓人民對生活的環境更有「安全感」，這相對可以達到穩定社會民心的功效。神佛並沒有眞實而固定的形象，因此信眾對於神佛的期待與想像，和神佛在人界幻化而成的角色形象，往往相互呼應，神佛跨界、貼近群眾，讓百姓的生活與內心得以更加安穩平靜才是所有人共同的心願與期盼。

第三節　統攝天下的絕高之地——天界

　　在《泉腔目連救母》與《莆仙戲目連救母》中，關於天界神祇的種種探討，其實不難看出，劇情裡多數都在強調「天界與人間的聯結」，純粹對於天界的描繪並不多見，除了少數身在高位或負責執法與傳令的神祇之外，很少

給人高高在上、威不可侵的感覺，更沒有陰間官吏讓人不寒而慄的森冷嚴峻，在劇本中祂們多半相當貼近人民群眾的生活，默默地觀察、保護善良的人民，或是秉持著正義的形象「懲奸除惡」，都相當符合人民對於天界神祇的期待，戲曲在民間演出的目的，往往是為了加強群眾對於「天理昭彰，報應不爽」的信心，只要人民可以胸懷慈悲之心、安守本分地過日子，在各路神明的庇祐之下，便能擁有平安喜樂的生活。

在劇本中我們還能清楚看出「佛道融合」的現象，就《泉腔目連救母》而言，要分別道教與佛教的神祇其實非常容易，每當「道教」的神祇登場時，劇本中就會出現「燒金」的舞台指示，也就是說，在戲曲舞台上，只要有「道教神祇」登場的時候，必當在舞台上焚燒金紙，以示「迎接眾神駕臨」的崇敬之意，這種具有祭祀成分的舉動，彰顯出「目連戲」的宗教儀式色彩，也明顯區分出佛、道二教神祇的不同。雖然在一般的宗教認知上，佛教與道教是並行於世的兩個宗教系統，以兩教的至高統帥「釋迦牟尼」和「玉皇大帝」來說，只有修行方式與宗教理念之不同，並沒有位階高低的區別，職權上也很少相互衝突，但是《泉腔目連救母》中，給人的感覺卻是「玉皇大帝」為掌理三界的最高統帥，連「觀世音菩薩」都是由「玉旨敕封」，而「釋迦牟尼」反而是以一個「佛教創始人」的身分，在「西天」默默修行，雖然表面上看來是道教凌駕於佛教之上，但是從另一個角度看來，只是彰顯出兩個宗教負責的「執掌」與「功能」不盡相同，道教掌握著「法」與「理」的部份，強調「鑒察善惡」，評定人世間的禍福吉凶，而佛教卻著重在「情」的部份，宣揚慈悲與行孝的思想，企圖打造一人間佛國，道教與佛教，在劇本中反而像是一對看護著所有世間子女的嚴父與慈母，雖然有的時候立場會有所衝突，但是也總歸是為了「世間和諧」而努力，雖然略有分野，卻又相互融合，對於群眾而言，兩者都是重要而不可或缺的存在。而佛、道兩教的交會點便是「觀世音菩薩」，這一位佛、道二教都遵奉的神祇，時而為「玉旨敕封」，時而「遵從佛旨」，雖然在身份上不免有些混亂和矛盾，但是因為祂「聞聲救苦、大慈大悲」的形象廣植人心，對群眾而言，祂是最為貼近人民精神生活的神祇，至於祂到底是為玉皇大帝辦事？還是隸屬於佛陀世尊門下？這都不是群眾關注的重點，人民只是在心中強烈盼望有一個法力高強又溫柔慈悲的神祇可以常駐世間，這雖然是有一點私心與功利的成分存在，但也是所有百姓對現世安穩、歲月靜好的一點癡心期盼罷了。

第五章　閩南入冥救親戲曲祭、戲合一的演出意義

閩南入冥救母戲曲《泉腔目連救母》與《莆仙戲目連救母》除了對於地獄、人間、天界的形象與表徵都有相當鮮明的描寫之外，這兩部戲曲與「儀式」之間的關係也相當密切，這一個章節便是著重在討論這兩部戲曲除了文本本身的意義之外，還有哪些「實質上」的功能，本章分成「戲中有祭」與「祭中有戲」，用不同的兩個角度切入觀察，將實際舞台演出與閩南喪葬儀式互相結合、比對，探討閩南入冥救親戲曲中所彰顯的儀式性質。

第一節　戲中有祭

比對《泉腔目連救母》和《莆仙戲目連救母》的劇本內容便可看出——就儀式層面來說——《泉腔目連救母》中的儀式性質相較之下更為明顯，《泉腔目連救母》的校訂人之一龍彼德就在此書的導言中指出：

> 一直到二十世紀中葉，在閩南經常可見到目連戲的演出，特別是在泉州市和泉州府。雖然此校訂本依據傀儡戲的抄本，同樣的劇本亦用於大戲。傀儡戲由五個演師操大傀儡演出；大戲則是由法事戲（或稱「打城戲」）班演出。大多數目連戲的演出都是在農曆七月中元普渡之時或農曆二月、六月、九月觀音誕辰或成道之日，一般演四天。……在一九二〇和三〇年代的極盛期間，法事戲主要來自兩個傳統。一是泉州開元寺和尚超塵和圓明所組成的「大開元班」，成員主要是香

花和尚。他們聘請傀儡戲藝人呂佃大、林潤澤和陳丹桂來教授目連戲的唱唸。另一個是純粹道教系統，創於晉江小興元村的「小興元班」。〔註1〕

從上面的敘述可以得知《泉腔目連救母》在中國大陸文化大革命以前，一直是以「法事戲」的面貌出現，負責演出《泉腔目連救母》的「大戲」〔註2〕演員也與一般的專職藝人不同，他們通常是「香花和尚」或「道士」，只是以戲班接演戲曲演出的模式來營生，就連戲曲演出的日期也與「法會」、「儀式」脫離不了關係，所以，在閩南泉州地區《泉腔目連救母》在戲曲舞台上就一直是呈現出「戲中有祭」、「亦戲亦祭」的面貌。

除了演員的身分、演出的時間和場合都與祭祀脫離不了關係之外，《泉腔目連救母》與其他單純在舞臺上搬演劇情的傳統戲曲最大的不同點在於：《泉腔目連救母》直接將「儀式行為」帶到演出的舞台上，以一個最簡單的例子來看，雖然，在許多戲曲情節中會有「神祇」的角色出場演出，甚至在各個劇種中，也有許多不同類型的「扮仙戲」，但是，在一般戲曲演出中，神祇出場並沒有附帶多餘的祭祀儀式，然而在《泉腔目連救母》中舉凡遇到「道教神祇」出場的時候，在劇本中必當會有「燒金」的舞台指示，甚至還會依照民間的信仰習俗，按神祇不同的「位階」燒化不同的金紙，例如在「玉皇大帝」出場前，就會有「燒大金」（即民間俗稱的「天公金」）的指示，足以見得《泉腔目連救母》在實際演出時對於「神祇降臨」的重視，以至於會有如此明確的「迎神儀式」，這就如同一個祭壇的道長會非常注重「請神」的儀式，畢竟「臨壇神祇的法力」才是整個祭祀儀式能否順利成功的重要關鍵，人力不能勝天，所謂儀式的進行，並非藉由人力達到舉辦法事的目標，而是藉由臨壇神祇的法力來推動法事的進行，道長純粹只是扮演天與人之間的「溝通者」，而非獨力完成法事的「操控者」，所有的力量依然掌控在「神祇」的手中，如此說來，《泉腔目連救母》在實際演出中，多次出現「燒金」的舞台指示，顯示出該部戲曲對於「神祇降臨」的非凡重視，這便是強調此部戲曲具有「儀式性質」的明顯表徵，相較於其他的目連戲與類似儀式戲劇的演出，《泉

〔註1〕 龍彼得、施炳華校訂《泉腔目連救母》（台北：財團法人施合鄭民俗文化基金會，2001.01），頁1。

〔註2〕 這裡所指的「大戲」意謂「由真人上台演出的戲劇」。

腔目連救母》似乎突顯實際演出時的儀式意義，彷彿整場演出就是一個巨大的儀式行為，而神祇也會真正降臨在演出的舞臺上施展法力、普濟眾生。

《泉腔目連救母》演出的場合通常與「拔度儀式」〔註3〕的舉行有相當重要的關連，這當然與目連救母戲曲情節中的懺罪、拔度思想有關，在第八齣〈燒夜香〉中出現「傅相亡故」的情節後，接下來的情節分為兩線，一線是說明傅相的靈魂脫離肉身之後被引領升天的過程，另一線則是從「喪家」的角度將喪葬禮俗中請法師舉辦「拔度科儀」的經過在戲曲舞臺上完整重現，從第十二齣〈請和尚〉、第十三齣〈出籠〉、第十四齣〈請神〉、第十五齣〈朝靈〉、第十六齣〈放赦〉、第十七齣〈坐座〉到第十八齣〈請庫官〉，從這幾齣的內容看來，第十四齣〈請神〉和第十七齣〈坐座〉幾乎整齣都是經文的誦念，第十四齣〈請神〉可視為整個拔度儀式的「開頭」：

　　（內起鼓）（眾上，請神，焚香）

　　（眾和尚誦）香花請，香花奉請，專心拜請。拜請天曹地府、水國陽元、四部神靈降壇上，法水一洗而厭穢清淨，仙樂一奏而天地清靈。今有孝男傅羅卜，疼念嚴父傅相，為人齋僧積善，修因果，功德浩大，追薦亡靈早歸天庭。伏此中元佳節，地官赦罪之期，大設道場，普丈佛力，拔魂於幽冥之府，超生於快樂之宮。普度眾生，總總齊到仙橋之上，濟濟誕登道岸之上。暨孤魂野鬼，一齊脫凡超生。敢迎眾聖之同臨，請看天花之亂墜。（《泉腔目連救母》，頁26）

這一段文字若說是「戲文」並沒有錯，但若說是法師開壇請神的「經文咒語」亦無可厚非，更何況在幕後起鼓、在台上焚香叩拜，也如同真正的道壇，就戲曲演出的場面來看，其「儀式行為」非常明顯。然而，在這個整個戲劇情節發展的過程中，還可以發現一件很有意思的事，前面說過，從第八齣〈燒夜香〉中「傅相亡故」之後，情節分為兩線發展，就傅相的亡靈而言，已然超昇天界，然而在世的子孫卻渾然不知，仍在喪禮中舉辦「拔度儀式」，這種情況說明了幾點：首先，親人亡故之後，其靈魂究竟是超昇天界還是墮入地獄，人間的在世子孫並無從得知，所以，不論亡者在世時行事是好是壞，在亡故之後在世子孫都會舉辦「拔度儀式」，以告慰亡者在天之靈；再則，這相對也顯示了在喪葬禮俗中舉辦「拔度儀式」，就實際上而言，與其說是拔度

〔註3〕「拔度儀式」又稱「度幽科」，即民間俗稱的「作功果」、「作功德」、「作師公」、。「拔度科儀」是為超度亡者所設的法事也就是「超度法會」。

亡者、讓亡者享受功德後得以超昇，倒不如說是讓在世子孫為亡者盡最後一絲孝心，因此，這種宗教儀式其實是與道德禮法緊緊相依，所以像這樣子的演出形式，縱使不免有一些營利的性質存在，依然能在民間廣泛流傳、盛演不衰；最後，這也象徵著「喪禮」其實是為「生者」所舉辦的儀式，透過這些繁複的儀式讓生者了解「亡者」已經前往另一個世界，生者也應該回歸到正常的生活秩序裡，此外，對生者而言，「另一個世界」的存在，代表著生命會永遠相續，「死亡」只是一個過渡，相對降低了人對於「死亡」的恐懼。

　　將原本屬於宗教範疇的儀式行為透過目連救母這個充滿宗教意味的故事情節，以戲曲演出為載體呈現在眾人眼前，其目的不過是為了：第一，渲染故事中的「宗教」氛圍，強調鬼神世界的真實性，達到止惡、勸善、教孝以及宣揚宗教理念的功能；第二，戲曲舞台是一個多元融合的最佳載體，以「表演」的方式，可以刻畫出群眾的生活、訴說群眾的想望，貼近人民，有利於宗教精神的傳播，又能同時兼具娛樂、教育的功能；第三，將宗教儀式行為鉅細靡遺地搬上舞台，無非是為了將戲曲演出和現場的宗教祭祀法會融為一體，創造出一個神、人、鬼三界同在的場域，如此一來，神祇的法力更容易降臨人間，有助於掃蕩邪穢、綏靖地方，畢竟，祈求當地場域的和平安樂也是演出「目連救母」故事的主要目的之一。

第二節　祭中有戲

　　宗教儀式中所包含的戲劇元素與戲劇起源之間的關係，歷來是許多學者感興趣的議題，事實上，透過諸多研究成果顯示，儀式戲劇對於戲劇的形成與發展具有相當程度的影響，更是不可否認的事實。而「喪葬」對於一般民眾而言，是一段「非常」時期，喪葬儀式中的戲劇，更存在著一些值得探討研究的議題。關於閩南喪葬儀式中的法事戲，李豐楙經過調查之後就曾經指出：「在台灣中南部的喪葬儀式中，對於目連傳說的廣泛運用，包括多種形式，有使用歌仔戲的演出，有由道士以小戲形式表演，此外則尚有採用彈唱小調的民間俗曲形式。」〔註4〕閩南和台灣喪葬儀式中的「法事戲」，吸取了源於佛教目連入冥救母的故事，複合了道教科儀、民間習俗與傳統儒家文化的多

〔註4〕　李豐楙〈台灣中南部道教拔度儀中目蓮戲、曲初探〉刊於《民俗曲藝》第77期〔台北：財團法人施合鄭民俗文化基金會，1992.5〕，頁89。

元思想，雖然不免有些紛雜，卻呈現出民間信仰的眞實面貌，而李豐楙更進一步指出：「在台灣現存的有關目連戲、曲的田野資料，是整個目連救母故事的一支，它早期從福建閩南地區發展成形，又經由移民在不同階段傳入台灣，適應漢人社會的需要，而長期被保存於喪葬儀式中。」〔註5〕

因此，形成了「祭中有戲」的情況。目連捨身入地獄救母，觸動了全天下子女想要救父母的亡魂於地獄倒懸之苦的孝心，而被吸收成爲喪葬過程中拔度儀式的重要成份，其中最爲明顯的莫過於目連救母中「血湖地獄」的情節與「血湖拔度」儀式之間的關係。

關於「血湖拔度」的儀式，與民間盛傳的《大藏正教血盆經》（俗稱《血盆經》）也有非常密切的關係，而非常有趣的是，在《莆仙戲目連救母》中，我們可以找到一段與《大藏正教血盆經》幾乎一模樣的文字：

《大藏正教血盆經》
爾時目連尊者，昔日往到羽州追陽縣，見一血盆池地獄，闊八萬四千由旬。池中有一百二十件事，鐵梁、鐵柱、鐵枷、鐵鎖，見南閻浮提女人許多，披頭散髮，長枷杻手，在地獄中受罪。獄卒鬼王一日三度將血勒教罪人喫。此時罪人不甘伏喫，遂被獄主將鐵棒打作叫聲。目連悲哀問獄主：「不見南閻浮提丈夫之人，受此苦報，只見許多女人，受其苦痛？」獄主答師言：「不干丈夫之事，只是女人產下血露，污觸地神，若穢污衣裳將去溪河洗澤，水流污漫，誤諸善男女，取水煎茶，供養諸聖，致令不淨。天大將軍劄下名字，附在善惡部中，候百年命終之後，受此苦報。」目連悲哀，遂問獄主：「將何報答產生阿娘之恩，出離血盆池地獄？」獄主答師言：「惟有小心，孝順男女敬重三寶，更爲阿娘持血盆齋三年，仍結血盆勝會，請僧轉誦此經一藏，滿日懺散，便有般若船載過奈河江岸，看見血盆池中有五朵蓮華出現，罪人歡喜，心生慚愧，便得超生佛地。」諸大菩薩及目連尊者啟告，來勸南閻浮提人，信善男女早覺修取，大辦前程，莫教失手，萬劫難復。佛告說女人血盆經，若有信心書寫受持，令得三世母親盡得生天，受諸快樂，衣食自然，長命富貴。爾時天龍八部人非人等，皆大歡喜，信受奉行，作禮而退。〔註6〕

《莆仙戲目連救母》第三夜下本第一齣〈一殿審解〉
（目連白）聞這裡有血湖，乞引小僧一觀。
（獄官白）領命！
（同下，又上）（鬼卒押眾犯上）
（目連唱）【頌】到此、到此淚哀哀，爲人、爲人莫作婦人身，生產之時萬千苦，又要在血湖受艱辛。
（目連白）敢問獄主，血湖內許多婦女受苦萬狀，男子亦受此報否？

〔註5〕　同上註，頁90。

〔註6〕　CBETA 電子佛典 Big5 APP 版，大正新脩大藏經第一冊 NO.・23《大藏正教血盆經》，最近更新日期：2009/04/15。

（獄官白）不干丈夫之事，乃因婦人生產之時，血水污穢地神，又沾污衣裳，向溪河洗滌，致使善男信女不知，誤取水煎茶供奉諸聖。命終之時，該受此苦報。

（目連白）方才老母到此，亦受此苦報否？

（獄官白）下官因伊訴得有理，只令立淺處少時，還沒有受過重大痛苦。

（目連唱）【玉芙蓉】到此只叫天，虧姐、虧姐分娩乳哺長兒身。咳，娘嬭艱辛，見此血湖，闊有八萬四千餘，那獄卒拷打不順情，為子不能報本。咳，何以為人？見血池紛紛人叫苦，眼淚林淋，任鐵漢到此也傷悲，望我佛大慈悲，赦宥婦人這罪苦，早脫幽冥。

（獄官唱）【風入松】禪師孝順真無比，天曹地府常念記，為著婦人不信佛經，今到此血湖身不由己。

（目連白）敢問獄官，要將何報答娘嬭生產之恩？

（獄官白）若有世上善男信女，持血盆齋三年又十個月完滿，解賽盆中出五朵蓮花，更有般若船載過奈河岸，使罪人得以超生。

（目連白）世人營營逐逐，誰肯回頭？俟小僧救母超昇日，啟教南閻浮提，奉勸善男信女早早覺悟，持血盆齋惟誠惟虔吓。（《莆仙戲目連救母》頁 158～159）

　　這兩段文字，一段是經文，一段是戲文，所述的內容卻幾乎一模一樣，彷彿將《大藏正教血盆經》的內容移植到戲曲舞台上，《大藏正教血盆經》在民間流傳很廣，因為對古代婦女而言，替夫家「傳宗接代」是首要任務，也因此幾乎所有的婦女都難逃「血湖地獄」的懲戒，所以，縱使《大藏教血盆經》的內容與佛教尋求個人解脫之道的基本教義並不相符，但由於經文內容涉及婦女因生產污穢三光之罪與救母拔脫血湖地獄之道，所以一直受到信眾的推崇。因為血湖地獄與婦女生產相互聯結，又有《大藏正教血盆經》、《血湖寶卷》和民間戲曲的推波助瀾，「血湖拔度」的觀念便順理成章地進入到喪葬儀式之中，成為功德法事的重要內容。當血湖拔度的觀念進到喪葬儀式裡，連帶也將目連救母的故事情節也帶入儀式之中，在《泉腔目連救母》與《莆仙戲目連救母》裡，目連之母——劉氏因開葷破戒，墮入地獄，受盡折磨，其中，最讓人印象深刻的莫過於在「血湖地獄」裡，劉氏以真誠悲切、一字一淚的「訴血湖」，身為人母的劉氏，在充滿污血的地獄中，述說自己懷胎、生產、育兒的種種艱辛，令天下為人子女者無不感懷動容。〔註7〕而這樣的情節內容，融入到台灣的喪葬儀式當中，便成為亦戲亦祭的儀式——「打血盆城」。

〔註 7〕 龍彼得、施炳華校訂《泉腔目連救母》（台北：財團法人施合鄭民俗文化基金會，2001.01），頁 165。

在介紹「打血盆城」之前，必當要對台灣的喪葬儀式做一個簡略的介紹。黃文博〔註8〕先生在《台灣人的生死學》一書中，將一個人從「彌留」到「完墳謝土」的過程，分為以下四個階段〔註9〕：

1. 彌留→斷氣：摒廳→燒轎→做譴爽
2. 買棺→入殮：買棺→接壽→入殮→豎靈
3. 遷棺→安葬：遷棺→告別式→發引出殯→進壙安葬→除靈安位（家中清氣相）
4. 造墓→完墳（今多採火化納塔）

這四個階段中所包含的事務多不勝數，傳統社會中多半是由「婆仔」、「師公」、「土公仔」、「地理師」…這些喪葬專業人員來協助家屬處理喪事。「婆仔」專門負責處理雜務，從斷氣到除靈，一切瑣碎事物，包含燒紙轎（送亡者上天報到）、做譴爽唸好話、接壽（棺木）唸好話、入殮封棺、孝服穿戴、出殯處理善後…等，均由「婆仔」包辦協助。在辦理喪事的過程當中，會在「豎靈」到「遷棺」、「告別式」之間，安插從半日到數日不等的「拔度儀式」。在民間是由所謂的「師公」──所指的是專門負責喪儀法事的「烏頭道士」，他們通常包含道長一位與道士數名──負責擔任所有大小喪葬儀式的「主導者」，一般而言，從「豎靈」、「拔度儀式」到「出山領路」，均由道士團來負責，在喪葬儀式過程中扮演重要角色。在傳統的道教喪葬禮俗中，必然包含了「拔度」的科儀，「拔度」又稱「度幽科」，即民間俗稱的「作功果」、「作功德」、「作師公」。道教，是傳統社會中與人們生、老、病、死等過程有著密切關係的宗教，根據性質不同，台灣的道教儀式可分為道場、法場、拔度三大類型，其中的「拔度科儀」便是為超度亡者所設的法事〔註10〕，其科儀的目的，無非是希望接引亡魂脫離苦海歸入仙班。這些儀式通常於亡者亡故到出殯這段期間舉行，依其儀式施行時間的長短來分，規模最小的形式稱為「靈前繳」（即「靈前繳庫錢」之意），通常是中午起鼓、入夜結束；接續有中午起鼓、午夜結束的「斷午夜」；一整天

〔註8〕 黃文博，一九五六年生，台南縣鹽分地帶北門鄉人，在台灣西南沿海一帶，多年從事民俗研究與田野採集的工作，相關著作頗豐。

〔註9〕 黃文博《台灣人的生死學》（台北，常民文化事業股份有限公司，2000 年 8 月），頁16。

〔註10〕 其內容詳見呂錘寬《台灣的道教儀式與音樂》（台北，學藝出版社，1994 年 1 月）頁1～2。

的「一朝宿啓」、兩天的「二朝宿啓」、三天的「三朝宿啓」到「五朝」、「七朝」等，現行的「拔度科儀」以「靈前繳」和「斷午夜」最為普遍，「三朝宿啓」以上的法事已經很少見了。正所謂「十里不同風，百里不同俗」，因此，在台灣地區的喪葬禮俗與拔度科儀可說相當複雜，現就臺灣西南沿海一帶而言，「斷午夜」的內容大致包含了（1）引魂（2）發表、請神（3）超渡、拜經（4）開路關（5）孝男懺（6）打城，又稱「打破城」，另有「打血盆城」（即在紙糊的地獄城下，放一碗紅色液體代替血湖，一般亡者若在亡時有出血現象者，便會以「打血盆城」代替「打城」，另有一說，若為母亡便須「打血盆城」）（7）七獻，又稱「獻敬」（8）走赦馬，又稱「放赦」（9）藥王懺（10）查姥囝懺（11）沐浴解結（12）燒庫錢（13）過橋（14）謝壇，這一整套流程可視為道教「拔度儀式」中基本的法事結構。〔註11〕

　　筆者在喪葬禮俗的田調過程中，曾經在台南地區採錄過喪葬禮俗「拔度儀式」中的「打血盆城」，這一場位在台南市佳里區李夫人馮氏的喪儀中，乃是由邱嘉會道長負責主持「靈前繳」的功德法會〔註12〕，法會從午後起鼓、入夜後結束，在「打血盆城」儀式展開之前，邱嘉會道長與另一位「下手」，以簡單的服裝和道具「演出」目連救母故事中〈雙挑〉的情節，由邱嘉會道長扮演「目連」、另一位道長扮演「雷有聲」，一個莊嚴肅穆、一個插科打諢，亦莊亦諧，只有簡單的對話與唱詞，全程兩位道長「坐著」演出，並無明顯的科介，喪家也可以坐在一旁觀賞，故事說明雷有聲與目連相偕到西天求見佛陀的過程，兩人無非是希望能在佛陀的協助之下，完成入地獄救親的心願，當「目連」如願以償得到佛陀的加持，帶著佛陀賜下的法器進入地獄之後，便開始正式進入「打血盆城」的儀式，此時道長（目連）會帶領喪家（子女）到安置好的「血盆城」旁，而所謂的「血盆城」，指的便是「血湖地獄」，在一般喪葬儀式中，會在由紙所糊製而成的「地獄城」下，放一碗紅色液體（多半是在清水中混入紅色的食用色素）代替血湖，喪家（由長子代表）便會喝下這碗紅色液體，代表孝子飲盡血湖之血，救母（亡者）超脫血湖地獄。在這個過程當中可以明顯感受到「道長」身兼法師與目連的雙重身份，而喪家

〔註11〕　同上註9，頁118。
〔註12〕　2005年10月28日於臺南縣佳里鎮，當天為李夫人馮氏的功德法會，由出身嘉義布袋鎮，現任應真道士壇負責人道長邱嘉會所主持。

也從一開始的「旁觀者」，在入獄之後，搖身一變成爲入地獄救母的「當事人」，透過儀式的轉化，讓喪家親身經歷從破獄到拔度亡魂出獄昇天的過程，以展現喪家身爲子女的孝心，一方面達到撫慰亡靈的功效，另一方面也成全了在世的子女欲回報父母生養之恩的心意。李豐楙在〈台灣中南部道教拔度儀中目蓮戲、曲初探〉中有言：

> 這些處理死亡的儀式，固然都基於其神學中對於終極關懷的探索，自有其一套自成體系的架構，但其基本觀念仍承續古老而普遍的中國固有的生死觀，只是經道教內一些專職的神職人士做進一步的統合，才構成整個祭儀中極爲核心的部份：即是經由有程序的處理過程，讓亡靈從不穩定、孤幽狀態中重新回到安寧、安定的超拔之道。〔註13〕

女性生產時「血汙三光」，似乎成爲傳統社會中婦女的「原罪」，所有婦女在死後都必須因爲這個原罪，受血湖地獄之苦，而身爲兒女的人便必須藉由「修齋薦拔」才能略報恩情，這樣的儀式，其內涵乃融合了佛、道、儒的思想，並加入了民間信仰的觀念，對生者與亡者都具有相當程度的正面影響而長遠地被保留在喪葬儀式之中。然而，《泉腔目連救母》校訂人之一的龍彼德先生就曾在此書的導言中指出：

> 傅羅卜和雷有聲前往西天見世尊的情節，從過去到現在一直爲道士在福建、台灣、馬來西亞、新加坡等地演出，作爲喪家所辦的超度儀式的一部分。在這戲中，道士不著特別的戲服，不在台上而在空地上演出。演出時間從半小時到一小時半不等。〔註14〕

這一段敘述，正好可以和筆者探錄「打血盆城」儀式中的所見所聞相互印證，足以見得，在超度儀式中搬演「目連救母」的劇中情節，是一個由來已久且流傳甚廣的傳統。

除了上述的內容之外，喪葬儀式中還有另外一段儀式歌謠〈十月懷胎〉（或俗稱〈孝子經〉）的唱詞，與《泉腔目連救母》和《莆仙戲目連救母》中的「訴血湖」情節關係密切，喪葬儀式歌謠〈十月懷胎〉依各地習俗與道長派別之

〔註13〕 李豐楙〈台灣中南部道教拔度儀中目蓮戲、曲初探〉刊於《民俗曲藝》第77期〔台北：財團法人施合鄭民俗文化基金會，1992.5〕，頁123。

〔註14〕 龍彼得、施炳華校訂《泉腔目連救母》（台北：財團法人施合鄭民俗文化基金會，2001.01），頁3。

不同，會在「燒庫錢」、「打血盆城」或「過橋」時演唱〔註15〕，而台灣西南沿海一帶多在「燒庫錢」（即「靈前繳」儀式的最後一道手續）時演唱此首歌謠。筆者曾經多次在喪葬儀式的田調過程中採集到這首歌謠，取〈十月懷胎〉與《泉腔目連救母》和《莆仙戲目連救母》中劉氏「訴血湖」的唱詞相互比對之後發覺其基本內容幾乎一模一樣，只是隨著道長的「腹內」（指道長的演唱功力與腹中涵養）和唱腔之不同而有些微的差距而已〔註16〕：

《泉腔目連救母》第六十五齣〈訴血湖〉
（劉世真白）人生莫做婦人身，若做婦人受苦辛。一月懷胎如白露，二月懷胎桃花形。三月懷胎成人形，四月懷胎形相全。五月懷胎分男女，六月懷胎毛髮生。七月懷胎左手動，八月懷胎右手伸。九月懷胎兒身轉，十月懷胎兒已成。腹滿將臨分娩日，痛得冷汗水般淋。口中喫得青絲髮，污水脫下血盈盈。這是十月懷胎苦，為子當思報母恩。
（三殿地獄官白）三年乳哺恩情，也說來聽。
（劉世真白）生兒痛似心上肉，愛子勝似掌中珠。一日吃娘十次乳，十日百次未為憑。衣裳裏盡屎共尿，日日洗淨要更新。兒若生瘡娘一樣，手難動，腳難行。兒若睡時娘不睡，心心又怕兒兒醒。左邊濕了娘自睡，右邊乾處與兒眠。若是兩邊都濕了，抱到胸前到天明。這是三年乳哺苦，為子當思報母恩。
（《泉腔目連救母》，頁164～166）
《莆仙戲目連救母》第三夜下本第一齣〈一殿審解〉
（劉氏唱）【詞】人生莫作婦人身，做過婦人受艱辛。未有子時朝朝望、朝朝望，看看受喜未為憑。一月懷胎如露水、露水，二月懷胎桃花形，三月懷胎成筋骨、筋骨，四月懷胎形貌成，五月懷胎分男女、男女，六月懷胎毛髮生，七月懷胎左手動，八月懷胎右手伸，九月懷胎兒三轉、三轉，十月懷胎結子成。腹痛臨盆分娩日、分娩日，疼得冷汗水般流。污衣洗下血滿地、滿地，產得兒子值千金。三朝五日尚欠乳、欠乳，僱個奶媽要殷勤。一日吃娘十次乳、十次乳，十日百次尚頻頻。衣裳包兒污了糞、污了糞，時時洗濯要乾淨。日間苦楚擔過了、擔過了，夜間苦楚越加深。兒睡濃時娘不睡、不睡，念念恐兒不安眠。左邊濕了娘來睡、來睡，右邊乾處安兒身，若是兩邊都濕透、溼透，兒安腹上至天明。這是乳哺三年苦、三年苦，養子方知父母恩。萬苦千辛說不盡、不盡，人生莫作婦人身。
（《莆仙戲目連救母，頁157～158）

〔註15〕 其內容詳見於呂錘寬《台灣的道教儀式與音樂》頁11，黃文博《台灣人的生死學》頁130，蘇海涵《莊林續道藏》（台北，成文出版社，1975年）頁4821，徐福全《台灣民間傳統喪葬儀節研究》（台北，1999年3月）頁188。
〔註16〕 本文中節錄的唱詞是經過筆者採集各個版本交叉比對校勘之後，最為詳盡的版本，在儀式進行中，大多數的道長會視自己所學情況自行刪減，一般而言會與劉氏「訴血湖」的內容極為相近，其儀式的功能仍在於「拔度亡魂」，一方面勸勉生者要孝順父母，一方面寬慰亡魂要放下對人世的執著、早日離苦昇天。

台灣西南沿海拔度儀式中的〈十月懷胎〉（又稱《孝子經》）〔註17〕
大羅天中元始尊
傳經傳法度亡魂
東極青宮救苦尊
報答爹娘養育恩
強保劬勞深似海　※「強保」：應作「襁褓」。
人生在世可思量
雙親養育非容易
十月懷胎受苦辛　※「受苦辛」：另作「受苦身」。
一月懷胎如露水
物件愛吃未甲嘴　※「未甲嘴」：不合胃口。
不時要吐嘴爛水　※「嘴爛水」：唾液，「不時要吐嘴爛水」是形容母親懷孕「病囝」的情形。
巧好物件吃未肥
二月懷胎心茫茫
病囝無愛吃半項
吐甲腹肚不時空
面肉消瘦不成人
三月懷胎成人影
娘今病囝無心晟　※「無心晟」：心情不佳。
望卜生囝通好命　※「卜」：要。
一半歡喜擱一半驚
四月懷胎結成人
身軀不時未輕鬆
囝兒出頭巧允當　※「出頭」：此指孩子出生。「巧允當」：較為妥當。
這是世間人傳人
五月懷胎分男女
娘今病囝心空虛
愛吃鹹菜炒豬舌
卜吃旺萊鹹酸甜　※「旺萊」：鳳梨。「鹹酸甜」：蜜餞。
六月懷胎六根四體全　※「六根四體全」：「六根」指眼、耳、鼻、舌、身、意（心理）等六種感官，「四體」指身體四肢，此指胎兒的感官四肢都已逐漸發育完成。
走路有時大氣喘
聽著生囝心帶煩　※「心帶煩」：心情煩悶。
面肉消瘦娘哀怨
七月懷胎分七孔

〔註17〕關於〈十月懷胎〉歌詞的資料如下：甲、有聲資料：台南，林青雲道長，錄音，三首，年代不明，喪葬場合。乙、田調錄音：（1）台南，佳里鎮，邱嘉會道長，2005/10/28 晚間六點，喪葬場合（2）台南，北門鄉，邱嘉會道長，2007/11/15 晚間五點，喪葬場合。丙、書面資料：（1）邱嘉會道長所提供之手抄本（台南，1981 年）（2）《台灣人的生死學》（台北，常民文化事業股份有限公司，2000 年 8 月），黃文博先生抄錄吳文進道長的唱詞（3）《莊林續道藏》（台北，成文出版社，1975 年）黃籙卷十二，蘇海涵編。

一個腹肚大□□
有時干苦不敢講　※「干苦」：應作「艱苦」。
望卜生囝傳祖宗
八月懷胎腹肚大
双腳汗水畏行□　※「汗水」：水腫。
十月懷胎受拖磨
飼囝不孝無巧□　※「無巧□」：沒有用。
九月懷胎肚中轉
腹肚有時結歸丸
講著生囝幾何款　※「幾何款」：很多種情況。
望卜生囝會安全
十月懷胎孩兒卜出世
三枝清香下神祈　※「下神祈」：向神明許願。
全望神明相保庇　※「保庇」：保佑。
呼我生著一個好男兒
但看懷胎十月滿
分娩娘親受苦在拖磨
娘親腹肚疼親像刀割
割娘腸肚列痛娘心肝
公媽慌忙就跑去下願　※「下願」：許願。
下神攔拜佛祖
互因母囝保平安　※「因」：他們。
是男是女早早來出世
望要有好花來寄枝　※「好花來寄枝」：「好花」指好孩子，全句指希望能生到一個健康的乖小孩。
肥肥白白著來呼阮飼
生著臭頭爛耳、跛跤歪喙、紅目烏睛阮毋纏　※「臭頭爛耳」：癩痢頭、爛耳朵。「跛跤歪喙」：跛腳、歪嘴巴。「紅目烏睛」：一指如猴子般鬼靈精，善於走捷徑、後門；二指受寵而易遭妒。「阮毋纏」：我都不想要。

孩兒生落在房內
母囝相見心頭安
孩兒落土洿洿淖　※「洿洿淖」：滾來滾去。
曆邊頭尾走來看
因爹看見心歡喜
慢且歡是慢且喜
衣未落是臍未剞　※「衣」：胞衣。「剞」：剪斷。
母囝性命險拍損　※「險拍損」：差點難產，折損了性命。
生囝生贏雞酒芳
生囝生輸換人四塊邦　※「四塊邦」與「四塊柴」：借指棺材。
生囝生贏雞酒肉
生囝生輸換人四塊柴
孩兒生落土哮哀哀
緊叫生婆來剞臍

生婆走到繡房內

剪刀、燈心、土紙、麻油、苧仔線齊款來 ※「苧仔線」：纖維的一種。

衣落臍剗心歡喜

拜謝天地相扶持

衣落臍剗母囝笑吻吻

公媽歡喜生著查夫孫 ※「查夫孫」：男孫。

孩兒生落土哮哮鬧

因爹聽見趕緊走來抱

孩兒生落土哮哀哀

趕緊報因外公外媽知

閹雞鴨角掠來刣 ※「鴨角」：年輕體壯的公鴨。「掠來刣」：抓來宰殺。

麵線、老酒、正肉、麻油隨後來 ※「正肉」：瘦肉。

日月吃娘心頭乳

夜來啼哮攪醒娘無眠

左平食無乳換右平

右平吃無乳換來是攬胸前

移乾就濕娘身受 ※「移乾就濕」：形容養育孩子的辛苦過程。「娘身受」：亦作「娘心受」。

含燒抑冷飼囝記在心 ※「含燒抑冷」：意略同「如人飲水，冷暖自知」。

三頓未吃憶著囝 ※「三頓」：三餐。

衣裳未穿煩惱囝會寒

父母痛囝長流水 ※「父母痛囝長流水」：此句亦說成「父母痛囝長流水，無時停」，父母疼子女的心，像溪流的水，長流不斷，不會歇停。

囝痛父母是樹尾搖大風 ※「囝痛父母是樹尾搖大風」：此句亦說成「囝痛父母樹尾風，有時陣」，子女照顧父母的孝心，卻像吹過樹梢的風，有一陣，沒一陣。

父母飼囝無論飯

囝飼父母是兄弟仔照算頓

父母不親誰是親

不敬父母敬何人

父母看囝笑義義

日後年老望囝兒

做人囝兒著行孝

毋通不孝爹合娘

罵爹罵娘大不孝

雷公摃死十字大路頭 ※「摃」：打。

孝順還生孝順子

忤逆還生不孝兒

勿講虛空無報應

揭頭三尺有神明

天空地空人亦空

端見亡魂往仙鄉

金童接引西方去

玉女迎歸靈前來

儀式中的〈十月懷胎〉歌謠以「請神」爲始、「慰靈」爲終，如果扣除前後具有儀式性質的唱詞，〈十月懷胎〉的敘述內容與劉氏訴血湖的內容十分接近，當然，流行於民間以婦女「十月懷胎」的艱辛歷程爲主題的勸孝歌謠不在少數，所以基本上無法考究歌謠流傳的路線與多種版本間相互影響的程度，但是就唱詞內容的相似度著眼，還是不難看出喪葬儀式的「拔度科儀」中，確實有一部分與目連救母故事中「血湖地獄」情節有很大的關連性，甚至可以推論，在「拔度科儀」中「打血盆城」與「十月懷胎」的部份，與「目連救母」戲曲情節中的〈雙挑〉、〈訴血湖〉必然具有相互承襲的關係，而且拔度科儀的中心理念基本上也是承襲《大藏正教血盆經》中「血湖拔度」的精神，經文、戲曲與儀式，三方交會融合、互相映照，展現出融合了佛、道、儒三教的「勸孝」思想。

探討過喪葬儀式與目連救母戲曲情節與基本精神之間的關係之後，必須進一步探討的是在拔度儀式中加入戲曲性質──這種「祭中有戲」──的「實質功能」。在儀式中加入演劇成份，就其功能面來講：首先，是爲了讓喪家（亡者的親戚、子女）透過觀賞戲劇演出的方式進入到拔度儀式的情境氛圍裡，喪家眾人隨著劇中雷有聲與目連的腳步，一步步踏上西天求法的路程，可讓生者得知「拔度亡靈」過程的困難艱辛，也可以進一步讓喪家眾人與目連「同心同德」，既可安慰亡者的在天之靈，也可以讓生者略盡報效生養大恩的心意，如此一來，生者也可以透過這個過程抒發對於亡者過世的遺憾與哀傷，這對亡者與生者雙方面而言都具有正面積極的意義。再者，這整個「演劇」的過程，還同時具備將亡者的靈魂帶赴拔度道場的功能，在一般群眾的認知裡，亡者一旦過世，魂魄脫離肉體，便展開「死亡」的歷程，不可諱言，在一般民俗信仰中，「死亡」並不是一個停滯的情境而是一個靈魂活動的歷程，在戲曲舞台上我們也可以看到亡魂投牌報到、受審、宣判、前往諸地獄受刑的整個經過，爲了「中止」亡魂在地獄受審、遭刑，才產生出「拔度」儀式，因此，亡魂必須透過「目連救母」的情節推演，最後才能在「目連」（道長）與子女（喪家）的通力合作下，一舉打破血盆城、飲盡血湖污血、拯救至親出離地獄，亡魂隨著劇情演進成功脫離了地獄之後，才能眞正「到達」設置好的道壇前，領受稍早喪家爲亡靈舉辦法會、普渡所累積的「功德」，此時亡靈方能具備被金童玉女「接引升天」的資格，因此，演劇的過程中，道長既是目連亦是法師，喪家子女則在「目連」的帶領下，從原先觀戲的「旁觀者」

轉化成一同入地獄救母的「當事人」，透過演劇，讓生者與亡者分別以施救者與被救者的身分處在地獄情境中，最後達成將亡魂帶離地獄、來到祭壇前領恩昇天的儀式目的。最後，在儀式中演劇的過程雖然只有簡單的道具和兩位「演員」，但是亦莊亦諧的表演與唸白，仍不免讓觀戲的喪家眾人展露笑顏，若是經驗豐富的道長，還會將現場的人員、所發生的事件融入於演出之中，即興式的演出往往逗得喪家會心一笑，略略抒解喪儀現場哀悽的氣氛，達到緩和眾人情緒的功效，更何況，演出「目連捨身入獄救母」的故事內容，同時符合了亡者的救贖、懺悔與生者救亡者離苦的心理願望，在喪儀現場最能達到「生死兼慰」的目的。

王馗在《鬼節超度與勸善目連》中有言：

> 佛事自東傳以來，不斷地進入民眾生活，也不斷地受到正統禮法社會的批評，而度亡儀式能夠在唐宋以後成為喪葬活動中的一個組成部分正基於為亡人追福的佛教教義。在香花儀式中，為生、亡追福成為法事的整體主旨。每套儀式進行時，齋主都要從靈屋中請出香爐、魂幡，接受神佛的教誨、勘合，齋主亦不斷地禮拜、叩頭，這種人鬼共行懺悔祈禱的方式，成為喪家生、亡者尋求平安，乃至亡者進入祖先行列、生者進入正常生活秩序的必要過程。〔註18〕

因此，在儀式中的目連戲，除了實際祭奠的功能以外，尚可透過戲劇形式的演出進行與冥界、天界的溝通，並達到慰靈、慰人與教化風俗的目的，亡者已逝，人鬼殊途，生者縱然是遭逢巨變也應該要回到正常的生活軌道，因此，整套喪葬儀式的進行，正是為了讓亡者與生者透過這一連串的法事，在生理與心理上都能獲得相當程度的慰撫，最後能夠各自回歸到應屬的崗位、繼續未來的生活，從這樣的觀點看來，這些保存在傳統閩南文化中繁複瑣碎的喪葬儀式行為，所代表的正是對於「生命」的尊重與終極關懷。

第三節　祭、戲合一的演出形式

目連救母的故事，一直都是以「祭戲合一」的演出形式呈現在眾人面前，所謂的「祭戲合一」指的便是目連戲的演出時機多半與「拔度儀式」的舉辦相互結合，且演出的觀眾對象除了「生人民眾」之外，還包括了「亡靈鬼眾」，

〔註18〕　王馗《鬼節超渡與勸善目連》〔台北：國家出版社，2010.02〕頁 249。

因此，目連戲除了會與一般民間的喪葬儀式結合之外，還會出現在佛教「盂蘭盆會」的祭祀場合裡〔註19〕，「盂蘭盆會」起源於《佛說盂蘭盆經》〔註20〕，詳列經文如下：

> 聞如是。一時佛在舍衛國祇樹給孤獨園。大目乾連始得六通。欲度父母報乳哺之恩。即以道眼觀視世間。見其亡母生餓鬼中。不見飲食皮骨連立。目連悲哀。即缽盛飯往餉其母。母得缽飯。便以左手障飯右手摶飯食未入口化成火炭。遂不得食。目連大叫悲號啼泣。馳還白佛。具陳如此。

> 佛言。汝母罪根深結。非汝一人力所奈何。汝雖孝順聲動天地。天神地神邪魔外道。道士四天王神。亦不能奈何。當須十方眾僧威神之力。乃得解脫。吾今當爲汝說救濟之法。令一切難皆離憂苦罪障消除。

> 佛告目蓮。十方眾僧於七月十五日僧自恣時。當爲七世父母。及現

〔註19〕 據台灣文化部《台灣大百科》網站中「盂蘭盆會」條指出：「現今盂蘭盆會的舉行，與民間信仰有合流的傾向，從供僧增加了薦亡度鬼的項目，即一般民間所理解的超度，而有所謂的『中元節』。民間信仰傳說地獄門在此日大開（筆者按：應該是在農曆七月初一日的子時開始便會「開啓鬼門」），鬼道眾生獲釋，民間爲求平安，多於此日殺牲宰畜以饗餓鬼，同時請道士誦經以爲超度，稱爲『中元普度』。這種作法與佛教慈悲、護生、戒殺的宗旨相違，中元普度的意義實有別於佛教之盂蘭盆會。」此外，盂蘭盆會與中元普度之不同，亦可以由辛卯年丙申月辛丑日農曆七月十五日（民國 100 年 8 月 14 日）佳里鎮鎮山宮中元普度所張貼的「榜文」可見端倪：
大開甘露門
淒淒慘慘夜半天，無主孤魂實堪憐。
綠柳堤頭無人伴，黃梅谷口獨自眠。
春秋祭祀誰爲主？日月蹉跎不計秋。
今宵幸遇三壇主，參隨悟道上天堂。
右仰孤魂知悉
天運辛卯年七月十五日給
廣度沉淪天尊
榜　陳鼎全（道長）印
發作前張掛
由榜文得知，中元普度所祭祀的對象乃是「無主孤魂」。其實，盂蘭盆會與中元普度都有「拔度、超昇」的意義存在，純粹是宗教的角度與施行的方法有所不同，但是施行的時間多半還是訂在農曆的七月，本文的著重點並不在於比較盂蘭盆會、超度法會與中元普度的相異處，而是著意探討這些儀式中共同存在「薦亡拔度」的基本意涵。

〔註20〕 CBETA 電子佛典 CBETA 電子佛典 V1.10（Big5）普及版，大正新脩大藏經第十六冊 NO. • 685《佛說盂蘭盆經》，最近更新日期：2009/04/23。

在父母厄難中者。具飯百味五果汲灌盆器。香油錠燭床敷臥具。盡
世甘美以著盆中。供養十方大德眾僧。當此之日。一切聖眾或在山
間禪定或得四道果。或樹下經行。或六通自在教化聲聞緣覺。或十
地菩薩大人權現比丘。在大眾中皆同一心受缽和羅飯。具清淨戒聖
眾之道其德汪洋。其有供養此等自恣僧者。現在父母七世父母六種
親屬。得出三途之苦。應時解脫衣食自然。

若復有人父母現在者福樂百年。若已亡七世父母生天。自在化生入
天華光。受無量快樂時佛敕十方眾僧。皆先為施主家咒願。七世父
母。行禪定意然後受食。初受盆時。先安在佛塔前。眾僧咒願竟。
便自受食。

爾時目連比丘及此大會大菩薩眾。皆大歡喜。而目連悲啼泣聲釋然
除滅。是時目連其母。即於是日得脫一劫餓鬼之苦。

爾時目連復白佛言。弟子所生父母。得蒙三寶功德之力。眾僧威神
之力故。若未來世一切佛弟子。行孝順者亦應奉此盂蘭盆。救度現
在父母乃至七世父母。為可爾不。

佛言。大善快問。我正欲說。汝今復問。善男子。若有比丘比丘尼。
國王太子王子大臣宰相。三公百官萬民庶人。行孝慈者。皆應為所
生現在父母。過去七世父母。於七月十五日。佛歡喜日。僧自恣日。
以百味飲食安盂蘭盆中。施十方自恣僧。

乞願便使現在父母壽命百年無病。無一切苦惱之患。乃至七世父母
離餓鬼苦。得生天人中福樂無極。

佛告諸善男子善女人是佛弟子修孝順者。應念念中常憶父母。供養
乃至七世父母。年年七月十五日。常以孝順慈憶所生父母。乃至七
世父母為作盂蘭盆施佛及僧。以報父母長養慈愛之恩。若一切佛弟
子。應當奉持是法。

爾時目連比丘。四輩弟子。聞佛所說歡喜奉行。

要拔度亡魂出離地獄，擺脫餓鬼、受刑之苦，必須藉由「無上功德」的
力量，而所謂的「功德」並無具體的型態，不像金銀財寶可以具體掂量、計
算，無形功德的累積，只能靠平日的慈心善行與施食、放生、供僧、舉辦法
會普濟孤魂野鬼…等儀式來獲取，據《佛說盂蘭盆經》看來，最主要的作法
還是著重在「供養十方大德眾僧」上面，出家人修行艱辛，弘法之路更是不
易，護持僧眾便是一種大功德，當然，從另一個角度看來，《佛說盂蘭盆經》
是透過經文宣傳「供僧」的功德，不免有「行銷」的實質意圖，佛教僧中需
要群眾的供養護持，群眾需要透過「供僧」的方式「獲取」功德，這是一種
很明顯的「供需鏈」，《佛說盂蘭盆經》可以說是佛教融入孝道思想而「中國

化」的一個歷程，儒家思想遍及華人社會，而孝道又是儒家思想極力推崇的理念之一，所以經文選擇「目連救母」這個故事主題，主要還是在凸顯目連的「孝」，從孝道爲基調，再進一步去談論「薦亡超度」的重要性，既能夠輕易打入以儒家思想爲傳統的華人社會，也能夠將佛教儀式與群眾生活緊密連結、加強佛教在人民生活中的重要性，又能藉此讓僧人獲得供養，可說是一舉數得的行銷手法。而王馗在《鬼節超渡與勸善目連》中言道：

> 在唐代，道教的中元日就與盂蘭盆會一起成爲國家重要的宗教活動。…令狐楚〈中元日贈張尊師〉云：「偶來人世值中元，不獻玄都永日閑。寂寂焚香在仙觀，知師遙禮玉京山。」佛、道在七月十五日期間，法事齊舉，在唐代顯然已經作爲常例載入史冊，後世民間出現道士施行佛教之法的現象正是在這種宗教環境中產生的。〔註21〕

可以想見，佛教從孝道推展出來的薦亡觀念廣泛被群眾所接受，進而連國家高層也將薦亡超度視爲一個很重要的宗教活動，從朝廷到民間，整個農曆七月都在法事齊舉的氣氛中度過，道教自然不願意在這樣的群體氣氛下被排除在外，因此，慢慢開始出現「道士施行佛教之法」的情形，所以「目連救母」的故事自然也被道士所熟知，漸漸被吸收入道教儀軌之中，佛、道二教在「薦亡超度」的觀念上有了一致的目標，但是隨著時間過去，道教也有了自成一格的超度儀式，雖然在觀念上與佛教並無二致，卻在形式上慢慢開始分流，從原本單純的佛教「供僧功德」，發展出可以透過「普祭孤魂野鬼」的形式用以「累積功德」的觀念，使得「薦亡超度」方法更爲多元，施食供養的對象從原本的「僧眾」、「生人」進一步擴展爲「亡靈」、「孤魂」、「餓鬼」，累積的功德也更加無法計數。雖然，這種強調「累積功德」的儀式，免不了有一些功利思想的成份，卻也提供普羅大眾一個薦拔親眷亡魂最爲便捷省力的方法，對享受祭品的孤魂野鬼而言，這是一種慈悲心懷的展現；對於自家等待超昇的祖先亡靈而言，這就是孝道的極致發揚；對施行儀式的生者晚輩而言，更是一件慈孝雙全、累積功德的美事，自然會廣爲流傳，慢慢地，施食普度孤魂野鬼的祭祀行爲，便成爲許多祭典不可或缺的一環，甚至取代一般「供僧」而成爲薦亡拔度儀式的主流。

〔註21〕 王馗《鬼節超度與勸善目連》（台北，國家出版社，2010 年）頁 73。

　　田仲一成在〈鎮魂戲劇「目連戲」的形成與發展〉中〔註22〕，提到一場由新加坡「莆仙同鄉會」僑民在共同奉祀的神廟「九鯉洞」所舉辦的「逢甲大普渡」，在這場普渡大法會裡會做三天法事，也會連演三天目連戲，又演三天酬神戲，其中目連戲與僧、道儀式相互配合，表現出閩南鄉村祭祀戲劇的傳統型態，以下表格，乃引述書中所附列的普渡節目日程表，說明莆仙同鄉會所舉辦的「逢甲大普度」法會與莆仙目連戲之間的關係：

日　序	日	時	道教儀式	佛教儀式	戲　劇
前一日	七月初二日	晚	開光	起幡、安壇	建醮莆仙戲第一晚（男演）
正一日	七月初三日	凌晨	上表、迎請	進表、開光	
		上午	早朝	演淨、早朝	目連戲第一日
		中午	午朝、午供	午朝、設供	
		下午	晚朝	拜懺、晚朝	
		晚			建醮莆仙戲第二晚（男演）
			三官經		
正二日	七月初四日	上午	早朝	早朝	
			北斗經	拜懺	目連戲第二日
		下午	發榜	午朝	
			午朝		
		晚	晚朝	拜懺	
			慶冥	塔懺	建醮莆仙戲第三晚（男演）
			進貢		
正三日	七月初五日	上午	早朝	早朝	
			設貢	拜懺	
			送天公		目連戲第三日（含有目連超薦）
		下午	午朝	午朝	
			放水燈	放水燈	
				放焰口	
		晚	晚朝		建醮莆仙戲第四晚（男演）
			放焰口	過橋、送聖	
後一日	七月初六日	上午	送神		
		晚	請神		酬神莆仙戲第一晚（男女合演）
			獻供		

〔註22〕田仲一成《中國祭祀戲劇研究》（北京，北京大學出版社，2008.02）頁304～305。

		上午	送神		
後二日	七月初七日	晚	請神		酬神莆仙戲第二晚（男女合演）
			獻供		
后三日	七月初八日	上午	送神		
		晚	請神		酬神莆仙戲第三晚（男女合演）
			獻供		

　　在同一場祭典中，可以看見佛、道二教共施共存的情況，既有佛教僧眾、也有道教道士，兩個宗教的儀軌分設不同的祭壇同時進行，證明了在薦亡普渡的法會上佛、道並存的現象。在戲曲方面來說，基本上分爲三種：建醮戲、目連戲和酬神戲，建醮戲由「男演」，而酬神戲可以「男女合演」，建醮戲從建醮前一日的晚間開始演出，在祭典進行的三日之中，每日午演一場目連戲、晚演一場建醮戲，在建醮結束之後，爲了感謝諸方神佛的法力加持讓祭祀儀式可以圓滿成功，特別在晚間連演三天的酬神戲，所以後三日的行程就僅剩下請神、獻供和演出酬神戲等，純粹是爲了「酬神」而安排，如此一來，一場「逢甲普渡」才算是「功德圓滿」。這裡也特別提到，在建醮日的「正三日」——也就是建醮儀式的最後一日——目連戲演出了「目連超薦」的情節，建醮日最後一日，正是祭典的最高潮——放水燈、放焰口，配合儀式進入尾聲，目連戲也透過「目連舉辦法會超薦母親出離地獄昇天」等情節的演出，通告觀戲的「亡靈」建醮法會即將結束，每位亡靈也會如同劉氏一般，因爲後世子孫的孝心感動天地而功德圓滿、超薦昇天，以下列舉《莆仙戲目連救母》第三夜下本「目連超薦」的情節內容以供對應：

齣　　目	唱詞與唸白
第三夜下本 第六齣〈觀音指點〉	（目連唱）【駐雲飛】苦痛刺心，手足無措、無措只叫天，地獄都歷遍，救不得母親身。苦，苦著陰律不徇情，把我娘姍折磨盡，轉輪出世、出世何處去挨尋。思量無計，唯望觀世音，哀哀叫苦，高叫觀世音！（苦極暈倒） （觀音上） （觀音白）目連弟子，你快醒來。 （目連白）原來我佛降臨，弟子參拜。咳苦！ （觀音白）目連弟子，救母雖孝子之苦心，超昇亦世間之難事，汝母親已在鄭公門下投胎，變狗出世，汝未婚妻曹小姐現在尼姑庵，汝可往庵內尋領回家，到著八月十五日，建設蘭盆大會，吾同世尊下凡，超度汝母親，偕曹小姐齊昇天界。 （目連白）謝我佛法旨。　　　　　　　　　　　　　　　　（頁 176）

第三夜下本 第九齣〈入庵遇妻〉	（老尼白）禪師你曉得令堂何日超昇？ （目連白）蒙觀音佛指點，中元佳節之日，乃地官赦罪之辰，廣招僧道，建設蘭盆大會，庶老母可以超昇。 （老尼白）既然如此，等到中元之日，我師徒自當執經從事。 （目連白）如此多謝！　　　　　　　　　　　　　　　　　（頁186）
第三夜下本 第十齣〈益利拜墓〉	（益利唱）看見安人隔世身，使我酸淚下涔涔，官人仔至孝動天地，世上應無第二人。 （益利白）安人何日超昇呢？ （目連白）兄吓！ （目連唱）中元佳節，建壇誦經，大設蘭盆，超度慈親，不負為子一片心。 （益利唱）咐囑言詞當應承，廣招僧道來誦經，全望仙佛早降臨。 （目連白）明朝大設蘭盆會。 （益利白）行見安人便超昇！　　　　　　　　　　　　　　（頁188）
第三夜下本 第十一齣〈蘭盆勝會〉	（眾僧道上）（眾僧道白）（念心經全卷） （眾僧道唱）施食，功德殊勝行、勝行無過，勝會皆回向、回向善願，沉溺諸眾生、眾生速往，無量光佛剎、佛剎十萬三世一切佛、一切佛，一切菩薩摩訶薩。　　　　　　　　　　　　　　　　　　（頁188）

　　若是深入探討戲劇中祭祀場面的功能，最大的問題點便是：在戲曲中的「儀式」場面，是否具有儀式本身的功能？當演員所扮演的眾僧道（筆者按：有些時候，甚至演員本身便是僧人與道士）在戲曲舞台上誦念佛經、焚香祝禱、薦亡超度時，這些「演」出來的儀式，與真正的儀式行為究竟有何不同？就現實而論，戲便是戲，無論演得再怎麼「形似」，終歸不是真正的儀式行為，真正要「薦亡超度」，還是必須藉由法師在祭壇上藉助神佛之力，再配合喪主本身所累積的功德，才能得償所願，因此，可以推斷，在法事進行的過程中，演出「目連超薦」的情節，本身的意義應該是藉由目連戲這種祭戲合一的形式，打破陰陽之間堅不可破的界線。其實，從劇中的唱唸說詞，就可以明顯看到《莆仙戲目連救母》「祭戲合一」的特質，在時間點上，當現實的儀軌開始進入高潮尾聲，戲曲也進入最終進行超薦法會的情節；在演員上，現場儀軌是僧、道合一，舞台上也如出一轍，甚至飾演眾僧、道的演員們在施行儀軌的同時，於台上齊聲誦念《波羅蜜多心經》全卷經文，完整真實地呈現出「現實世界」與「戲曲舞台」融為一體的情景。現實場景與虛幻場景，一個是為陽間生人而設、另一個是為陰間亡靈而設，也就是說，陽間的生人處於祭祀儀軌的現實場景之中，陰間亡靈也同樣透過戲曲舞台與演出情節而融入、身處在法會之中，陰、陽兩界，交錯融會，形成一種特殊的祭祀氛圍，

原本陰陽相隔的界線頓時變得曖昧模糊。因此，在祭、戲合一的情況之下，戲曲舞台的演出對象就不只限於「生人」，甚至可以說，舞台演出的真正觀眾，應該是儀式普度下的十方鬼眾。在儀式過程中許多的經文誦念、解經講經，並「不只」是為了替生人累積功德，更在於「教育鬼眾」，透過經文的開解，讓祭壇下聆聽的「鬼眾」在心靈上得以解脫，這才是一種真正的功德。祭、戲合一，是為了讓陰陽的界線變得模糊，因此，在實質上，戲曲演出成為一種「溝通陰陽」的媒介，具有帶領鬼眾到祭壇前接受神、佛之力的超度的用途，至此，戲曲演出的意義將不僅止於純粹供人欣賞的表演藝術，並在建醮、酬神的用途之外，還增加了儀式上的用途。而這種祭、戲合一的情況，可以從現場的氣氛看出端倪，田仲一成在〈鎮魂戲劇「目連戲」的形成與發展〉中的田調紀錄裡，詳細記錄了新加坡「莆仙同鄉會」僑民舉辦「逢甲大普渡」時戲台的搭設與現場演劇、觀劇的氣氛：

> 此戲台分為前後兩台，前台四方柱子上掛著鬼王面具，一共有三對六個，充滿著恐怖氣氛。前台下場門旁邊，設有一個座位，坐著無常使者（冥界派遣到陽間拘引死人的使者），叫做「長頭鬼」或「蔡大爺」。它綠面長頭，吐出寬大的紅色舌頭，身高九尺，穿著白衣，面貌猙獰，令人害怕。上場門和下場門的上面掛著牛頭馬面面具，整個前台表現出「冥界地獄」的境界。兩道柱子上貼著許多對聯，都表示冥界地獄的殘酷和目連尊者的功德。後台最深的牆壁中央，奉祀「觀音大士」、「目連尊者」、「田公元帥」的聯合神位，給人不斷進香。戲台雖然架設得如此講究，但是台下卻幾乎沒有人觀看，只有為數極少的同鄉擁著亡故家眷的靈牌，三三五五，出入於靈位棚，四方無人，空曠寂寞，只聽得見風棚上鑼鼓的聲音。滿場瀰漫著鬼魅氣氛。〔註23〕

這份田調資料將現場的氛圍完整紀錄下來，可以看出現場充斥著地獄與鬼魅的詭譎氣息，在這個場域裡，陰陽兩界的界線其實相當模糊，幾乎可以說是一個「陰陽融會」的場域。若說「酬神戲」是為神佛演出的劇碼；那麼「目連戲」便是為鬼演出的劇碼，這可以從「生人」對於目連戲演出時的「觀賞態度」看出端倪，就如同上文所述，在目連戲演出期間幾乎沒有「人」觀

〔註23〕田仲一成《中國祭祀戲劇研究》（北京，北京大學出版社，2008.02）頁313～314。

看，在講究的戲台前四方無人、空曠寂寞，所以，在場的「生人群眾」其實有認知到「自己」並非是這齣戲曲演出的主要觀眾，眞正的觀眾，是被整個祭祀儀式吸引而來的「鬼眾」，因此，演出現場才會有如此淒清的場面。也可以由此看出，現場是透過戲臺周邊場景的佈置與地獄情節的演出，讓鬼眾（不論是等待薦亡的祖靈或是前來享祭的孤魂）從陰間得以跨足人間，如此一來，陰間的鬼眾才得以順利來到祭壇前，享受祭祀的功德或是進一步獲得超度。戲曲舞台，在此處乃是一種生動的媒介，也成爲儀式中不可或缺的重要環節，雖然有許多論文認定儀式乃是戲劇的起源，然而，從這些資料上看來，雖然無法眞正判斷儀式與戲劇起源的關係，卻可以明顯看出祭戲合一的戲曲演出形式對於整場法會的重要意義。

不論是從「戲中有祭」還是「祭中有戲」的角度，其實，終歸到底都是在探討這兩部傳統戲曲與宗教儀式之間的緊密聯結，正因爲這兩部傳統戲曲都具有「祭、戲合一」的特性，才會與群眾的生活更爲息息相關，甚至可以說，這兩部傳統戲曲是眞正能深入生命底蘊、重視靈魂關懷的作品，對群眾而言，這涉及了生活中非常重要的一部分，不是其他娛樂性戲曲所能比擬、取代。

第六章 結 論

　　《泉腔目連救母》、《莆仙戲目連救母》這兩部劇本，從地獄、人間到天界，真可謂是「上窮碧落下黃泉」，因為目連戲所能涵括的範圍實在太過廣泛龐雜，因此論文的重點只好鎖定在天、地、人三界場域的形象與表徵，最後，再從戲中有祭、祭中有戲的角度切入，探討《泉腔目連救母》與《莆仙戲目連救母》在這三界場域中所展現出來的宗教儀式特質，王馗在《鬼節超度與勸善目連》中說得很好：

> 無論是戲劇型態的目連救母，還是儀式型態的救度生、亡，抑或是
> 配合宗教超度而附加的音樂歌舞，實際上都摻雜著由故事演化而成
> 的戲劇型態，都在力圖彰顯目連救母故事在介入佛事時出現的懺
> 悔、勸善功能。可以說。目連救母故事本身已經為這些介乎儀式與
> 戲劇之間的行為，增加了重重的戲劇特徵。〔註1〕

　　目連救母的故事原本就是以「目連捨身入冥救母」為最主要的情節結構，自然會涉及行善、為惡與地獄、天界這樣「二元對立」的行為和場景，並且藉由「行善者超昇天界、為惡者墮入地獄」的觀念為核心的價值，宣揚止惡、勸善、因果、輪迴、懺罪、教孝、度化、修行…等思想，又與民間大量流傳的善書、經文相互補充結合，成為一個包含多元文化意涵的戲曲大熔爐。在這個大熔爐裡，人、鬼、神都有不同的形象樣貌，藉由一些細微的探討，除了可以使這兩部閩南傳統戲曲的中心精神更加鮮明之外，也可以看見這兩部戲曲的特殊之處。

〔註1〕 王馗《鬼節超渡與勸善目連》〔台北：國家出版社，2010.02〕頁270。

第一節　《泉腔目連救母》和《莆仙戲目連救母》舞臺上的三界形象

　　在《泉腔目連救母》和《莆仙戲目連救母》舞臺上的三界形象中，就地獄而言，從劇本與民間廣泛流傳的善書交叉比對中，可以看出，《泉腔目連救母》與《莆仙戲目連救母》在舞台上所展現的陰間風貌與一般的善書記載略有出入，在劇本中有意藉由「望鄉臺」的場景，突顯「行善之人」與「爲惡之人」到陰間之後所受到的「差別待遇」，從善、惡最終結局的對比，彰顯人入地獄受苦皆爲「咎由自取」和「業報但由人」的觀念，並由此引發出「懺罪」與「懲惡揚善」的思想。

　　此外，若從「冥律」的角度來探討「陰間審判」，便可看出在兩部戲曲中有意將「地獄」塑造成爲「最終司法審判所」的企圖，地獄就像是一個絕對公正的法庭，不容任何的欺瞞與徇私，並以「業鏡」作爲公正法庭的代表。

　　比起善書《玉曆至寶鈔》，雖然劇本中針對每個地獄所掌理的罪行與刑罰對應較爲籠統，但是在戲曲舞台上卻也藉由鬼卒押解劉氏受審、行刑的過程，「巡遊」大小地獄的場景，讓爲惡之人足以心生警惕，更符合戲曲舞台的教育功能。而且，地獄不只具有法庭審判的功能，還是「審罰」兼具的刑律執行所，從孤棲徑到各個地獄，其真切寫實的描述令人聞之膽顫心寒，更以劉氏的「餓鬼形象」彰顯地獄受刑鬼眾的悲慘處境，達到「遏阻犯罪」的功能。

　　就人間而言，劇本中所出場的多半是社會底層的小人物，戲曲舞台上的角色與舞台下的觀眾生活景況往往相當雷同，充分顯示出小人物在現實生活壓制下的無奈與哀歌，在這種情境下，佛教的「因果論」適時介入，雖有勸導民眾放下心中不平的用意，但最主要還是在於宣揚佛教裡施捨、行善、積功德對於「來世」的幫助，雖然有一些「利益交換」的成分，但是寄望於來世的思想卻也受到一般群眾的普遍歡迎。此外，一些「爲惡人間」的角色則是存在於群眾心中陰暗面的投射，每個人心中不免會有些小奸小惡的念頭，戲曲舞台上透過這些惡人的角色，把這些潛藏在群眾心中的惡念具體呈現出來，再讓這些惡人受到天庭嚴厲的懲罰，用以嚇阻壓抑群眾心中萌生的惡念，達到「止惡」的功效。而劉氏則是以「傳統社會女性代表」的身分出現在戲曲舞台上，觀眾可以看見劉氏在善惡之間拉拔、掙扎的過程，雖然劉氏最後因爲墮入惡道而在地獄裡飽受折磨，卻也顯示出在傳統社會的道德禮法壓制下，身爲一個女性的苦衷與無奈，這使得劉氏在劇中雖然身爲一個「惡人」，

卻依然能受到群眾的普遍同情，讓筆者在本篇論文中也不免產生爲劉氏翻案的意念。

　　就天界而言，本篇論文分爲「佛教」與「道教」兩個系統，一一列舉出眾位神佛在劇中的形象與職司，主要還是在彰顯天庭眾神「鑒察善惡」的任務，並藉此探討了這兩部劇本中佛、道兩教融合的情形，佛教進入中土之後爲了適應中國「儒家社會」的傳統，因而發展出了屬於佛教的「教孝思想」，與儒家強調的「孝道」相互連結，對群眾的影響很大，而佛、道、儒三方的思想「混合」之後，再摻雜一些民間信仰的元素，構成一般普羅大眾的信仰生活，這種混雜且略帶功利的宗教信仰模式，是一般民眾信仰生活的眞實景況，也許駁雜不堪，更或許偏離了佛教原始追求個人解脫的教義，但卻也切實反應出人民對於「神佛」形象的期待，而劇本中「神佛跨界」的情節，更是人民期待神佛在人間能有「具體作爲」的展現，當神佛幻化成各種形象跨界到人間，神佛與群眾之間的距離將更爲貼近，對群眾而言，這便是時時受到神佛看顧、護祐的證明，也代表著天上的眾神依然在「無形」之中執行著「鑒察善惡」的任務，這樣的「想法」是讓群眾得以安守本分、放心生活的基本信念，所以群眾也會藉由戲曲舞台的演出和情節，在不知不覺中「強化」這種信念，這也是戲曲表演與宗教信仰結合之後足以「穩定社會民心」的根本理由。

第二節　《泉腔目連救母》和《莆仙戲目連救母》與宗教儀式的融合

　　目連救母的故事作爲一個宗教儀式戲劇的演出形式，夾帶了大量且龐雜的思想，藉由舞台表演傳達給台下所有的觀眾，一直以來，有些人認爲目連戲是「人鬼同看的戲」，這樣的說法，肇因於目連戲演出時常常具有某些特定的禁忌與宗教肅穆的氣氛，更何況，目連戲通常會在特定節日、特定氛圍中演出，更加強了目連戲的神祕性，其實，若簡單來說，在特殊節日（如：中元節）搬演目連故事的原始目的便是爲了配合拔度的儀式來「薦亡拔度」，若在這樣的場域裡，透過戲劇進一步描寫亡魂因業力所致而墮入地獄的慘相，便可以突顯出亡魂「懺罪」的思想，再加上血親之人與廣大的群眾的慈悲憐憫，才會請求神佛之力加以超度，這種戲曲與當下情節完全結合的景況，將

宗教祭祀的氣氛渲染到極致，並藉以宣導教育世間眾人應止惡、行善，以免墮入地獄、悔恨莫及的觀念。《泉腔目連救母》與《莆仙戲目連救母》，基本上都是以「祭戲合一」為主要的演出形式，從演出的時間、演出場合、演員的身分、情節內容…等，無不與儀式法會緊密結合，戲曲舞台成為溝通陰陽的一種媒介，讓陽間生人可以體會地獄的氣氛；讓陰間亡靈可以跨足陽間接受薦拔超度，戲曲的舞台、演出與情節都與現實的環境交疊，創造出一種特殊的場域氛圍，幫助儀式法會的順利進行。

　　亡魂在地獄中歷劫，會促進其懺悔而減輕自身的業力，但相對而言，生人在人間歷劫，將有助於開通智慧、激發慈悲之心，最後才會走向圓滿悟道之路。透過戲曲故事在舞台上的演出，為眾生建立「死後的無形世界」——地獄與天庭的觀念，最主要是為了消除眾生對於死亡的恐懼，建立「輪迴」與「來世」的概念，並藉此達到對於現世眾生「止惡勸善」的實際功能，也使得宗教的理念更加廣為流通，這些有形無形的功能在在都是為了撫慰社會人心，畢竟，有眾生的「苦」，才有「慈悲心」存在之必要，藉戲安慰人間苦眾要持續保有信念、心懷感恩，終就會有「鑒察善惡」的神佛會拯救世間苦眾脫離茫茫苦海。戲曲中透過對於各行各業小人物的善加描寫，彰顯人間百態，也顯示出只要「轉換心念」，人間處處是修行，如同劇中的傅相、傅羅卜般般勸化苦眾，使他們心念換轉，便是人間最大的功德。生人（以目連為代表）入冥歷經眾劫，是一種「求道」的過程，然而，擴大來說，靈魂降世歷劫也是一種求道的過程，人，或快或慢、或近或遠，其實都走在求道、悟道的路上，這也是演出目連戲所追求的終極目的。

參考書目

壹、古籍（依時代排列）

1. 張岱《陶庵夢憶・卷六目連戲》，《叢書集成初編》本，台北：中華書局，1985。

2. 鄭之珍撰《新編目連救母勸善戲文》《安徽古籍叢書》本第二十三輯，朱萬曙校點，俞為民審訂，安徽：黃山書社，2005.12。

3. 孫詒讓撰《墨子閒詁》台北：中華書局，2001。

4. 俞樾《春在堂雜文續編三》，同治五年春在堂叢書本。

貳、專書（依作者筆劃順序排列）

1. 中國戲曲志編輯委員會《中國戲曲志・福建卷》北京：文化藝術出版社，1993.12。

2. 王國良《魏晉南北朝志怪小說研究》台北：文史哲出版社，1984。

3. 王夫子《死亡文化的全方位解讀》北京：中國社會出版社，1998。

4. 王馗《鬼節超渡與勸善目連》台北：國家出版社，2010.02。

5. 王定歐《川目連藝術論》成都：天地出版社，1997.04。

6. 王嵩山《扮仙與作戲》台北：稻鄉出版社，1988.05。

7. 王獻忠《中國民俗文獻與現代文明》天津：中國書店出版社，1991.12。

8. 石光生《中國儀式劇場藝術的發展與變革》台北：書林出版社，2001。

9. 田仲一成《中國祭祀戲劇研究》北京：北京大學出版社，2008.02。

10. 朱恆夫《目連戲研究》南京：南京大學出版社，1993.05。

11. 朱萬曙、俞為民《皖人戲曲選刊・鄭之珍卷・新編目連救母勸善戲文》合肥：黃山書社，2005.12。

12. 余英時《中國思想傳統的現代詮釋》台北：聯經出版社，1987。

13. 余英時《東漢生死觀》上海：上海古籍出版社，2005。

14. 呂錘寬《台灣的道教儀式與音樂》台北：學藝出版社，1994.1。

15. 宋兆麟《巫覡——人與鬼神之間》北京：學苑出版社，，2001。

16. 宋運超《祭祀戲劇志述》貴陽：貴州民族出版社，1995.6。

17. 李小榮《變文唱講與華梵宗教藝術》上海：上海三聯書店，2002.06。

18. 李豐楙、朱榮貴《性別、神格與台灣宗教論述》台北：中央研究院中國文哲研究所籌備處，1997.4。

19. 李豐楙、朱榮貴《儀式、廟會與社區——道教、信仰與民間文化》台北：中央研究院中國文哲研究所籌備處，1997.4。

20. 李艷《明清道教與戲劇研究》四川：巴蜀書社，2006.12。

21. 林茂賢《台灣民俗記事》台北：萬卷樓出版社，1999.11。

22. 俞曉紅《佛教與唐五代白話小說研究》北京：人民出版社，2006.09。

23. 姚漢秋《台灣喪葬古今談》台北：臺原出版社，1999.8。

24. 容世誠《戲曲人類學初探——儀式、劇場與社群》桂林：廣西師範大學出版社，2003.10。

25. 徐福全《台灣民間傳統喪葬儀節研究》台北：1999.03。

26. 凌翼雲《目連戲與佛教》廣東：廣東高等教育出版，1998.08。

27. 郝譽翔《民間目連戲中庶民文化之探討——以宗教、道德與小戲爲核心》台北：文史哲出版社，1998.12。

28. 馬西沙：韓秉方《中國民間宗教史》上海：上海人民出版社，1992.12。

29. 馬書田《中國冥界諸神》台北：國家出版社，2001.06。

30. 馬昌儀《中國靈魂信仰》上海：文藝出版社，1998。

31. 郭于華《死的困擾與生的執著：中國民間喪葬儀禮與民間生死觀》北京：中國人民大學，1992。

32. 淡癡道人《玉曆至寶鈔》全文及附圖，蕭登福《道佛十王地獄説》台北：新文豐出版股份有限公司，1996.09。

33. 康韻梅《中國古代死亡觀研究》台北：台灣大學出版委員會，1994。

34. 梁啓超《中國佛教研究史》上海：三聯書店，1988。

35. 許在全《泉州文史研究》北京：中國社會科學出版社，2004.04。

36. 許祥麟《中國鬼戲》天津：天津教育出版社，1997.12。

37. 陳宗樞《佛教與戲劇藝術》天津：天津人民出版社，1992.12。

38. 陳登武《從人間世到幽冥界：唐代法制、社會與國家》台北：五南出版社，2006.03。

39. 黃文博《台灣人的生死學》台北：常民文化事業股份有限公司，2000.08。

40. 黃葵《明清道教與戲劇研究》成都：巴蜀書社，2006.12。

41. 楊善生《地獄遊記》台中：財團法人台灣省台中聖賢堂聖賢雜誌社，2001.03 再版。

42. 葉明生《宗教與戲劇研究叢稿》台北：國家出版社，2009.01。

43. 詹石窗《道教與戲劇》台北：文津出版社，1997.05。

44. 劉禎《中國民間目連文化》四川：巴蜀書社，1997.07。

45. 劉禎校訂《莆仙戲目連救母》台北：財團法人施合鄭民俗文化基金會，1994.05。

46. 劉禎《民間戲劇與戲曲史學論》台北：國家出版社，2005.04。

47. 鄭小江編《中國死亡文化大觀》南昌：百花州文藝出版社，1995。

48. 鄭曉江《善死與善終—中國人的死亡觀》昆明：雲南人民出版社，1999。

49. 蕭登福《道佛十王地獄說》台北：新文豐出版股份有限公司，1996.09。

50. 蕭登福《漢魏六朝佛道兩教之天堂地獄說》台北：學生書局，1989。

51. 龍彼得、施炳華校訂《泉腔目連救母》台北：財團法人施合鄭民俗文化基金會，2001.01。

52. 蘇海涵《莊林續道藏》台北：成文出版社，1975。

參、期刊論文（依作者筆劃順序排列）

1. 尹伯康〈目連戲演出特點再探〉《戲曲研究》37 輯。北京：文化藝術出版社，1991.06。

2. 文憶萱〈鄭之珍《勸善記》探微〉《戲曲研究》37 輯。北京：文化藝術出版社，1991.06。

3. 王天麟〈桃園縣楊梅鎮顯瑞壇拔度齋儀中的目連戲「打血盆」〉《民俗曲藝》86 期。台北：財團法人施合鄭民俗文化基金會，1992.11。

4. 王兆乾〈儀式性戲劇與觀賞性戲劇〉《民俗曲藝》130 期，台北：財團法人施合鄭民俗文化基金會，2001.03。

5. 王嵩山、江宜展〈台灣民間戲曲的形式與以意義——兼論傳統的轉型與現代發展〉《民俗曲藝》28 期，台北：財團法人施合鄭民俗文化基金會，1984.03。

6. 王嵩山〈「扮仙」與「真神」——台灣地方戲的宗教信仰與儀式〉《民俗曲藝》43 期，台北：財團法人施合鄭民俗文化基金會，1986.09。

7. 田仲一成〈超度——目連戲以及祭祀戲劇的產生〉《戲曲研究》37 期，北京：文化藝術出版社，1991.06。

8. 朱恆夫〈目連救母故事與儒家倫理的社會地位之關係〉《戲曲研究》57 輯，北京：文化藝術出版社，2001.12。

9. 朱榮貴〈台灣民間宗教中所呈現的孝道——以善書及媽祖信仰爲例〉《儀式、廟會與社區——道教、民間信仰與民間文化》台北：中央研究院中國文哲研究所籌備處，1996.11。

10. 江玉祥〈中國地獄「十殿」信仰的起源〉《古代西南絲綢之路研究》成都：四川大學出版社，1995。

11. 吳秀玲〈泉州打城戲初探〉《民俗曲藝》139 期，台北：財團法人施合鄭民俗文化基金會，2003.03。

12. 呂理政〈宗教信仰與社會生活——談台灣民間信仰的幾個面向〉《民俗曲藝》69 期，台北：財團法人施合鄭民俗文化基金會，1991.09。

13. 呂理政〈鬼的信仰及其相關儀式〉《民俗曲藝》90 期，台北：財團法人施合鄭民俗文化基金會，1994.07。

14. 李豐楙〈台灣中南部道教拔度儀中目蓮戲、曲初探〉《民俗曲藝》第 77 期，台北：財團法人施合鄭民俗文化基金會，1992.05。

15. 李豐楙〈台灣民俗中的生死關懷〉《哲學雜誌》8 期。

16. 李豐楙〈台灣儀式戲劇中的諧謔性〉《民俗曲藝》，台北：財團法人施合鄭民俗文化基金會。

17. 李豐楙〈道教齋儀與喪葬禮俗複合的魂魄觀〉《儀式、廟會與社區——道教、民間信仰與民間文化》台北：中央研究院中國文哲研究所籌備處，1996.11。

18. 李豐楙〈複合與變革：台灣道教拔度儀中的目連戲〉《民俗曲藝》94.95 期，台北：財團法人施合鄭民俗文化基金會，1995.05。

19. 沈繼生〈「目連傀儡」中的目連戲〉《民俗曲藝》78 期，台北：財團法人施合鄭民俗文化基金會，1992.07。

20. 林慶熙〈福建莆仙戲《目連》〉《戲曲研究》37 輯，北京：文化藝術出版社，1991.06。

21. 邱坤良〈「中國劇場之儀式劇目」研究初稿〉《民俗曲藝》39 期，台北：財團法人施合鄭民俗文化基金會，1986.01。

22. 金漢川〈目連戲——一個歷史文化現象〉《戲曲研究》37 期輯，北京：文化藝術出版社，1991.06。

23. 施文楠〈目連戲與宗教風俗考析〉《戲曲研究》37 輯，北京：文化藝術出版社，1991.06。

24. 胡天成〈豐都「鬼文化」及其對目連戲的影響〉《民俗曲藝》77 期，台北：財團法人施合鄭民俗文化基金會，1992.05。

25. 凌翼雲〈目連戲——佛教文化與中國文化的融合〉《戲曲研究》37 輯，北京：文化藝術出版社，1991.06。

26. 徐新建〈儺與鬼神世界〉《民俗曲藝》82 期，台北：財團法人施合鄭民俗文化基金會，1993.03。

27. 徐宏圖〈內壇法事 外臺戲——論中國戲劇與宗教的關系〉《戲曲研究》，2004 年，01 期。

28. 馬建華〈宋元民間目連戲的另一種形態——泉州傀儡戲《目連救母》的文化闡釋及形成年代考論〉《戲曲研究》，2006 年，03 期。

29. 曾永義；陳芳英編《中國古典文學論文精選叢刊，戲劇類》台北：幼獅文化事業公司，1980.08。

30. 鄔文海〈從冥律看我國的公道觀念〉《鄔文海先生政治科學文集》鄔文海先生六十華誕授業學生慶祝會印，1967。

31. 楊知勇〈神鬼觀念的二重性與儺吉喪葬祭儀的實質〉《民俗曲藝》82 期，台北：財團法人施合鄭民俗文化基金會，1993.03。

32. 葉明生〈儀式與戲劇——民俗學的考察〉《民俗曲藝》129 期，台北：財團法人施合鄭民俗文化基金會，2001.01。

33. 蔡豐明〈紹興目連戲與民間鬼神信仰〉《民俗曲藝》82 期，台北：財團法人施合鄭民俗文化基金會，1993.03。

34. 龍彼得〈關於漳泉目連戲〉《民俗曲藝》78 期，台北：財團法人施合鄭民俗文化基金會，1992.07。

35. 薛若鄰〈涵蓋多元思想，容包多種藝術——論目連戲兼及海內外的研討情況〉《民俗曲藝》77 期，台北：財團法人施合鄭民俗文化基金會，1992.05。

肆、中國期刊全文數據庫之期刊論文（依作者筆劃順序排列）

1. 尹伯康〈目連戲研究〉《藝海》，2008 年，05 期。

2. 尹伯康〈整理目連戲的現實意義〉《藝海》，2006 年，06 期。

3. 王馗〈目連戲與儺戲——傳統禮樂格局中的宗教祭祀演劇〉《中華藝術論叢》，2007 年 00 期。

4. 王勝華〈中國早期儀式戲劇史略〉《雲南藝術學院學報》，Journal of Yunnan Arts Lnstitute，2000 年 03 期。

5. 王勝華〈目連戲：儀式戲劇的特殊品種〉《雲南藝術學院學報》，2002 年 02 期。

6. 司松林〈目連戲的藝術價值及現狀調查〉《戲劇文學》，Drama Literature，2007 年 10 期。

7. 曲六乙〈目連戲的衍變與儺文化的滲透〉《文藝研究》，Literature & Art Studies，1992 年 01 期。

8. 曲六乙〈泉州打城戲的復興與迷惘——從打城戲榮獲伊朗金小丑獎說起〉《中國戲劇》，Chinese Theatre，2003 年 12 期。

9. 朱恒夫〈南音《目連救母》的道德敘事〉《學術研究》，Academic Research，2007 年 03 期。

10. 朱萬曙〈鄭之珍與目連戲劇文化〉《藝術百家》，HUNDRED SCHOOLS IN ART，2000 年 03 期。

11. 何芳、汪承洋、王漢義、劉璇〈安徽省黃山市祁門縣馬山目連戲現狀調查〉《黃山學院學報》，Journal of Huangshan University，2008 年 01 期 http://cnki50.csis.com.tw.ezproxy.lib.ncu.edu.tw/kns50/detail.aspx?QueryID=359&CurRec=152

12. 吳鵬霄〈非物質文化遺產視野下的南樂目連戲困境與思考〉《安徽文學（下半月）》，2009 年 10 期。

13. 呂珍珍〈河南目連戲研究〉《河南教育學院學報（哲學社會科學版）》，2007 年 06 期，http://cnki50.csis.com.tw.ezproxy.lib.ncu.edu.tw/kns50/detail.aspx?QueryID=359&CurRec=183

14. 李小榮〈論《目連變文》的生成與目連戲的流播〉《貴州社會科學》，Social Sciences in Guizhou，2001 年 03 期。

15. 李重申、陸淑綺〈敦煌目連變文與戲曲研究〉《敦煌研究》，DUNHUANG RESEARCH，2000 年 03 期。

16. 車錫倫〈最早以「寶卷」命名的寶卷——談《目連救母出離地獄生天寶卷》〉《寧夏師范學院學報》，Journal of Ningxia Teachers University，2007 年 02 期。

17. 段明〈儀式戲劇的理論建構〉《四川戲劇》，Sichuan Drama，2004 年 02 期。

18. 胡天成〈中國儀式戲劇的形態〉《四川戲劇》，SICHUAN DRAMA，2000 年 05 期。

19. 范軍〈盂蘭盆節的宗教源流〉《華僑大學學報（哲學社會科學版）》，Journal of Huaqiao University（Philosophy & Social Sciences），編輯部郵箱，2006 年 03 期。

20. 凌翼云〈目連戲的文化遺產意義〉《藝海》，Art，2009 年 09 期。

21. 孫娟娟〈從廟堂到民間 辭采共佛理齊飛——以目連救母故事爲例看文學形式對佛教的助推〉《雞西大學學報》，Journal of Jixi University，2009 年 05 期。

22. 徐敬業〈鄭之珍與「目連戲」〉《江淮文史》，2004 年 06 期。

23. 袁書會〈談變文中的業報輪回思想——以《目連變文》爲中心〉《西藏民族學院學報（哲學社會科學版）》，Journal of Tibet Nationalities Institute（Philosophy and Social Sciences Edition），2006 年 05 期。

24. 郝譽翔〈目連戲中滑稽小戲的內容及意義〉《民族藝術》，1996 年 04 期。

25. 高道一〈關于「盂蘭盆節」的資料（二則）〉《魯迅研究月刊》，Luxun Research Monthly，2008 年 05 期。

26. 宿雷、劉湖清〈簡析佛教對中國文學中「地獄」概念的影響〉《山東文學》，2008 年 12 期。

27. 常瑞芳〈《目連救母》的慈善思想〉《藝海》，2007 年 01 期。

28. 曹凌燕〈目連戲接受群體的文化心理結構〉《民族藝術研究》，Studies in National Art，2007 年 03 期。

29. 曹廣濤〈北宋《目連救母》雜劇的表演形態芻議〉《韶關學院學報》，2008 年 07 期。

30. 陳筱芳〈中國傳統報應觀與佛教果報觀的差異及文化根源〉《社會科學研究》，Social Science Research，2004 年 03 期。

31. 陳筱芳〈佛教果報觀與傳統報應觀的融合〉《雲南社會科學》，Social Sciences In Yunnan，2004 年 01 期。

32. 陳德溥〈佛教與中國戲曲題材〉《劇影月報》，2005 年 01 期。

33. 陳翹〈《東京夢華錄》「中元節」條兩種版本一字之差的思考——兼議北宋目連戲之形態特征〉《戲曲藝術》，2007 年 04 期。

34. 陳翹〈援儒入佛 善惡別裁——從《目連救母勸善記》劉青提的罪與罰說起〉《藝術百家》，Hundred Schools In Art，2002 年 02 期。

35. 彭雪華〈論目連變文對敦煌地獄觀念的坐標系作用〉《文教資料》，2008 年 28 期。

36. 黃竹三〈從山西儀式劇的演出形態看中國戲劇的特點〉《文化遺產》，Cultural Heritage，2008 年 01 期。

37. 黃竹三〈古代宗教祭祀戲劇〉《古典文學知識》，2002 年 01 期。

38. 黃彬〈中國戲曲節日演劇探析〉《戲劇之家》，2008 年 01 期。

39. 黃媛媛、黃果心〈身披袈裟的儒家「模範」孝子——從《目連救母勸善戲文》中的目連形象窺見佛教孝道觀的儒家化〉《美與時代（下半月）》，2008 年 05 期。

40. 楊在鈞〈目連·目連戲·弘法之道〉《法音》，DHARMAGHOSA（THE VOICE OF DHARMA），1998 年 09 期。

41. 葉漢鰲〈日本民俗藝能中的地獄劇與中國的目連戲〉《民族藝術》，1994 年 01 期。

42. 廖開順〈從宗教祭祀劇「目連戲」看佛教的中國化〉《東岳論叢》，Dong Yue Trbune，2001 年 03 期。

43. 臧慧遠〈目連救母民間演變研究〉《陝西教育（理論版）》，Education，2006 年 Z2 期。

44. 劉杰〈宋前目連故事的流變及其文化闡釋〉《敦煌學輯刊》，2009 年 01 期。

45. 劉清玄、劉再聰〈敦煌講唱文學對戲曲的影響探析〉《甘肅聯合大學學報（社會科學版）》，2008 年 02 期。

46. 劉登雄〈我演傅羅卜〉《藝海》，2006 年 06 期。

47. 劉瑋〈佛教《盂蘭盆經》中的孝道思想〉《孝感學院學報》，Journal of Xiaogan University，2007 年 04 期。

48. 劉禎〈目連戲藝術形態（上）〉《戲曲藝術》，1995 年 01 期。

49. 劉禎〈目連戲藝術形態（中）〉《戲曲藝術》，1995 年 02 期。

50. 劉禎〈目連戲藝術形態（下）〉《戲曲藝術》，1995 年 03 期。

51. 劉禎〈目連形象的象征意義〉《戲劇藝術》，Academic Journal，1994 年 04 期。

52. 劉闐生〈福建古代民俗活動與戲棚演劇論〉《戲劇藝術》，Theatre Arts，2006 年 06 期。

53. 劉蔭柏、毛小雨〈目連本事及其流變考〉《藝術百家》，Hundred Schools In Art，2002 年 02 期。

54. 屬暉標點〈南音目連救母〉《中華藝術論叢》，2006 年 00 期。

55. 歐仁〈試論佛教對中國古代戲曲的影響〉《內蒙古民族大學學報（社會科學版）》，Journal of Inner Mongolia University for Nationalities（Social Sciences），編輯部郵箱，2006 年 06 期。

56. 歐陽友徽〈目連戲的戲劇環境〉《戲劇（中央戲劇學院學報）》，Drama（The Journal of The Central Academy of Drama），編輯部郵箱，2009 年 02 期。

57. 蔡美云〈《目連救母勸善戲文》的意義〉《中國戲劇》，Chinese Theatre，2005 年 10 期。

58. 錢光勝〈試論《目連救母變文》與《格薩爾》「地獄救妻」、「地獄救母」的關係〉《西藏研究》，2008 年 05 期。

59. 戴云〈康熙舊本《勸善金科》管窺〉《湖南社會科學》，Hunan Social Sciences，2004 年 05 期。

60. 戴云〈目連戲劇本簡目〉《民族藝術》，1996 年 04 期。

61. 戴云〈《佛說目連救母經》研究〉《佛學研究》，Research of Buddhism，2002 年 00 期。

62. 戴云〈目連救母故事淵源考略〉《江西社會科學》，Jiangxi Social Sciences，2002 年 08 期。

63. 戴云〈京劇目連戲研究〉《戲曲藝術》，Journal of College Chinese Traditional Opera，2006 年 01 期。

64. 馬建華〈「自將磨洗認前朝」——福建莆仙戲《目連救母》之原型探溯〉《文藝研究》，Literature & Art Studies，2001 年 04 期。

伍、學位論文（依作者筆劃順序排列）

1. 江志宏《臺灣傳統常民社會的明幽二元思維——從中元普度談起》。
2. 國立台灣大學社會學研究所博士論文，2003。
3. 宋容《元雜劇鬼魂戲研究》。
4. 淡江大學中國文學系研究所碩士論文，1994。
5. 李燕惠《魏晉南北朝鬼神故事研究》。
6. 輔仁大學中國文學研究所碩士論文，1990。
7. 沈宗憲《宋代的鬼與死後世界傳說》。
8. 國立台灣大學歷史研究所，1991。
9. 林廷叡《唐代的幽冥世界觀：地獄十王信仰結構與流變的探討》。
10. 東海大學歷史系碩士班，2006。
11. 林智莉《明代宗教戲曲研究》。
12. 國立政治大學中國文學研究所博士論文，2005。
13. 金志淵《《閱微草堂筆記》鬼神故事之研究》。
14. 國立台灣大學中國文學研究所碩士論文，2003。
15. 郝譽翔《民間目連戲中庶民文化之探討：以宗教、道德與小戲為核心》。
16. 國立台灣大學中國文學研究所碩士論文，1994。
17. 郝譽翔《儺：中國儀式戲劇之研究》。
18. 國立台灣大學中國文學研究所博士論文，1997。
19. 陳信聰《幽冥得度：儀式的戲劇觀點——台南市東嶽殿打城法事分析》。
20. 國立清華大學人類學研究所碩士論文，2000。
21. 陳美玲《從古典小說的鬼觀察鬼信仰的心理與文化現象》。
22. 國立高雄師範大學國文學系博士論文，2002。
23. 陳敏瑄《唐代佛教果報地獄小說研究》。
24. 逢甲大學中國文學系碩士論文，2001。
25. 陳瑤蒨《近代十王信仰之研究——以《玉曆寶鈔》為探討中心》。
26. 國立花蓮師範學院民間文學研究所碩士論文，2001。
27. 陳碧苓《台灣鸞書的死後世界觀——以天堂遊記與地獄遊記為例》。
28. 南華大學生死學研究所碩士論文，2001。
29. 楊士賢《台灣釋教喪葬拔渡法事及其儀式戲劇研究——以花蓮縣閩南釋教系統之冥路法事為例》。

30. 國立東華大學中國語文學系碩士論文，2006。

31. 劉志偉《川目連演出之研究》。

32. 中國文化大學戲劇研究所碩士論文，2002。

33. 劉岱旼《蒲松齡地獄思想研究》。

34. 中國文化大學中文系碩士論文，1996。

35. 鄧代芬《《閱微草堂筆記》的陰間界域研究》。

36. 雲林科技大學漢學資料整理研究所碩士論文，2006。

37. 蕭凤雯《敦煌話本探微》。

38. 國立台灣師範大學國文系在職進修碩士學位論文，2002。

39. 賴雅靜《六朝志怪小說中的死後世界》

40. 國立政治大學中國文學研究所碩士論文，1990。

陸、CBETA 電子佛典 Big5 APP 版，最近更新日期：2009/04/15（依冊數編號順序排列）

1. 大正新脩大藏經第一冊 NO.•23《大藏正教血盆經》。

2. 大正新脩大藏經第二冊 NO.•125《增壹阿含經》。

3. 大正新脩大藏經第九冊 NO.•262《妙法蓮華經》。

4. 大正新脩大藏經第十冊 NO.•295《大方廣佛華嚴經入法界品》。

5. 大正新脩大藏經第十三冊 NO.•412《地藏菩薩本願經》。

6. 大正新脩大藏經第十六冊 NO.•663《金光明經》。

7. 大正新脩大藏經第十六冊 NO.•685《佛說盂蘭盆經》。

8. 大正新脩大藏經第十七冊 NO.•721《正法念處經》。